동영상강의 www.pmg.co.kr

기출로 합격까지

김희상 기출문제

부동산공법 2차

박문각 공인중개사

브랜드만족 1위 박문각

근거자료 별면표기

2025

박문각 공인중개사

PREFACE

이 책의 머리말

2025년 기출문제집의 키워드는
선택과 집중입니다.

부동산공법은 공부해야 할 분량이 많아서 수험생들이 전체적으로 공부한 내용이 정리가 안되고 혼동되는 경우가 많습니다. 이러한 고민을 해결할 수 있도록 기출문제를 통하여 핵심적인 내용과 세부적인 내용까지 확실하게 정리할 수 있도록 집필하였습니다.

실제 시험은 기출문제가 반복적으로 출제되고, 유형이 변형되어 출제됩니다. 그러므로 기출문제를 반복적으로 정리해야 하고, 지문정리를 꼼꼼하게 한다면 본 시험에서 합격점수를 얻으실 수 있습니다.

수험생들이 풀지 않아도 되는 난이도가 최상인 문제는 과감하게 생략하여 학습의 효과를 극대화시킬 수 있도록 집필하였고, 중요 문제는 사례형으로 정리하여 집중적인 학습을 통해서 실제 시험에서 반드시 맞출 수 있도록 문제를 구성하였습니다.

수험생들에게 풀어야 하는 문제와 버려야 하는 문제를 판단하실 수 있도록 집필하였습니다.

모든 수험생분들이 이 책을 통하여 웃으면서 합격하시기를 진심으로 기원합니다.

2025년 1월 **명품공법** 김희상

CONTENTS

이 책의 차례

PART 01

국토의 계획 및 이용에 관한 법률

도시개발법

도시 및 주거환경정비법

PART 04

건축법

PART 05

주택법

PART 06

농지법

박문각 공인중개사

제1장 총 칙
제2장 광역도시계획
제3장 도시·군기본계획
제4장 도시·군관리계획
제5장 개발행위의 허가 등

PART 01

국토의 계획 및 이용에 관한 법률

Chapter

01 총 칙

대표기출 상중하 2018년 제29회 A형 41번 문제

국토의 계획 및 이용에 관한 법령상 도시·군관리계획을 시행하기 위한 사업으로 도시·군계획사업에 해당하는 것을 모두 고른 것은?

> ㉠ 도시·군계획시설사업
> ㉡ 「도시개발법」에 따른 도시개발사업
> ㉢ 「도시 및 주거환경정비법」에 따른 정비사업

① ㉠　　② ㉠, ㉡
③ ㉠, ㉢　　④ ㉡, ㉢
⑤ ㉠, ㉡, ㉢

키워드 도시·군계획사업의 정의

도시·군계획사업은 자주 출제되는 영역이기 때문에 도시·군계획사업의 종류를 정확히 암기하여야 합니다. 29회, 30회

핵심포인트 도시·군계획사업

도시·군계획사업이란 도시·군관리계획을 시행하기 위한 다음의 사업을 말한다.

1. 도시·군계획시설사업
2. 「도시개발법」에 따른 도시개발사업
3. 「도시 및 주거환경정비법」에 따른 정비사업

Ⓐ 정답 ⑤

01 국토의 계획 및 이용에 관한 법령상 아래 내용을 뜻하는 용어는? 제30회

> 도시·군계획 수립 대상지역의 일부에 대하여 토지 이용을 합리화하고 그 기능을 증진시키며 미관을 개선하고 양호한 환경을 확보하며, 그 지역을 체계적·계획적으로 관리하기 위하여 수립하는 도시·군관리계획

① 일부관리계획
② 지구단위계획
③ 도시·군기본계획
④ 시가화조정구역계획
⑤ 도시혁신계획

키워드 지구단위계획의 개념

해설 지구단위계획은 도시·군계획 수립 대상지역의 일부에 대하여 토지 이용을 합리화하고 그 기능을 증진시키며 미관을 개선하고 양호한 환경을 확보하며, 그 지역을 체계적·계획적으로 관리하기 위하여 수립하는 도시·군관리계획을 말한다.

02 국토의 계획 및 이용에 관한 법령상 기반시설 중 방재시설에 해당하지 않는 것은? 제25회

① 하천
② 유수지
③ 하수도
④ 사방설비
⑤ 저수지

키워드 기반시설의 종류

해설 하수도는 환경기초시설에 해당한다.

핵심포인트 기반시설의 종류

기반시설이란 다음의 시설로서 대통령령으로 정하는 시설을 말한다.

1. 도로·철도·항만·공항·주차장 등 교통시설
2. 광장·공원·녹지 등 공간시설
3. 유통업무설비, 수도·전기·가스공급설비, 방송·통신시설, 공동구 등 유통·공급시설
4. 학교·공공청사·문화시설 및 공공필요성이 인정되는 체육시설 등 공공·문화체육시설
5. 하천·유수지(遊水池)·방화설비 등 방재시설
6. 장사시설 등 보건위생시설
7. 하수도, 폐기물처리 및 재활용시설, 빗물저장 및 이용시설 등 환경기초시설

Answer
01 ② 02 ③

03 **국토의 계획 및 이용에 관한 법률상 용어의 정의에 관한 조문의 일부이다. (　　)에 들어갈 내용을 바르게 나열한 것은?** 제30회

> '(㉠)'(이)란 토지의 이용 및 건축물의 용도·건폐율·용적률·높이 등에 대한 (㉡)의 제한을 강화하거나 완화하여 적용함으로써 (㉡)의 기능을 증진시키고 경관·안전 등을 도모하기 위하여 도시·군관리계획으로 결정하는 지역을 말한다.

① ㉠: 용도지구, ㉡: 용도지역
② ㉠: 용도지구, ㉡: 용도구역
③ ㉠: 용도지역, ㉡: 용도지구
④ ㉠: 용도지구, ㉡: 용도지역 및 용도구역
⑤ ㉠: 용도지역, ㉡: 용도구역 및 용도지구

키워드 용도지구의 개념
해설 '용도지구'란 토지의 이용 및 건축물의 용도·건폐율·용적률·높이 등에 대한 '용도지역'의 제한을 강화하거나 완화하여 적용함으로써 '용도지역'의 기능을 증진시키고 경관·안전 등을 도모하기 위하여 도시·군관리계획으로 결정하는 지역을 말한다.

04 **국토의 계획 및 이용에 관한 법령상 기반시설부담구역에 설치가 필요한 기반시설에 해당하지 않는 것은?** 제26회 수정

① 공원
② 도로
③ 대학
④ 폐기물처리 및 재활용시설
⑤ 녹지

키워드 기반시설부담구역
해설 대학은 기반시설부담구역에 설치가 필요한 기반시설에 해당하지 않는다.

Answer
03 ① 04 ③

05 **국토의 계획 및 이용에 관한 법령상 용어에 관한 설명으로 옳은 것은?** 제35회

① 행정청이 설치하는 공동묘지는 "공공시설"에 해당한다.
② 성장관리계획구역에서의 난개발을 방지하고 계획적인 개발을 유도하기 위하여 수립하는 계획은 "공간재구조화계획"이다.
③ 자전거전용도로는 "기반시설"에 해당하지 않는다.
④ 지구단위계획구역의 지정에 관한 계획은 "도시·군기본계획"에 해당한다.
⑤ "기반시설부담구역"은 기반시설을 설치하기 곤란한 지역을 대상으로 지정한다.

키워드 공공시설의 개념

해설 ① 공공시설이란 도로·공원·철도·수도, 그 밖에 대통령령으로 정하는 다음의 공공용시설을 말한다.

1. 항만·공항·광장·녹지·공공공지·공동구·하천·유수지·방화설비·방풍설비·방수설비·사방설비·방조설비·하수도·구거(도랑)
2. 행정청이 설치하는 시설로서 주차장·저수지 및 그 밖에 국토교통부령으로 정하는 시설
3. 스마트도시의 조성 및 산업진흥 등에 관한 법률에 따른 유비쿼터스도시 통합운영센터와 그 밖에 이와 비슷한 시설

② 성장관리계획구역에서의 난개발을 방지하고 계획적인 개발을 유도하기 위하여 수립하는 계획은 성장관리계획이다.
③ 자전거전용도로는 "기반시설"에 해당한다.
④ 지구단위계획구역의 지정에 관한 계획은 "도시·군관리계획"에 해당한다.
⑤ "개발밀도관리구역"은 기반시설을 설치하기 곤란한 지역을 대상으로 지정한다.

Answer
05 ①

Chapter
02 광역도시계획

대표기출 상중하 2018년 제29회 A형 42번 문제

국토의 계획 및 이용에 관한 법령상 광역도시계획에 관한 설명으로 틀린 것은?

① 중앙행정기관의 장, 시·도지사, 시장 또는 군수는 국토교통부장관이나 도지사에게 광역계획권의 변경을 요청할 수 있다.

② 둘 이상의 특별시·광역시·특별자치시·특별자치도·시 또는 군의 공간구조 및 기능을 상호 연계시키고 환경을 보전하며 광역시설을 체계적으로 정비하기 위하여 필요한 경우에는 광역계획권을 지정할 수 있다.

③ 국가계획과 관련된 광역도시계획의 수립이 필요한 경우 광역도시계획의 수립권자는 국토교통부장관이다.

④ 광역계획권이 둘 이상의 시·도의 관할 구역에 걸쳐 있는 경우에는 관할 시·도지사가 공동으로 광역계획권을 지정하여야 한다.

⑤ 국토교통부장관, 시·도지사, 시장 또는 군수는 광역도시계획을 수립하려면 미리 공청회를 열어 주민과 관계전문가 등으로부터 의견을 들어야 한다.

키워드 광역계획권 지정권자

국토교통부장관이 광역계획권을 지정하는 경우와 도지사가 광역계획권을 지정하는 경우를 구별하여 정확하게 숙지하여야 합니다. 26회, 27회, 28회, 29회, 31회, 32회, 33회

핵심포인트 광역계획권 지정권자

1. 국토교통부장관: 광역계획권이 둘 이상의 특별시·광역시·특별자치시·도 또는 특별자치도(이하 '시·도'라 한다)의 관할 구역에 걸쳐 있는 경우
2. 도지사: 광역계획권이 도의 관할 구역에 속하여 있는 경우

Ⓐ 정답 ④

01 국토의 계획 및 이용에 관한 법령상 광역계획권에 관한 설명으로 옳은 것은? 제33회

① 광역계획권이 둘 이상의 도의 관할구역에 걸쳐 있는 경우, 해당 도지사들은 공동으로 광역계획권을 지정하여야 한다.

② 광역계획권이 하나의 도의 관할구역에 속하여 있는 경우, 도지사는 국토교통부장관과 공동으로 광역계획권을 지정 또는 변경하여야 한다.

③ 도지사가 광역계획권을 지정하려면 관계 중앙행정기관의 장의 의견을 들은 후 중앙도시계획위원회의 심의를 거쳐야 한다.

④ 국토교통부장관이 광역계획권을 변경하려면 관계 시・도지사, 시장 또는 군수의 의견을 들은 후 지방도시계획위원회의 심의를 거쳐야 한다.

⑤ 중앙행정기관의 장, 시・도지사, 시장 또는 군수는 국토교통부장관이나 도지사에게 광역계획권의 지정 또는 변경을 요청할 수 있다.

키워드 광역계획권

해설 ① 광역계획권이 둘 이상의 도의 관할구역에 걸쳐 있는 경우, 국토교통부장관이 광역계획권을 지정할 수 있다.
② 광역계획권이 하나의 도의 관할구역에 속하여 있는 경우, 도지사가 광역계획권을 지정할 수 있다.
③ 도지사가 광역계획권을 지정하려면 관계 중앙행정기관의 장의 의견을 들은 후 지방도시계획위원회의 심의를 거쳐야 한다.
④ 국토교통부장관이 광역계획권을 변경하려면 관계 시・도지사, 시장 또는 군수의 의견을 들은 후 중앙도시계획위원회의 심의를 거쳐야 한다.

02 국토의 계획 및 이용에 관한 법령상 광역도시계획에 관한 설명으로 틀린 것은? 제26회

① 동일 지역에 대하여 수립된 광역도시계획의 내용과 도시・군기본계획의 내용이 다를 때에는 광역도시계획의 내용이 우선한다.

② 광역계획권은 광역시장이 지정할 수 있다.

③ 도지사는 시장 또는 군수가 협의를 거쳐 요청하는 경우에는 단독으로 광역도시계획을 수립할 수 있다.

④ 광역도시계획을 수립하려면 광역도시계획의 수립권자는 미리 공청회를 열어야 한다.

⑤ 국토교통부장관이 조정의 신청을 받아 광역도시계획의 내용을 조정하는 경우 중앙도시계획위원회의 심의를 거쳐야 한다.

키워드 광역도시계획

해설 광역계획권은 국토교통부장관 또는 도지사가 지정한다. 따라서 광역시장은 광역계획권을 지정할 수 없다.

Answer

01 ⑤ 02 ②

03 **국토의 계획 및 이용에 관한 법령상 광역도시계획에 관한 설명으로 옳은 것은?** 제27회

① 국토교통부장관이 광역계획권을 지정하려면 관계 지방도시계획위원회의 심의를 거쳐야 한다.

② 도지사가 시장 또는 군수의 요청으로 관할 시장 또는 군수와 공동으로 광역도시계획을 수립하는 경우에는 국토교통부장관의 승인을 받지 않고 광역도시계획을 수립할 수 있다.

③ 중앙행정기관의 장은 국토교통부장관에게 광역계획권의 변경을 요청할 수 없다.

④ 시장 또는 군수가 광역도시계획을 수립하거나 변경하려면 국토교통부장관의 승인을 받아야 한다.

⑤ 광역계획권은 인접한 둘 이상의 특별시·광역시·시 또는 군의 관할 구역 단위로 지정하여야 하며, 그 관할 구역의 일부만을 광역계획권에 포함시킬 수는 없다.

키워드 광역도시계획

해설 ① 국토교통부장관이 광역계획권을 지정하려면 중앙도시계획위원회의 심의를 거쳐야 한다.
③ 중앙행정기관의 장은 국토교통부장관에게 광역계획권의 변경을 요청할 수 있다.
④ 시장 또는 군수가 광역도시계획을 수립하거나 변경하려면 도지사의 승인을 받아야 한다.
⑤ 광역계획권은 인접한 관할 구역의 전부 또는 일부를 대상으로 지정할 수 있다.

04 **국토의 계획 및 이용에 관한 법령상 광역도시계획에 관한 설명으로 <u>틀린</u> 것은?** 제31회

① 도지사는 시장 또는 군수가 협의를 거쳐 요청하는 경우에는 단독으로 광역도시계획을 수립할 수 있다.

② 광역도시계획의 수립기준은 국토교통부장관이 정한다.

③ 광역도시계획의 수립을 위한 공청회는 광역계획권 단위로 개최하되, 필요한 경우에는 광역계획권을 여러 개의 지역으로 구분하여 개최할 수 있다.

④ 국토교통부장관은 광역도시계획을 수립하였을 때에는 직접 그 내용을 공고하고 일반이 열람할 수 있도록 하여야 한다.

⑤ 광역도시계획을 공동으로 수립하는 시·도지사는 그 내용에 관하여 서로 협의가 되지 아니하면 공동이나 단독으로 국토교통부장관에게 조정을 신청할 수 있다.

키워드 광역도시계획

해설 국토교통부장관은 직접 광역도시계획을 수립 또는 변경하거나 승인하였을 때에는 관계 중앙행정기관의 장과 시·도지사에게 관계 서류를 송부하여야 하며, 관계 서류를 받은 시·도지사는 지체 없이 이를 해당 시·도의 공보와 인터넷 홈페이지에 그 내용을 공고하고, 관계 서류를 30일 이상 일반이 열람할 수 있도록 하여야 한다.

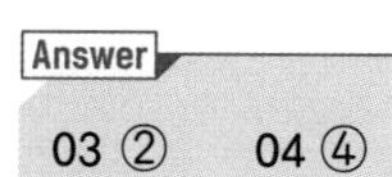
Answer
03 ② 04 ④

05 **국토의 계획 및 이용에 관한 법령상 광역도시계획 등에 관한 설명으로 틀린 것은?** (단, 조례는 고려하지 않음) 제28회

① 국토교통부장관은 광역계획권을 지정하려면 관계 시·도지사, 시장 또는 군수의 의견을 들은 후 중앙도시계획위원회의 심의를 거쳐야 한다.

② 시·도지사, 시장 또는 군수는 광역도시계획을 변경하려면 미리 관계 시·도, 시 또는 군의 의회와 관계 시장 또는 군수의 의견을 들어야 한다.

③ 국토교통부장관은 시·도지사가 요청하는 경우에도 시·도지사와 공동으로 광역도시계획을 수립할 수 없다.

④ 시장 또는 군수는 광역도시계획을 수립하려면 도지사의 승인을 받아야 한다.

⑤ 시장 또는 군수는 광역도시계획을 변경하려면 미리 공청회를 열어야 한다.

키워드 광역도시계획

해설 국토교통부장관은 시·도지사가 요청하는 경우에는 시·도지사와 공동으로 광역도시계획을 수립할 수 있다.

핵심포인트 **광역도시계획 수립권자**

1. 원칙적 수립권자

㉠ 광역계획권이 같은 도의 관할 구역에 속하여 있는 경우: 관할 시장 또는 군수가 공동으로 수립

㉡ 광역계획권이 둘 이상의 시·도의 관할 구역에 걸쳐 있는 경우: 관할 시·도지사가 공동으로 수립

㉢ 광역계획권을 지정한 날부터 3년이 지날 때까지 관할 시장 또는 군수로부터 광역도시계획의 승인 신청이 없는 경우: 관할 도지사가 수립

㉣ 국가계획과 관련된 광역도시계획의 수립이 필요한 경우나 광역계획권을 지정한 날부터 3년이 지날 때까지 관할 시·도지사로부터 광역도시계획의 승인 신청이 없는 경우: 국토교통부장관이 수립

2. 예외적 수립권자

㉠ 시·도지사가 요청하는 경우와 그 밖에 필요하다고 인정되는 경우: 국토교통부장관과 관할 시·도지사가 공동으로 수립

㉡ 시장 또는 군수가 요청하는 경우와 그 밖에 필요하다고 인정하는 경우: 도지사와 관할 시장 또는 군수가 공동으로 수립

㉢ 시장 또는 군수가 협의를 거쳐 요청하는 경우: 도지사 단독수립

Answer

05 ③

06 국토의 계획 및 이용에 관한 법령상 광역도시계획에 관한 설명으로 틀린 것은? 제32회

① 광역도시계획의 수립기준은 국토교통부장관이 정한다.

② 광역계획권이 같은 도의 관할 구역에 속하여 있는 경우 관할 도지사가 광역도시계획을 수립하여야 한다.

③ 시 · 도지사, 시장 또는 군수는 광역도시계획을 수립하거나 변경하려면 미리 관계 시 · 도, 시 또는 군의 의회와 관계 시장 또는 군수의 의견을 들어야 한다.

④ 시장 또는 군수가 기초조사정보체계를 구축한 경우에는 등록된 정보의 현황을 5년마다 확인하고 변동사항을 반영하여야 한다.

⑤ 광역계획권을 지정한 날부터 3년이 지날 때까지 관할 시장 또는 군수로부터 광역도시계획의 승인 신청이 없는 경우 관할 도지사가 광역도시계획을 수립하여야 한다.

키워드 광역도시계획

해설 광역계획권이 같은 도의 관할 구역에 속하여 있는 경우 관할 시장 또는 군수가 공동으로 광역도시계획을 수립하여야 한다.

Answer

06 ②

Chapter 03

도시 · 군기본계획

대표기출 상중하 2020년 제31회 A형 48번 문제

국토의 계획 및 이용에 관한 법령상 도시·군기본계획에 관한 설명으로 틀린 것은?

① 시장 또는 군수는 인접한 시 또는 군의 관할 구역을 포함하여 도시·군기본계획을 수립하려면 미리 그 시장 또는 군수와 협의하여야 한다.

② 도시·군기본계획 입안일부터 5년 이내에 토지적성평가를 실시한 경우에는 토지적성평가를 하지 아니할 수 있다.

③ 시장 또는 군수는 도시·군기본계획을 수립하려면 미리 그 시 또는 군 의회의 의견을 들어야 한다.

④ 시장 또는 군수는 도시·군기본계획을 변경하려면 도지사와 협의한 후 지방도시계획위원회의 심의를 거쳐야 한다.

⑤ 시장 또는 군수는 5년마다 관할 구역의 도시·군기본계획에 대하여 타당성을 전반적으로 재검토하여 정비하여야 한다.

키워드 도시·군기본계획

도시·군기본계획의 연계수립, 토지적성평가, 수립 및 승인절차, 타당성 검토에 관한 내용을 정확하게 숙지하여야 합니다. 27회, 31회, 32회, 33회, 35회

핵심포인트 시·군의 도시·군기본계획의 승인

1. 시장 또는 군수는 도시·군기본계획을 수립하거나 변경하려면 대통령령으로 정하는 바에 따라 도지사의 승인을 받아야 한다.
2. 도지사는 도시·군기본계획을 승인하려면 관계 행정기관의 장과 협의한 후 지방도시계획위원회의 심의를 거쳐야 한다.
3. 협의 요청을 받은 관계 행정기관의 장은 특별한 사유가 없으면 그 요청을 받은 날부터 30일 이내에 도지사에게 의견을 제시하여야 한다.
4. 도지사는 도시·군기본계획을 승인하면 관계 행정기관의 장과 시장 또는 군수에게 관계 서류를 송부하여야 하며, 관계 서류를 받은 시장 또는 군수는 대통령령으로 정하는 바에 따라 그 계획을 공고하고 일반인이 30일 이상 열람할 수 있도록 하여야 한다.

Ⓐ 정답 ④

01 **국토의 계획 및 이용에 관한 법령상 도시·군기본계획에 관한 설명으로 옳은 것은?** 제24회

① 시장·군수는 관할 구역에 대해서만 도시·군기본계획을 수립할 수 있으며, 인접한 시 또는 군의 관할 구역을 포함하여 계획을 수립할 수 없다.
② 도시·군기본계획의 내용이 광역도시계획의 내용과 다를 때에는 국토교통부장관이 결정하는 바에 따른다.
③ 「수도권정비계획법」에 의한 수도권에 속하지 아니하고 광역시와 경계를 같이 하지 아니한 인구 7만명의 군은 도시·군기본계획을 수립하지 아니할 수 있다.
④ 도시·군기본계획을 변경하는 경우에는 공청회를 개최하지 아니할 수 있다.
⑤ 광역시장이 도시·군기본계획을 수립하려면 국토교통부장관의 승인을 받아야 한다.

키워드 도시·군기본계획

해설 ① 시장·군수는 지역여건상 필요하다고 인정되면 인접한 시 또는 군의 관할 구역의 전부 또는 일부를 포함하여 도시·군기본계획을 수립할 수 있다.
② 도시·군기본계획의 내용이 광역도시계획의 내용과 다를 때에는 광역도시계획의 내용이 우선한다.
④ 도시·군기본계획을 변경하는 경우에도 공청회를 개최하여야 한다.
⑤ 광역시장이 도시·군기본계획을 수립하려면 국토교통부장관의 승인을 받지 아니하고 확정한다.

02 **국토의 계획 및 이용에 관한 법령상 시장 또는 군수가 도시·군기본계획의 승인을 받으려 할 때, 도시·군기본계획안에 첨부하여야 할 서류에 해당하는 것은?** 제33회

① 기초조사 결과
② 청문회의 청문조서
③ 해당 시·군 및 도의 의회의 심의·의결 결과
④ 해당 시·군 및 도의 지방도시계획위원회의 심의 결과
⑤ 관계 중앙행정기관의 장과의 협의 및 중앙도시계획위원회의 심의에 필요한 서류

키워드 도시·군기본계획의 승인

해설 시장 또는 군수가 도시·군기본계획의 승인을 받으려 할 때, 도시·군기본계획안에 첨부하여야 할 서류는 다음과 같다.

1. 기초조사 결과
2. 공청회개최 결과
3. 시·군의 의회의 의견청취 결과
4. 해당 시·군에 설치된 지방도시계획위원회의 자문을 거친 경우에는 그 결과
5. 관계 행정기관의 장과의 협의 및 도의 지방도시계획위원회의 심의에 필요한 서류

Answer
01 ③ 02 ①

03 **국토의 계획 및 이용에 관한 법령상 도시 · 군기본계획의 수립 및 정비에 관한 조문의 일부이다. (   )에 들어갈 숫자를 옳게 연결한 것은?** 제27회

> • 도시 · 군기본계획 입안일부터 (㉠)년 이내에 토지적성평가를 실시한 경우 등 대통령령으로 정하는 경우에는 토지적성평가 또는 재해취약성분석을 하지 아니할 수 있다.
> • 시장 또는 군수는 (㉡)년마다 관할 구역의 도시 · 군기본계획에 대하여 그 타당성을 전반적으로 재검토하여 정비하여야 한다.

① ㉠: 2, ㉡: 5
② ㉠: 3, ㉡: 2
③ ㉠: 3, ㉡: 5
④ ㉠: 5, ㉡: 5
⑤ ㉠: 5, ㉡: 10

키워드 도시 · 군기본계획의 기초조사

해설 • 도시 · 군기본계획 입안일부터 '5'년 이내에 토지적성평가를 실시한 경우 등 대통령령으로 정하는 경우에는 토지적성평가 또는 재해취약성분석을 하지 아니할 수 있다.
• 시장 또는 군수는 '5'년마다 관할 구역의 도시 · 군기본계획에 대하여 그 타당성을 전반적으로 재검토하여 정비하여야 한다.

04 **국토의 계획 및 이용에 관한 법령상 도시 · 군기본계획에 관한 설명으로 틀린 것은?** 제32회

① 「수도권정비계획법」에 의한 수도권에 속하고 광역시와 경계를 같이 하지 아니한 시로서 인구 20만명 이하인 시는 도시 · 군기본계획을 수립하지 아니할 수 있다.
② 도시 · 군기본계획에는 기후변화 대응 및 에너지절약에 관한 사항에 대한 정책 방향이 포함되어야 한다.
③ 광역도시계획이 수립되어 있는 지역에 대하여 수립하는 도시 · 군기본계획은 그 광역도시계획에 부합되어야 한다.
④ 시장 또는 군수는 5년마다 관할 구역의 도시 · 군기본계획에 대하여 타당성을 전반적으로 재검토하여 정비하여야 한다.
⑤ 특별시장 · 광역시장 · 특별자치시장 또는 특별자치도지사는 도시 · 군기본계획을 변경하려면 관계 행정기관의 장(국토교통부장관을 포함)과 협의한 후 지방도시계획위원회의 심의를 거쳐야 한다.

키워드 도시 · 군기본계획

해설 「수도권정비계획법」에 의한 수도권에 속하지 아니하고 광역시와 경계를 같이 하지 아니한 시로서 인구 10만명 이하인 시는 도시 · 군기본계획을 수립하지 아니할 수 있다.

Answer
03 ④ 04 ①

Chapter 04

도시 · 군관리계획

제1절 도시 · 군관리계획의 입안 및 결정

대표기출 1 상중하 2021년 제32회 A형 44번 문제

국토의 계획 및 이용에 관한 법령상 도시 · 군관리계획에 관한 설명으로 틀린 것은?

① 국토교통부장관은 국가계획과 관련된 경우 직접 도시 · 군관리계획을 입안할 수 있다.
② 주민은 산업 · 유통개발진흥지구의 지정에 관한 사항에 대하여 도시 · 군관리계획의 입안권자에게 도시 · 군관리계획의 입안을 제안할 수 있다.
③ 도시 · 군관리계획으로 입안하려는 지구단위계획구역이 상업지역에 위치하는 경우에는 재해취약성분석을 하지 아니할 수 있다.
④ 도시 · 군관리계획 결정의 효력은 지형도면을 고시한 다음 날부터 발생한다.
⑤ 인접한 특별시 · 광역시 · 특별자치시 · 특별자치도 · 시 또는 군의 관할 구역에 대한 도시 · 군관리계획은 관계 특별시장 · 광역시장 · 특별자치시장 · 특별자치도지사 · 시장 또는 군수가 협의하여 공동으로 입안하거나 입안할 자를 정한다.

키워드 도시 · 군관리계획

도시 · 군관리계획의 결정권자, 기득권 보호, 입안제안대상, 효력발생시기를 정확하게 숙지하여야 합니다.

26회, 27회, 28회, 29회, 30회, 31회, 32회, 34회, 35회

핵심포인트 도시 · 군기본계획과 도시 · 군관리계획의 비교

구 분	도시 · 군기본계획	도시 · 군관리계획
수립(입안)권자	특별시장 · 광역시장 · 특별자치시장 · 특별자치도지사 · 시장 또는 군수가 수립(6명만)	• 원칙: 특별시장 · 광역시장 · 특별자치시장 · 특별자치도지사 · 시장 또는 군수 • 예외: 국토교통부장관, 도지사
승인(결정)권자	• 특별시장 · 광역시장 · 특별자치시장 · 특별자치도지사 ⇨ 확정(승인×) • 시장 또는 군수 ⇨ 도지사(승인)	• 원칙 : 시 · 도지사 또는 대도시 시장. 다만, 시장 또는 군수가 입안한 지구단위계획구역과 지구단위계획은 시장 또는 군수가 직접 결정한다. • 예외 : 국토교통부장관(수산자원보호구역의 경우 해양수산부장관)

Ⓐ 정답 ④

01 **국토의 계획 및 이용에 관한 법령상 도시·군관리계획으로 결정하여야 하는 사항만을 모두 고른 것은?** 제26회

㉠ 도시자연공원구역의 지정	㉡ 개발밀도관리구역의 지정
㉢ 도시개발사업에 관한 계획	㉣ 기반시설의 정비에 관한 계획

① ㉡
② ㉢, ㉣
③ ㉠, ㉡, ㉢
④ ㉠, ㉡, ㉣
⑤ ㉠, ㉢, ㉣

키워드 도시·군관리계획의 내용

해설 도시자연공원구역의 지정(㉠), 도시개발사업에 관한 계획(㉢), 기반시설의 정비에 관한 계획(㉣)이 도시·군관리계획의 내용에 해당하고, 개발밀도관리구역의 지정(㉡)은 도시·군관리계획의 내용에 해당하지 않는다.

02 **국토의 계획 및 이용에 관한 법령상 주민이 도시·군관리계획의 입안권자에게 그 입안을 제안할 수 있는 사항이 <u>아닌</u> 것은?** 제34회

① 도시·군계획시설입체복합구역의 지정 및 변경과 도시·군계획시설입체복합구역의 건축제한·건폐율·용적률·높이 등에 관한 사항
② 지구단위계획구역의 지정 및 변경과 지구단위계획의 수립 및 변경에 관한 사항
③ 기반시설의 설치·정비 또는 개량에 관한 사항
④ 산업·유통개발진흥지구의 변경에 관한 사항
⑤ 시가화조정구역의 지정 및 변경에 관한 사항

키워드 주민의 입안제안

해설 주민은 시가화조정구역의 지정 및 변경에 관한 사항에 대하여 입안권자에게 입안을 제안할 수 없다.

Answer
01 ⑤ 02 ⑤

03 **국토의 계획 및 이용에 관한 법령상 주민이 도시·군관리계획의 입안을 제안하려는 경우 요구되는 제안 사항별 토지소유자의 동의 요건으로 틀린 것은?** (단, 동의 대상 토지 면적에서 국공유지는 제외함) 제29회

① 기반시설의 설치에 관한 사항: 대상 토지면적의 5분의 4 이상
② 기반시설의 정비에 관한 사항: 대상 토지면적의 3분의 2 이상
③ 지구단위계획구역의 지정과 지구단위계획의 수립에 관한 사항: 대상 토지면적의 3분의 2 이상
④ 산업·유통개발진흥지구의 지정에 관한 사항: 대상 토지면적의 3분의 2 이상
⑤ 용도지구 중 해당 용도지구에 따른 건축물이나 그 밖의 시설의 용도·종류 및 규모 등의 제한을 지구단위계획으로 대체하기 위한 용도지구의 지정에 관한 사항: 대상 토지면적의 3분의 2 이상

키워드 주민의 입안제안

해설 주민이 기반시설의 정비에 관한 사항에 대하여 입안을 제안하려면 대상 토지면적의 5분의 4 이상의 토지소유자의 동의를 받아야 한다.

핵심포인트 **도시·군관리계획 입안의 제안 및 동의 요건**

1. **제안대상**: 주민(이해관계자를 포함)은 다음의 사항에 대하여 도시·군관리계획을 입안할 수 있는 자에게 도시·군관리계획의 입안을 제안할 수 있다. 이 경우 제안서에는 도시·군관리계획도서와 계획설명서를 첨부하여야 한다.
   ㉠ 기반시설의 설치·정비 또는 개량에 관한 사항
   ㉡ 지구단위계획구역의 지정 및 변경과 지구단위계획의 수립 및 변경에 관한 사항
   ㉢ 개발진흥지구 중 공업기능 또는 유통물류기능 등을 집중적으로 개발·정비하기 위한 개발진흥지구로서 대통령령으로 정하는 개발진흥지구(산업·유통개발진흥지구)의 지정 및 변경에 관한 사항
   ㉣ 용도지구 중 해당 용도지구에 따른 건축물이나 그 밖의 시설의 용도·종류 및 규모 등의 제한을 지구단위계획으로 대체하기 위한 용도지구의 지정 및 변경에 관한 사항
   ㉤ 도시·군계획시설입체복합구역의 지정 및 변경과 도시·군계획시설입체복합구역의 건축제한·건폐율·용적률·높이 등에 관한 사항
2. **토지소유자의 동의**: 도시·군관리계획의 입안을 제안하려는 자는 다음의 구분에 따라 토지소유자의 동의를 받아야 한다. 이 경우 동의 대상 토지면적에서 국공유지는 제외한다.
   ㉠ 기반시설의 설치·정비 또는 개량에 관한 사항: 토지면적의 5분의 4 이상
   ㉡ 지구단위계획구역의 지정 및 변경과 지구단위계획의 수립 및 변경에 관한 사항: 토지면적의 3분의 2 이상
   ㉢ 개발진흥지구 중 산업·유통개발진흥지구의 지정 및 변경에 관한 사항: 토지면적의 3분의 2 이상
   ㉣ 용도지구 중 해당 용도지구에 따른 건축물이나 그 밖의 시설의 용도·종류 및 규모 등의 제한을 지구단위계획으로 대체하기 위한 용도지구의 지정 및 변경에 관한 사항: 토지면적의 3분의 2 이상
   ㉤ 도시·군계획시설입체복합구역의 지정 및 변경과 도시·군계획시설입체복합구역의 건축제한·건폐율·용적률·높이 등에 관한 사항: 토지면적의 5분의 4 이상

Answer
03 ②

04 **국토의 계획 및 이용에 관한 법령상 주민이 도시 · 군관리계획의 입안을 제안하는 경우에 관한 설명으로 틀린 것은?** 제30회

① 도시 · 군관리계획의 입안을 제안받은 자는 제안자와 협의하여 제안된 도시 · 군관리계획의 입안 및 결정에 필요한 비용의 전부 또는 일부를 제안자에게 부담시킬 수 있다.
② 제안서에는 도시 · 군관리계획도서뿐만 아니라 계획설명서도 첨부하여야 한다.
③ 도시 · 군관리계획의 입안을 제안받은 자는 그 처리 결과를 제안자에게 알려야 한다.
④ 산업 · 유통개발진흥지구의 지정 및 변경에 관한 사항은 입안제안의 대상에 해당하지 않는다.
⑤ 도시 · 군관리계획의 입안을 제안하려는 자가 토지소유자의 동의를 받아야 하는 경우 국공유지는 동의 대상 토지면적에서 제외된다.

키워드 도시 · 군관리계획의 입안제안
해설 산업 · 유통개발진흥지구의 지정 및 변경에 관한 사항은 입안제안의 대상에 해당한다.

05 **국토의 계획 및 이용에 관한 법령상 지구단위계획구역으로 지정하는 등의 도시 · 군관리계획을 입안하는 경우 환경성 검토를 하여야 하는 경우는?** (단, 법령에서 정한 경미한 사항을 입안하는 경우가 아님) 제22회 수정

① 개발제한구역 안에 기반시설을 설치하는 경우
② 해당 지구단위계획구역 안의 나대지 면적이 구역 면적의 2%에 미달하는 경우
③ 해당 지구단위계획구역의 지정목적이 해당 구역을 정비하고자 하는 경우로서 지구단위계획의 내용에 너비 12m 이상 도로의 설치계획이 없는 경우
④ 해당 지구단위계획구역이 다른 법률에 의하여 지역 · 지구 등으로 지정된 경우
⑤ 해당 지구단위계획구역이 도심지(상업지역과 상업지역에 연접한 지역)에 위치하는 경우

키워드 환경성 검토
해설 ① 개발제한구역 안에 기반시설을 설치하는 경우에는 토지적성평가만 생략할 수 있다.
②③④⑤ 기초조사 · 환경성 검토 · 토지적성평가 · 재해취약성분석을 생략할 수 있다.

Answer
04 ④ 05 ①

06 **국토의 계획 및 이용에 관한 법령상 도시·군관리계획을 입안할 때 환경성 검토를 실시하지 않아도 되는 경우에 해당하는 것만을 모두 고른 것은?** 제27회

> ㉠ 개발제한구역 안에 기반시설을 설치하는 경우
> ㉡ 「도시개발법」에 따른 도시개발사업의 경우
> ㉢ 해당 지구단위계획구역 안의 나대지 면적이 구역 면적의 2%에 미달하는 경우

① ㉠ ② ㉢
③ ㉠, ㉡ ④ ㉡, ㉢
⑤ ㉠, ㉡, ㉢

키워드 환경성 검토

해설 ㉠ 개발제한구역 안에 기반시설을 설치하는 경우에는 토지적성평가만 생략할 수 있다.
㉡ 「도시개발법」에 따른 도시개발사업의 경우에는 토지적성평가만 생략할 수 있다.
㉢ 해당 지구단위계획구역 안의 나대지 면적이 구역 면적의 2%에 미달하는 경우에는 환경성 검토를 생략할 수 있다. 이 경우 기초조사·토지적성평가·재해취약성분석도 생략할 수 있다.

07 **국토의 계획 및 이용에 관한 법령상 도시·군관리계획 등에 관한 설명으로 옳은 것은?** 제28회

① 시가화조정구역의 지정에 관한 도시·군관리계획 결정 당시 승인받은 사업이나 공사에 이미 착수한 자는 신고 없이 그 사업이나 공사를 계속할 수 있다.
② 국가계획과 연계하여 시가화조정구역의 지정이 필요한 경우 국토교통부장관이 직접 그 지정을 도시·군관리계획으로 결정할 수 있다.
③ 도시·군관리계획의 입안을 제안받은 자는 도시·군관리계획의 입안 및 결정에 필요한 비용을 제안자에게 부담시킬 수 없다.
④ 수산자원보호구역의 지정에 관한 도시·군관리계획은 국토교통부장관이 결정한다.
⑤ 도시·군관리계획 결정은 지형도면을 고시한 날의 다음 날부터 효력이 발생한다.

키워드 도시·군관리계획

해설 ① 시가화조정구역의 지정에 관한 도시·군관리계획 결정 당시 승인받은 사업이나 공사에 이미 착수한 자는 3개월 이내에 신고하고 그 사업이나 공사를 계속할 수 있다.
③ 도시·군관리계획의 입안을 제안받은 자는 도시·군관리계획의 입안 및 결정에 필요한 비용을 제안자에게 부담시킬 수 있다.
④ 수산자원보호구역의 지정에 관한 도시·군관리계획은 해양수산부장관이 결정한다.
⑤ 도시·군관리계획 결정은 지형도면을 고시한 날부터 효력이 발생한다.

Answer
06 ② 07 ②

08 **국토의 계획 및 이용에 관한 법률상 도시·군관리계획의 결정에 관한 설명으로 틀린 것은?** 제31회

① 시장 또는 군수가 입안한 지구단위계획구역의 지정·변경에 관한 도시·군관리계획은 시장 또는 군수가 직접 결정한다.

② 개발제한구역의 지정에 관한 도시·군관리계획은 국토교통부장관이 결정한다.

③ 시·도지사가 지구단위계획을 결정하려면 「건축법」에 따라 시·도에 두는 건축위원회와 도시계획위원회가 공동으로 하는 심의를 거쳐야 한다.

④ 국토교통부장관은 관계 중앙행정기관의 장의 요청이 없어도 국가안전보장상 기밀을 지켜야 할 필요가 있다고 인정되면 중앙도시계획위원회의 심의를 거치지 않고 도시·군관리계획을 결정할 수 있다.

⑤ 도시·군관리계획 결정의 효력은 지형도면을 고시한 날부터 발생한다.

키워드 도시·군관리계획의 결정

해설 국토교통부장관은 관계 중앙행정기관의 장이 요청하는 경우에만 국가안전보장상 기밀을 지켜야 할 필요가 있다고 인정되면 중앙도시계획위원회의 심의를 거치지 않고 도시·군관리계획을 결정할 수 있다.

09 **국토의 계획 및 이용에 관한 법령상 도시·군관리계획에 관한 설명으로 틀린 것은?** 제24회

① 주민은 기반시설의 설치에 관한 사항에 대하여 도시·군관리계획의 입안권자에게 그 입안을 제안할 수 있다.

② 시가화조정구역의 지정에 관한 도시·군관리계획 결정이 있는 경우에는 결정 당시 이미 허가를 받아 사업을 하고 있는 자라도 허가를 다시 받아야 한다.

③ 국가계획과 관련되어 국토교통부장관이 입안한 도시·군관리계획은 국토교통부장관이 결정한다.

④ 공원·녹지·유원지 등의 공간시설의 설치에 관한 계획은 도시·군관리계획에 속한다.

⑤ 도시지역의 축소에 따른 용도지역의 변경을 내용으로 하는 도시·군관리계획을 입안하는 경우에는 주민의 의견청취를 생략할 수 있다.

키워드 도시·군관리계획

해설 시가화조정구역의 지정에 관한 도시·군관리계획 결정이 있는 경우에는 3개월 이내에 특별시장·광역시장·특별자치시장·특별자치도지사·시장 또는 군수에게 신고하고 그 사업이나 공사를 계속할 수 있다.

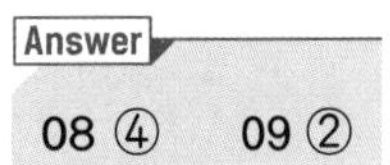

Answer

08 ④ 09 ②

10 국토의 계획 및 이용에 관한 법령상 도시·군관리계획에 관한 설명으로 틀린 것은? 제26회

① 도시·군관리계획 결정의 효력은 지형도면을 고시한 날의 다음 날부터 발생한다.
② 용도지구의 지정은 도시·군관리계획으로 결정한다.
③ 주민은 기반시설의 설치·정비 또는 개량에 관한 사항에 대하여 입안권자에게 도시·군관리계획의 입안을 제안할 수 있다.
④ 도시·군관리계획은 광역도시계획과 도시·군기본계획에 부합되어야 한다.
⑤ 도시·군관리계획을 조속히 입안하여야 할 필요가 있다고 인정되면 도시·군기본계획을 수립할 때에 도시·군관리계획을 함께 입안할 수 있다.

키워드 도시·군관리계획
해설 도시·군관리계획 결정의 효력은 지형도면을 고시한 날부터 발생한다.

11 국토의 계획 및 이용에 관한 법령상 도시·군관리계획의 결정에 관한 설명으로 옳은 것은?

제35회

① 도시·군관리계획 결정의 효력은 지형도면을 고시한 날의 다음 날부터 발생한다.
② 시가화조정구역의 지정에 관한 도시·군관리계획 결정 당시 이미 사업에 착수한 자는 그 결정에도 불구하고 신고 없이 그 사업을 계속할 수 있다.
③ 국토교통부장관이 도시·군관리계획을 직접 입안한 경우에는 시·도지사가 지형도면을 작성하여야 한다.
④ 시장·군수가 입안한 지구단위계획의 수립에 관한 도시·군관리계획은 시장·군수의 신청에 따라 도지사가 결정한다.
⑤ 시·도지사는 국가계획과 관련되어 국토교통부장관이 입안하여 결정한 도시·군관리계획을 변경하려면 미리 국토교통부장관과 협의하여야 한다.

키워드 도시·군관리계획의 결정
해설 ① 도시·군관리계획 결정의 효력은 지형도면을 고시한 날부터 발생한다.
② 시가화조정구역의 지정에 관한 도시·군관리계획 결정 당시 이미 사업에 착수한 자는 그 결정에도 불구하고 3월 이내에 신고한 후 그 사업을 계속할 수 있다.
③ 국토교통부장관이 도시·군관리계획을 직접 입안한 경우에는 국토교통부장관이 지형도면을 작성할 수 있다.
④ 시장·군수가 입안한 지구단위계획의 수립에 관한 도시·군관리계획은 시장·군수가 직접 결정한다.

Answer
10 ① 11 ⑤

12 **국토의 계획 및 이용에 관한 법령상 도시·군계획에 관한 설명으로 옳은 것은?** 제35회

① 도시·군기본계획의 내용이 광역도시계획의 내용과 다를 때에는 도시·군기본계획의 내용이 우선한다.

② 도시·군기본계획의 수립권자가 생활권계획을 따로 수립한 때에는 해당 계획이 수립된 생활권에 대해서는 도시·군관리계획이 수립된 것으로 본다.

③ 시장·군수가 미리 지방의회의 의견을 들어 수립한 도시·군기본계획의 경우 도지사는 지방도시계획위원회의 심의를 거치지 않고 해당 계획을 승인할 수 있다.

④ 주민은 공공청사의 설치에 관한 사항에 대하여 도시·군관리계획의 입안권자에게 그 계획의 입안을 제안할 수 있다.

⑤ 광역도시계획이나 도시·군기본계획을 수립할 때 도시·군관리계획을 함께 입안할 수 없다.

키워드 도시·군계획

해설 ① 도시·군기본계획의 내용이 광역도시계획의 내용과 다를 때에는 광역도시계획의 내용이 우선한다.
② 도시·군기본계획의 수립권자가 생활권계획을 따로 수립한 때에는 해당 계획이 수립된 생활권에 대해서는 도시·군기본계획이 수립된 것으로 본다.
③ 시장·군수가 미리 지방의회의 의견을 들어 수립한 도시·군기본계획의 경우 도지사는 지방도시계획위원회의 심의를 거쳐 해당 계획을 승인할 수 있다.
⑤ 광역도시계획이나 도시·군기본계획을 수립할 때 도시·군관리계획을 함께 입안할 수 있다.

Answer

12 ④

제2절 용도지역

대표기출 2 상중하 2024년 제35회 A형 48번 문제

국토의 계획 및 이용에 관한 법령상 용도지역에 관한 설명으로 옳은 것은?

① 용도지역은 토지를 경제적·효율적으로 이용하기 위하여 필요한 경우 서로 중복되게 지정할 수 있다.

② 용도지역은 필요한 경우 도시·군기본계획으로 결정할 수 있다.

③ 주민은 상업지역에 산업·유통개발진흥지구를 지정하여 줄 것을 내용으로 하는 도시·군관리계획의 입안을 제안할 수 있다.

④ 바다인 공유수면의 매립구역이 둘 이상의 용도지역과 이웃하고 있는 경우 그 매립구역은 이웃하고 있는 가장 큰 용도지역으로 지정된 것으로 본다.

⑤ 관리지역에서 「농지법」에 따른 농업진흥지역으로 지정·고시된 지역은 「국토의 계획 및 이용에 관한 법률」에 따른 농림지역으로 결정·고시된 것으로 본다.

키워드 용도지역

용도지역의 지정의제는 매년 출제되기 때문에 정확하게 숙지하여야 합니다. 29회, 30회, 32회, 33회, 35회

핵심포인트 용도지역의 지정의제

1. 관리지역에서 「농지법」에 따른 농업진흥지역으로 지정·고시된 지역은 「국토의 계획 및 이용에 관한 법률」에 따른 농림지역으로 결정·고시된 것으로 본다.
2. 관리지역의 산림 중 「산지관리법」에 따라 보전산지로 지정·고시된 지역은 「국토의 계획 및 이용에 관한 법률」에 따른 농림지역 또는 자연환경보전지역으로 결정·고시된 것으로 본다.

해설 ① 용도지역은 서로 중복되게 지정할 수 없다.

② 용도지역은 도시·군관리계획으로 결정할 수 있다.

③ 주민은 상업지역에 산업·유통개발진흥지구를 지정하여 줄 것을 내용으로 하는 도시·군관리계획의 입안을 제안할 수 없다.

④ 바다인 공유수면의 매립구역이 둘 이상의 용도지역과 이웃하고 있는 경우 그 매립구역이 속할 용도지역은 도시·군관리계획결정으로 지정하여야 한다.

정답 ⑤

13 **국토의 계획 및 이용에 관한 법령상 용도지역에 관한 설명으로 옳은 것은?** (단, 조례는 고려하지 않음)

제24회 수정

① 저층주택 중심의 편리한 주거환경을 조성하기 위하여 필요한 지역은 제2종 전용주거지역으로 지정한다.

② 환경을 저해하지 아니하는 공업의 배치를 위하여 필요한 지역은 준공업지역으로 지정한다.

③ 공유수면의 매립구역이 둘 이상의 용도지역에 걸쳐 있는 경우에는 걸친 부분의 면적이 가장 큰 용도지역과 같은 용도지역으로 지정된 것으로 본다.

④ 도시지역에 대해 세부 용도지역이 지정되지 아니한 경우 건폐율에 대해서는 자연녹지지역에 관한 규정을 적용한다.

⑤ 하나의 대지가 녹지지역과 그 밖의 다른 용도지역에 걸쳐 있으면서, 녹지지역의 건축물이 고도지구에 걸쳐 있는 경우에는 그 건축물 및 대지의 전부에 대하여 고도지구에 관한 규정을 적용한다.

키워드 용도지역의 종류 및 지정절차

해설 ① 저층주택 중심의 편리한 주거환경을 조성하기 위하여 필요한 지역은 제1종 일반주거지역으로 지정한다.
② 환경을 저해하지 아니하는 공업의 배치를 위하여 필요한 지역은 일반공업지역으로 지정한다.
③ 공유수면의 매립 목적이 그 매립구역과 이웃하고 있는 용도지역의 내용과 다른 경우 및 그 매립구역이 둘 이상의 용도지역에 걸쳐 있거나 이웃하고 있는 경우 그 매립구역이 속할 용도지역은 도시·군관리계획 결정으로 지정하여야 한다.
④ 도시지역에 대해 세부 용도지역이 지정되지 아니한 경우 건폐율에 대해서는 보전녹지지역에 관한 규정을 적용한다.

14 **국토의 계획 및 이용에 관한 법령상 용도지역에 관한 설명으로 틀린 것은?** 제26회

① 도시지역의 축소에 따른 용도지역의 변경을 도시·군관리계획으로 입안하는 경우에는 주민 및 지방의회의 의견청취 절차를 생략할 수 있다.

② 「택지개발촉진법」에 따른 택지개발지구로 지정·고시되었다가 택지개발사업의 완료로 지구 지정이 해제되면 그 지역은 지구 지정 이전의 용도지역으로 환원된 것으로 본다.

③ 관리지역에서 「농지법」에 따른 농업진흥지역으로 지정·고시된 지역은 「국토의 계획 및 이용에 관한 법률」에 따른 농림지역으로 결정·고시된 것으로 본다.

④ 용도지역을 다시 세부 용도지역으로 나누어 지정하려면 도시·군관리계획으로 결정하여야 한다.

⑤ 도시지역이 세부 용도지역으로 지정되지 아니한 경우에는 용도지역의 용적률 규정을 적용할 때에 보전녹지지역에 관한 규정을 적용한다.

키워드 용도지역

해설 택지개발사업의 완료로 지구 지정이 해제되는 경우에도 지구 지정 이전의 용도지역으로 환원된 것으로 보지 않는다.

Answer

13 ⑤ 14 ②

15 **국토의 계획 및 이용에 관한 법령상 아파트를 건축할 수 있는 용도지역은?** 제29회

① 계획관리지역
② 일반공업지역
③ 유통상업지역
④ 제1종 일반주거지역
⑤ 제2종 전용주거지역

키워드 용도지역에서의 건축제한

해설 제2종 전용주거지역은 공동주택 중심의 양호한 주거환경을 보호하기 위하여 지정하는 지역이기 때문에 아파트를 건축할 수 있지만, 계획관리지역 · 일반공업지역 · 유통상업지역 · 제1종 일반주거지역은 아파트를 건축할 수 없는 용도지역이다.

16 **국토의 계획 및 이용에 관한 법령상 준주거지역 안에서 건축할 수 있는 건축물은?** 제24회

① 고물상
② 격리병원
③ 일반숙박시설
④ 체육관으로서 관람석의 바닥면적이 1,000m^2 미만인 것
⑤ 단란주점으로서 같은 건축물에 해당 용도로 쓰는 바닥면적의 합계가 150m^2 미만인 것

키워드 준주거지역에서의 건축제한

해설 준주거지역에서는 체육관으로서 관람석의 바닥면적이 1,000m^2 미만인 운동시설을 설치할 수 있다.

17 **국토의 계획 및 이용에 관한 법령상 제3종 일반주거지역 안에서 도시 · 군계획조례가 정하는 바에 의하여 건축할 수 있는 건축물은?** (단, 건축물의 종류는 건축법 시행령 [별표 1]에 규정된 용도별 건축물의 종류에 따름) 제30회

① 제2종 근린생활시설 중 단란주점
② 의료시설 중 격리병원
③ 문화 및 집회시설 중 관람장
④ 위험물저장 및 처리시설 중 액화가스 취급소 · 판매소
⑤ 업무시설로서 그 용도에 쓰이는 바닥면적의 합계가 4,000m^{2}인 것

키워드 용도지역에서의 건축제한

해설 위험물저장 및 처리시설 중 액화가스 취급소 · 판매소는 제3종 일반주거지역 안에서 도시 · 군계획조례가 정하는 바에 의하여 건축할 수 있는 건축물에 해당한다.

Answer

15 ⑤ 16 ④ 17 ④

18 **국토의 계획 및 이용에 관한 법령상 조례로 정할 수 있는 건폐율의 최대한도가 다음 중 가장 큰 용도지역은?** 제24회

① 준주거지역
② 일반상업지역
③ 근린상업지역
④ 전용공업지역
⑤ 제3종 일반주거지역

키워드 건폐율의 최대한도

해설 용도지역별 건폐율의 최대한도는 다음과 같다.

① 준주거지역 : 70%
② 일반상업지역 : 80%
③ 근린상업지역 : 70%
④ 전용공업지역 : 70%
⑤ 제3종 일반주거지역 : 50%

19 **국토의 계획 및 이용에 관한 법령상 건폐율의 최대한도가 큰 용도지역부터 나열한 것은?** (단, 조례는 고려하지 않음) 제25회

㉠ 제2종 전용주거지역	㉡ 제1종 일반주거지역
㉢ 준공업지역	㉣ 계획관리지역

① ㉠ – ㉡ – ㉣ – ㉢
② ㉡ – ㉠ – ㉢ – ㉣
③ ㉡ – ㉢ – ㉣ – ㉠
④ ㉢ – ㉠ – ㉣ – ㉡
⑤ ㉢ – ㉡ – ㉠ – ㉣

키워드 용도지역별 건폐율

해설 용도지역별 건폐율의 최대한도는 다음과 같다.

㉠ 제2종 전용주거지역 : 50%
㉡ 제1종 일반주거지역 : 60%
㉢ 준공업지역 : 70%
㉣ 계획관리지역 : 40%

따라서 건폐율의 최대한도가 큰 용도지역부터 나열하면 준공업지역(㉢), 제1종 일반주거지역(㉡), 제2종 전용주거지역(㉠), 계획관리지역(㉣)이 된다.

Answer

18 ②   19 ⑤

20 **국토의 계획 및 이용에 관한 법령상 도시지역 중 건폐율의 최대한도가 낮은 지역부터 높은 지역 순으로 옳게 나열한 것은?** (단, 조례 등 기타 강화·완화조건은 고려하지 않음) 제27회

① 전용공업지역 – 중심상업지역 – 제1종 전용주거지역
② 보전녹지지역 – 유통상업지역 – 준공업지역
③ 자연녹지지역 – 일반상업지역 – 준주거지역
④ 일반상업지역 – 준공업지역 – 제2종 일반주거지역
⑤ 생산녹지지역 – 근린상업지역 – 유통상업지역

키워드 건폐율의 최대한도

해설 ① 전용공업지역(70%) – 중심상업지역(90%) – 제1종 전용주거지역(50%)
② 보전녹지지역(20%) – 유통상업지역(80%) – 준공업지역(70%)
③ 자연녹지지역(20%) – 일반상업지역(80%) – 준주거지역(70%)
④ 일반상업지역(80%) – 준공업지역(70%) – 제2종 일반주거지역(60%)
⑤ 생산녹지지역(20%) – 근린상업지역(70%) – 유통상업지역(80%)

21 **국토의 계획 및 이용에 관한 법령상 도시·군계획조례로 정할 수 있는 건폐율의 최대한도가 다음 중 가장 큰 지역은?** 제29회

① 자연환경보전지역에 있는 「자연공원법」에 따른 자연공원
② 계획관리지역에 있는 「산업입지 및 개발에 관한 법률」에 따른 농공단지
③ 수산자원보호구역
④ 계획관리지역에 지정된 산업·유통개발진흥지구
⑤ 자연녹지지역에 지정된 개발진흥지구

키워드 건폐율 특례

해설 ① 자연환경보전지역에 있는 「자연공원법」에 따른 자연공원: 60% 이하
② 계획관리지역에 있는 「산업입지 및 개발에 관한 법률」에 따른 농공단지: 70% 이하
③ 수산자원보호구역: 40% 이하
④ 계획관리지역에 지정된 산업·유통개발진흥지구: 60% 이하
⑤ 자연녹지지역에 지정된 개발진흥지구: 30% 이하

Answer
20 ⑤ 21 ②

핵심포인트 건폐율에 관한 특별규정

1. 취락지구: 60% 이하(집단취락지구에 대하여는 개발제한구역의 지정 및 관리에 관한 특별조치법령이 정하는 바에 의한다)
2. 개발진흥지구: 다음에서 정하는 비율 이하
   ㉠ 도시지역 외의 지역에 지정된 경우: 40% 이하. 다만, 계획관리지역에 지정된 산업·유통개발진흥지구의 경우에는 60% 이하
   ㉡ 자연녹지지역에 지정된 경우: 30% 이하
3. 수산자원보호구역: 40% 이하
4. 「자연공원법」에 따른 자연공원: 60% 이하
5. 「산업입지 및 개발에 관한 법률」에 따른 농공단지: 70% 이하
6. 공업지역에 있는 「산업입지 및 개발에 관한 법률」에 따른 국가산업단지, 일반산업단지, 도시첨단산업단지 및 준산업단지: 80% 이하

22

국토의 계획 및 이용에 관한 법령상 용적률의 최대한도가 낮은 지역부터 높은 지역까지 순서대로 나열한 것은? (단, 조례 등 기타 강화·완화조건은 고려하지 않음) 제28회

㉠ 준주거지역	㉡ 준공업지역
㉢ 일반공업지역	㉣ 제3종 일반주거지역

① ㉠ - ㉡ - ㉢ - ㉣
② ㉠ - ㉣ - ㉢ - ㉡
③ ㉡ - ㉢ - ㉣ - ㉠
④ ㉢ - ㉣ - ㉠ - ㉡
⑤ ㉣ - ㉢ - ㉡ - ㉠

키워드 용적률의 최대한도

해설 용도지역별 용적률의 최대한도는 다음과 같다.

㉠ 준주거지역: 500%
㉡ 준공업지역: 400%
㉢ 일반공업지역: 350%
㉣ 제3종 일반주거지역: 300%

따라서 용적률의 최대한도가 낮은 지역부터 높은 지역은 제3종 일반주거지역(㉣), 일반공업지역(㉢), 준공업지역(㉡), 준주거지역(㉠)이 된다.

Answer
22 ⑤

23 **국토의 계획 및 이용에 관한 법령상 용도지역별 용적률의 최대한도가 다음 중 가장 큰 것은?** (단, 조례 등 기타 강화·완화조건은 고려하지 않음) 제30회

① 제1종 전용주거지역 ② 제3종 일반주거지역
③ 준주거지역 ④ 일반공업지역
⑤ 준공업지역

키워드 용적률의 최대한도

해설 용도지역별 용적률의 최대한도는 다음과 같다.
① 제1종 전용주거지역: 100%
② 제3종 일반주거지역: 300%
③ 준주거지역: 500%
④ 일반공업지역: 350%
⑤ 준공업지역: 400%

24 **국토의 계획 및 이용에 관한 법령상 용도지역별 용적률의 최대한도가 큰 순서대로 나열한 것은?** (단, 조례 기타 강화·완화조건은 고려하지 않음) 제32회

> ㉠ 근린상업지역 ㉡ 준공업지역
> ㉢ 준주거지역 ㉣ 보전녹지지역
> ㉤ 계획관리지역

① ㉠ - ㉡ - ㉢ - ㉣ - ㉤ ② ㉠ - ㉢ - ㉡ - ㉤ - ㉣
③ ㉡ - ㉤ - ㉠ - ㉣ - ㉢ ④ ㉢ - ㉠ - ㉣ - ㉡ - ㉤
⑤ ㉢ - ㉡ - ㉠ - ㉤ - ㉣

키워드 용적률의 최대한도

해설 용도지역별 용적률의 최대한도는 다음과 같다.
㉠ 근린상업지역: 900%
㉡ 준공업지역: 400%
㉢ 준주거지역: 500%
㉣ 보전녹지지역: 80%
㉤ 계획관리지역: 100%
따라서 용적률의 최대한도가 큰 용도지역부터 나열하면 근린상업지역(㉠), 준주거지역(㉢), 준공업지역(㉡), 계획관리지역(㉤), 보전녹지지역(㉣)이 된다.

Answer
23 ③ 24 ②

제3절 용도지구

대표기출 3 상중하 2018년 제29회 A형 50번 문제

국토의 계획 및 이용에 관한 법령상 용도지구 안에서의 건축제한 등에 관한 설명으로 틀린 것은?
(단, 건축물은 도시·군계획시설이 아니며, 조례는 고려하지 않음)

① 지구단위계획 또는 관계 법률에 따른 개발계획을 수립하지 아니하는 개발진흥지구에서는 개발진흥지구의 지정목적 범위에서 해당 용도지역에서 허용되는 건축물을 건축할 수 있다.
② 고도지구 안에서는 도시·군관리계획으로 정하는 높이를 초과하는 건축물을 건축할 수 없다.
③ 일반주거지역에 지정된 복합용도지구 안에서는 장례시설을 건축할 수 있다.
④ 방재지구 안에서는 용도지역 안에서의 층수 제한에 있어 1층 전부를 필로티 구조로 하는 경우 필로티 부분을 층수에서 제외한다.
⑤ 자연취락지구 안에서는 4층 이하의 방송통신시설을 건축할 수 있다.

키워드 복합용도지구에서의 건축제한
용도지구에서의 건축제한에 관한 규정은 복합용도지구, 개발진흥지구, 고도지구, 자연취락지구, 집단취락지구를 중심으로 집중적으로 학습하여야 합니다. 25회, 27회, 28회, 29회, 30회, 31회, 33회, 34회, 35회

핵심포인트 복합용도지구

복합용도지구에서는 해당 용도지역에서 허용되는 건축물 외에 다음에 따른 건축물 중 도시·군계획조례가 정하는 건축물을 건축할 수 있다.

1. 일반주거지역: 준주거지역에서 허용되는 건축물. 다만, 다음의 건축물은 제외한다.
   ㉠ 제2종 근린생활시설 중 안마시술소
   ㉡ 관람장
   ㉢ 공장
   ㉣ 위험물저장 및 처리시설
   ㉤ 동물 및 식물 관련 시설
   ㉥ 장례시설
2. 일반공업지역: 준공업지역에서 허용되는 건축물. 다만, 다음의 건축물은 제외한다.
   ㉠ 아파트
   ㉡ 제2종 근린생활시설 중 단란주점 및 안마시술소
   ㉢ 노유자시설
3. 계획관리지역: 다음의 어느 하나에 해당하는 건축물
   ㉠ 제2종 근린생활시설 중 일반음식점·휴게음식점·제과점([별표 20] 제1호 라목에 따라 건축할 수 없는 일반음식점·휴게음식점·제과점은 제외)
   ㉡ 판매시설
   ㉢ 숙박시설([별표 20] 제1호 사목에 따라 건축할 수 없는 숙박시설은 제외)
   ㉣ 유원시설업의 시설, 그 밖에 이와 비슷한 시설

Ⓐ 정답 ③

25 **국토의 계획 및 이용에 관한 법령상 공업기능 및 유통·물류기능을 중심으로 개발·정비할 필요가 있는 용도지구는?** 제31회

① 복합용도지구
② 주거개발진흥지구
③ 산업·유통개발진흥지구
④ 관광·휴양개발진흥지구
⑤ 특정개발진흥지구

키워드 용도지구의 개념

해설 공업기능 및 유통·물류기능을 중심으로 개발·정비할 필요가 있는 용도지구는 산업·유통개발진흥지구이다.

26 **국토의 계획 및 이용에 관한 법령상 시·도지사가 복합용도지구를 지정할 수 있는 용도지역에 해당하는 것을 모두 고른 것은?** 제34회

㉠ 준주거지역	㉡ 근린상업지역	㉢ 일반공업지역
㉣ 계획관리지역	㉤ 일반상업지역	

① ㉠, ㉡
② ㉢, ㉣
③ ㉠, ㉡, ㉢
④ ㉢, ㉣, ㉤
⑤ ㉠, ㉡, ㉣, ㉤

키워드 복합용도지구

해설 복합용도지구를 지정할 수 있는 용도지역은 일반주거지역, 일반공업지역(㉢), 계획관리지역(㉣)이다.

27 **국토의 계획 및 이용에 관한 법령상 용도지구에 관한 설명이다. ( )에 들어갈 내용으로 옳은 것은?** 제34회

- 집단취락지구: (㉠) 안의 취락을 정비하기 위하여 필요한 지구
- 복합개발진흥지구: 주거기능, (㉡)기능, 유통·물류기능 및 관광·휴양기능 중 2 이상의 기능을 중심으로 개발·정비할 필요가 있는 지구

① ㉠: 개발제한구역, ㉡: 공업
② ㉠: 자연취락지구, ㉡: 상업
③ ㉠: 개발제한구역, ㉡: 상업
④ ㉠: 관리지역, ㉡: 공업
⑤ ㉠: 관리지역, ㉡: 교통

키워드 용도지구의 개념

해설

- 집단취락지구: 개발제한구역 안의 취락을 정비하기 위하여 필요한 지구
- 복합개발진흥지구: 주거기능, 공업기능, 유통·물류기능 및 관광·휴양기능 중 2 이상의 기능을 중심으로 개발·정비할 필요가 있는 지구

Answer

25 ③ 26 ② 27 ①

28 **국토의 계획 및 이용에 관한 법령상 용도지구와 그 세분(細分)이 바르게 연결된 것만을 모두 고른 것은?** (단, 조례는 고려하지 않음) 제30회

> ㉠ 보호지구 – 역사문화환경보호지구, 중요시설물보호지구, 생태계보호지구
> ㉡ 방재지구 – 자연방재지구, 시가지방재지구, 특정개발방재지구
> ㉢ 경관지구 – 자연경관지구, 주거경관지구, 시가지경관지구
> ㉣ 취락지구 – 자연취락지구, 농어촌취락지구, 집단취락지구

① ㉠　② ㉣　③ ㉠, ㉢
④ ㉡, ㉣　⑤ ㉢, ㉣

키워드 용도지구의 세분

해설 용도지구는 다음과 같이 세분할 수 있다.
㉠ 보호지구 – 역사문화환경보호지구, 중요시설물보호지구, 생태계보호지구
㉡ 방재지구 – 자연방재지구, 시가지방재지구
㉢ 경관지구 – 자연경관지구, 시가지경관지구, 특화경관지구
㉣ 취락지구 – 자연취락지구, 집단취락지구

29 **국토의 계획 및 이용에 관한 법령상 개발진흥지구를 세분하여 지정할 수 있는 지구에 해당하지 않는 것은?** (단, 조례는 고려하지 않음) 제35회

① 주거개발진흥지구
② 중요시설물개발진흥지구
③ 복합개발진흥지구
④ 특정개발진흥지구
⑤ 관광·휴양개발진흥지구

키워드 개발진흥지구의 세분

해설 개발진흥지구는 주거개발진흥지구, 산업·유통개발진흥지구, 관광·휴양개발진흥지구, 복합개발진흥지구, 특정개발진흥지구로 세분하여 지정할 수 있다.

Answer
28 ①　29 ②

30 **국토의 계획 및 이용에 관한 법령상 자연취락지구 안에서 건축할 수 있는 건축물에 해당하지 않는 것은?** (단, 4층 이하의 건축물에 한하고, 조례는 고려하지 않음) 제25회

① 단독주택 ② 노래연습장
③ 축산업용 창고 ④ 방송국
⑤ 정신병원

키워드 자연취락지구에서의 건축제한
해설 정신병원은 자연취락지구에 건축할 수 없다.

31 **국토의 계획 및 이용에 관한 법령상 용도지역 · 용도지구 · 용도구역에 관한 설명으로 틀린 것은?** 제28회

① 국토교통부장관이 용도지역을 지정하는 경우에는 도시 · 군관리계획으로 결정한다.
② 시 · 도지사는 도시자연공원구역의 변경을 도시 · 군관리계획으로 결정할 수 있다.
③ 시 · 도지사는 법률에서 정하고 있는 용도지구 외에 새로운 용도지구를 신설할 수 없다.
④ 집단취락지구란 개발제한구역 안의 취락을 정비하기 위하여 필요한 지구를 말한다.
⑤ 방재지구의 지정을 도시 · 군관리계획으로 결정하는 경우 도시 · 군관리계획의 내용에는 해당 방재지구의 재해저감대책을 포함하여야 한다.

키워드 용도지구의 신설
해설 시 · 도지사는 법률에서 정하고 있는 용도지구 외에 새로운 용도지구를 신설 또는 변경할 수 있다.

Answer
30 ⑤ 31 ③

32 **국토의 계획 및 이용에 관한 법령상 용도지역 · 용도지구 · 용도구역에 관한 설명으로 옳은 것은?** (단, 조례는 고려하지 않음) 제33회

① 대도시 시장은 유통상업지역에 복합용도지구를 지정할 수 있다.

② 대도시 시장은 재해의 반복발생이 우려되는 지역에 대해서는 특정용도제한지구를 지정하여야 한다.

③ 용도지역 안에서의 건축물의 용도 · 종류 및 규모의 제한에 대한 규정은 도시 · 군계획시설에 대해서도 적용된다.

④ 공유수면의 매립목적이 그 매립구역과 이웃하고 있는 용도지역의 내용과 다른 경우, 그 매립준공구역은 이와 이웃하고 있는 용도지역으로 지정된 것으로 본다.

⑤ 「택지개발촉진법」에 따른 택지개발지구로 지정 · 고시된 지역은 「국토의 계획 및 이용에 관한 법률」에 따른 도시지역으로 결정 · 고시된 것으로 본다.

키워드 용도지역의 지정 의제

해설 ① 대도시 시장은 유통상업지역에 복합용도지구를 지정할 수 없다.
② 재해의 반복발생이 우려되는 지역은 특정용도제한지구의 지정 대상이 아니다.
③ 용도지역 안에서의 건축물의 용도 · 종류 및 규모의 제한에 대한 규정은 도시 · 군계획시설에 대해서는 적용하지 아니한다.
④ 공유수면의 매립목적이 그 매립구역과 이웃하고 있는 용도지역의 내용과 다른 경우, 그 매립준공구역은 도시 · 군관리계획 결정으로 지정하여야 한다.

Answer

32 ⑤

제4절 용도구역

대표기출 4 상중하 2021년 제32회 A형 49번 문제

국토의 계획 및 이용에 관한 법령상 시가화조정구역에 관한 설명으로 옳은 것은?

① 시가화조정구역은 도시지역과 그 주변지역의 무질서한 시가화를 방지하고 계획적 · 단계적인 개발을 도모하기 위하여 시 · 도지사가 도시 · 군기본계획으로 결정하여 지정하는 용도구역이다.

② 시가화유보기간은 5년 이상 20년 이내의 기간이다.

③ 시가화유보기간이 끝나면 국토교통부장관 또는 시 · 도지사는 이를 고시하여야 하고, 시가화조정구역 지정 결정은 그 고시일 다음 날부터 그 효력을 잃는다.

④ 공익상 그 구역 안에서의 사업시행이 불가피한 것으로서 주민의 요청에 의하여 시 · 도지사가 시가화조정구역의 지정목적 달성에 지장이 없다고 인정한 도시 · 군계획사업은 시가화조정구역에서 시행할 수 있다.

⑤ 시가화조정구역에서 입목의 벌채, 조림, 육림 행위는 허가 없이 할 수 있다.

키워드 시가화조정구역

시가화조정구역에서는 시가화유보기간이 자주 출제되기 때문에 정확하기 암기하여야 합니다.

32회, 33회, 34회, 35회

해설 ① 시가화조정구역은 도시지역과 그 주변지역의 무질서한 시가화를 방지하고 계획적 · 단계적인 개발을 도모하기 위하여 시 · 도지사가 도시 · 군관리계획으로 결정하여 지정하는 용도구역이다.

③ 시가화조정구역의 지정에 관한 도시 · 군관리계획의 결정은 시가화유보기간이 끝난 날의 다음 날부터 그 효력을 잃는다.

④ 공익상 시가화조정구역 안에서의 사업시행이 불가피한 것으로서 중앙행정기관의 장의 요청에 의하여 국토교통부장관이 시가화조정구역의 지정목적 달성에 지장이 없다고 인정한 도시 · 군계획사업은 시가화조정구역에서 시행할 수 있다.

⑤ 시가화조정구역에서 입목의 벌채, 조림, 육림 행위는 허가를 받아 할 수 있다.

Ⓐ 정답 ②

33 **국토의 계획 및 이용에 관한 법령상 용도구역의 지정에 관한 설명으로 옳은 것은?** 제24회

① 국토교통부장관은 개발제한구역의 지정을 도시·군기본계획으로 결정할 수 있다.
② 시·도지사는 도시자연공원구역의 지정을 광역도시계획으로 결정할 수 있다.
③ 시·도지사는 도시자연공원구역에서 해제되는 구역 중 계획적인 개발이 필요한 지역의 전부 또는 일부에 대하여 지구단위계획구역을 도시·군관리계획으로 지정할 수 있다.
④ 시·도지사는 수산자원보호구역의 변경을 도시·군기본계획으로 결정할 수 있다.
⑤ 국토교통부장관은 시가화조정구역의 변경을 광역도시계획으로 결정할 수 있다.

키워드 용도구역의 지정

해설 ① 국토교통부장관은 개발제한구역의 지정을 도시·군관리계획으로 결정할 수 있다.
② 시·도지사는 도시자연공원구역의 지정을 도시·군관리계획으로 결정할 수 있다.
④ 해양수산부장관은 수산자원보호구역의 변경을 도시·군관리계획으로 결정할 수 있다.
⑤ 국가계획과 연계하여 시가화조정구역의 지정 또는 변경이 필요한 경우에는 국토교통부장관이 시가화조정구역의 지정 또는 변경을 도시·군관리계획으로 결정할 수 있다.

34 **국토의 계획 및 이용에 관한 법령상 용도지역 및 용도구역에서의 행위제한에 관한 설명으로 옳은 것은?** 제22회 수정

① 도시지역, 관리지역, 농림지역 또는 자연환경보전지역으로 용도가 지정되지 아니한 지역에 대하여는 도시지역에 관한 규정을 적용한다.
② 도시지역이 세부 용도지역으로 지정되지 아니한 경우에는 생산녹지지역에 관한 규정을 적용한다.
③ 관리지역이 세부 용도지역으로 지정되지 아니한 경우에는 보전관리지역에 관한 규정을 적용한다.
④ 시가화조정구역에서의 도시·군계획사업은 「도시개발법」에 의한 민간제안 도시개발사업만 시행할 수 있다.
⑤ 시가화조정구역에서는 도시·군계획사업에 의한 행위가 아닌 경우 모든 개발행위를 허가할 수 없다.

키워드 용도지역 및 용도구역에서의 행위제한

해설 ① 도시지역, 관리지역, 농림지역 또는 자연환경보전지역으로 용도가 지정되지 아니한 지역에 대하여는 자연환경보전지역에 관한 규정을 적용한다.
② 도시지역이 세부 용도지역으로 지정되지 아니한 경우에는 보전녹지지역에 관한 규정을 적용한다.
④ 시가화조정구역에서의 도시·군계획사업은 대통령령으로 정하는 사업만 시행할 수 있다.
⑤ 시가화조정구역에서는 도시·군계획사업의 경우 외에는 법령이 허용하는 행위에 한하여 특별시장·광역시장·특별자치시장·특별자치도지사·시장 또는 군수의 허가를 받아 그 행위를 할 수 있다.

Answer

33 ③ 34 ③

35 **국토의 계획 및 이용에 관한 법령상 시가화조정구역 안에서 특별시장·광역시장·특별자치시장·특별자치도지사·시장 또는 군수의 허가를 받아 할 수 있는 행위에 해당하지 않는 것은?** (단, 도시·군계획사업은 고려하지 않음) 제33회

① 농업·임업 또는 어업을 영위하는 자가 관리용 건축물로서 기존 관리용 건축물의 면적을 제외하고 $33m^2$를 초과하는 것을 건축하는 행위
② 주택의 증축(기존 주택의 면적을 포함하여 $100m^2$ 이하에 해당하는 면적의 증축을 말한다)
③ 마을공동시설로서 정자 등 간이휴게소의 설치
④ 마을공동시설로서 농로·제방 및 사방시설의 설치
⑤ 마을공동시설로서 농기계수리소 및 농기계용 유류판매소(개인소유의 것을 포함한다)의 설치

키워드 시가화조정구역에서 허가대상

해설 농업·임업 또는 어업을 영위하는 자가 관리용 건축물로서 기존 관리용 건축물의 면적을 포함하고 $33m^2$ 이하인 것을 건축하는 행위가 허가를 받아 할 수 있는 행위에 해당한다.

36 **국토의 계획 및 이용에 관한 법령상 해당 구역으로 지정되면 「건축법」 제69조에 따른 특별건축구역으로 지정된 것으로 보는 구역을 모두 고른 것은?** 제35회

㉠ 도시혁신구역	㉡ 복합용도구역
㉢ 시가화조정구역	㉣ 도시자연공원구역

① ㉠ ② ㉠, ㉡ ③ ㉢, ㉣
④ ㉡, ㉢, ㉣ ⑤ ㉠, ㉡, ㉢, ㉣

키워드 특별건축구역 지정의제대상

해설 ㉠ 도시혁신구역과 ㉡ 복합용도구역으로 지정된 지역은 건축법에 따른 특별건축구역으로 지정된 것으로 본다.

Answer
35 ① 36 ②

제5절 기반시설과 도시·군계획시설

대표기출 5 상중하 2024년 제35회 A형 46번 문제

국토의 계획 및 이용에 관한 법령상 도시·군계획시설(이하 '시설'이라 함)**에 관한 설명으로 옳은 것은?**

① 시설결정의 고시일부터 10년 이내에 실시계획의 인가만 있고 시설사업이 진행되지 아니하는 경우 그 부지의 소유자는 그 토지의 매수를 청구할 수 있다.

② 공동구가 설치된 경우 쓰레기수송관은 공동구협의회의 심의를 거쳐야 공동구에 수용할 수 있다.

③ 「택지개발촉진법」에 따른 택지개발지구가 200만제곱미터를 초과하는 경우에는 공동구를 설치하여야 한다.

④ 시설결정의 고시일부터 20년이 지날 때까지 시설사업이 시행되지 아니하는 경우 그 시설결정은 20년이 되는 날에 효력을 잃는다.

⑤ 시설결정의 고시일부터 10년 이내에 시설사업이 시행되지 아니하는 경우 그 부지 내에 건물만을 소유한 자도 시설결정 해제를 위한 도시·군관리계획 입안을 신청할 수 있다.

키워드 도시·군계획시설

공동구의 의무적 설치 대상 및 규모와 매수청구에 대한 내용을 정확하게 숙지하여야 합니다.

29회, 30회, 31회, 32회, 33회, 34회, 35회

핵심포인트 공동구 설치의무자

다음에 해당하는 지역·지구·구역 등(이하 '지역 등'이라 한다)이 200만m^2를 초과하는 경우에는 해당 지역 등에서 개발사업을 시행하는 자(이하 '사업시행자'라 한다)는 공동구를 설치하여야 한다.

1. 「도시개발법」에 따른 도시개발구역
2. 「택지개발촉진법」에 따른 택지개발지구
3. 「경제자유구역의 지정 및 운영에 관한 특별법」에 따른 경제자유구역
4. 「도시 및 주거환경정비법」에 따른 정비구역
5. 「공공주택 특별법」에 따른 공공주택지구
6. 「도청이전을 위한 도시건설 및 지원에 관한 특별법」에 따른 도청이전신도시

해설 ① 시설결정의 고시일부터 10년 이내에 실시계획의 인가만 있고 시설사업이 진행되지 아니하는 경우 그 부지의 소유자는 그 토지의 매수를 청구할 수 없다.

② 공동구가 설치된 경우 가스관 및 하수도관은 공동구협의회의 심의를 거쳐야 공동구에 수용할 수 있다.

④ 시설결정의 고시일부터 20년이 지날 때까지 시설사업이 시행되지 아니하는 경우 그 시설결정은 20년이 되는 날의 다음 날에 효력을 잃는다.

⑤ 시설결정의 고시일부터 10년 이내에 시설사업이 시행되지 아니하는 경우 그 부지 내에 건물만을 소유한 자는 시설결정 해제를 위한 도시·군관리계획 입안을 신청할 수 없다.

Ⓐ 정답 ③

37 국토의 계획 및 이용에 관한 법령상 기반시설의 종류와 그 해당 시설의 연결로 틀린 것은?

제28회

① 교통시설 – 폐차장
② 공간시설 – 유원지
③ 공공·문화체육시설 – 청소년수련시설
④ 방재시설 – 저수지
⑤ 환경기초시설 – 하수도

키워드 기반시설의 종류
해설 폐차장은 환경기초시설에 해당한다.

38 국토의 계획 및 이용에 관한 법령상 기반시설의 종류와 그 해당 시설의 연결이 틀린 것은?

제32회

① 교통시설 – 차량 검사 및 면허시설
② 공간시설 – 녹지
③ 유통·공급시설 – 방송·통신시설
④ 공공·문화체육시설 – 학교
⑤ 보건위생시설 – 폐기물처리 및 재활용시설

키워드 기반시설의 종류
해설 폐기물처리 및 재활용시설은 보건위생시설이 아니라 환경기초시설에 해당한다.

Answer
37 ① 38 ⑤

39 **국토의 계획 및 이용에 관한 법령상 사업시행자가 공동구를 설치하여야 하는 지역등을 모두 고른 것은?** (단, 지역등의 규모는 200만m^2를 초과함) 제31회

㉠ 「공공주택 특별법」에 따른 공공주택지구 ㉡ 「도시 및 주거환경정비법」에 따른 정비구역 ㉢ 「산업입지 및 개발에 관한 법률」에 따른 일반산업단지 ㉣ 「도청이전을 위한 도시건설 및 지원에 관한 특별법」에 따른 도청이전신도시

① ㉠, ㉡, ㉢ ② ㉠, ㉡, ㉣ ③ ㉠, ㉢, ㉣
④ ㉡, ㉢, ㉣ ⑤ ㉠, ㉡, ㉢, ㉣

키워드 공동구의 설치대상 지역

해설 다음에 해당하는 지역 · 지구 · 구역 등(이하 '지역등'이라 한다)이 200만m^2를 초과하는 경우에는 해당 지역등에서 개발사업을 시행하는 자(이하 '사업시행자'라 한다)는 공동구를 설치하여야 한다.

1. 「도시개발법」에 따른 도시개발구역 2. 「택지개발촉진법」에 따른 택지개발지구 3. 「경제자유구역의 지정 및 운영에 관한 특별법」에 따른 경제자유구역 4. 「도시 및 주거환경정비법」에 따른 정비구역(㉡) 5. 「공공주택 특별법」에 따른 공공주택지구(㉠) 6. 「도청이전을 위한 도시건설 및 지원에 관한 특별법」에 따른 도청이전신도시(㉣)

따라서 「산업입지 및 개발에 관한 법률」에 따른 일반산업단지(㉢)는 공동구를 설치하여야 하는 대상지역에 해당하지 않는다.

40 **국토의 계획 및 이용에 관한 법령상 공동구가 설치된 경우 공동구에 수용하기 위하여 공동구협의회의 심의를 거쳐야 하는 시설은?** 제26회

① 전선로 ② 수도관
③ 열수송관 ④ 가스관
⑤ 통신선로

키워드 공동구협의회 심의사항

해설 가스관, 하수도관은 공동구협의회의 심의를 거쳐야 한다.

Answer
39 ② 40 ④

41 **국토의 계획 및 이용에 관한 법령상 도시·군계획시설에 관한 설명으로 옳은 것은?** 제24회 수정

① 도시지역에서 장사시설·종합의료시설·폐차장 등의 기반시설을 설치하고자 하는 경우에는 미리 도시·군관리계획으로 결정하여야 한다.

② 도시·군계획시설결정의 고시일부터 10년 이내에 도시·군계획시설사업에 관한 실시계획의 인가만 있고 사업이 시행되지 아니하는 경우에는 그 시설부지의 매수청구권이 인정된다.

③ 지방의회로부터 장기미집행시설의 해제권고를 받은 시장·군수는 도지사가 결정한 도시·군관리계획의 해제를 도시·군관리계획으로 결정할 수 있다.

④ 도지사가 시행한 도시·군계획시설사업으로 그 도에 속하지 않는 군이 현저히 이익을 받는 경우, 해당 도지사와 군수 간의 비용부담에 관한 협의가 성립되지 아니하는 때에는 행정안전부장관이 결정하는 바에 따른다.

⑤ 도시·군계획시설사업이 둘 이상의 지방자치단체의 관할 구역에 걸쳐 시행되는 경우, 사업시행자에 대한 협의가 성립되지 아니하는 때에는 사업면적이 가장 큰 지방자치단체가 사업시행자가 된다.

키워드 도시·군계획시설

해설 ① 도시지역에서 장사시설·종합의료시설·폐차장 등의 기반시설을 설치하고자 하는 경우에는 도시·군관리계획으로 결정하지 않아도 된다.

② 도시·군계획시설결정의 고시일부터 10년 이내에 도시·군계획시설사업에 관한 실시계획의 인가만 있고 사업이 시행되지 아니하는 경우에는 그 시설부지의 매수청구대상에서 제외한다.

③ 지방의회로부터 장기미집행시설의 해제권고를 받은 시장 또는 군수는 도지사가 결정한 도시·군관리계획의 해제가 필요한 경우에는 도지사에게 그 해제결정을 신청하여야 한다.

⑤ 도시·군계획시설사업이 둘 이상의 지방자치단체의 관할 구역에 걸쳐 시행되는 경우, 사업시행자에 대한 협의가 성립되지 아니하는 때에는 도시·군계획시설사업을 시행하려는 구역이 같은 도의 관할 구역에 속하는 경우에는 관할 도지사가 시행자를 지정하고, 둘 이상의 시·도의 관할 구역에 걸치는 경우에는 국토교통부장관이 시행자를 지정한다.

Answer

41 ④

42 국토의 계획 및 이용에 관한 법령상 도시·군계획시설에 관한 설명으로 옳은 것은? 제26회

① 도시지역에서 사회복지시설을 설치하려면 미리 도시·군관리계획으로 결정하여야 한다.
② 도시·군계획시설 부지에 대한 매수청구의 대상은 지목이 대(垈)인 토지에 한정되며, 그 토지에 있는 건축물은 포함되지 않는다.
③ 용도지역 안에서의 건축물의 용도·종류 및 규모의 제한에 대한 규정은 도시·군계획시설에 대해서도 적용된다.
④ 도시·군계획시설 부지에서 도시·군관리계획을 입안하는 경우에는 그 계획의 입안을 위한 토지적성평가를 실시하지 아니할 수 있다.
⑤ 도시·군계획시설사업의 시행자가 행정청인 경우, 시행자의 처분에 대해서는 행정심판을 제기할 수 없다.

키워드 도시·군계획시설

해설 ① 도시지역에서 사회복지시설을 설치하려면 미리 도시·군관리계획으로 결정하지 않아도 된다.
② 도시·군계획시설 부지에 대한 매수청구 대상은 토지에 있는 건축물을 포함한다.
③ 용도지역 안에서의 건축물의 용도·종류 및 규모의 제한에 대한 규정을 적용하지 아니한다.
⑤ 행정청인 시행자의 처분에 대하여는 행정심판을 제기할 수 있다.

핵심포인트 기반시설의 종류

기반시설이란 대통령령으로 정하는 다음의 시설을 말한다.

1. 교통시설: 도로·철도·항만·공항·주차장·자동차정류장·궤도·차량 검사 및 면허시설
2. 공간시설: 광장·공원·녹지·유원지·공공공지
3. 유통·공급시설: 유통업무설비, 수도·전기·가스·열공급설비, 방송·통신시설, 공동구·시장, 유류저장 및 송유설비
4. 공공·문화체육시설: 학교·공공청사·문화시설·공공필요성이 인정되는 체육시설·연구시설·사회복지시설·공공직업훈련시설·청소년수련시설
5. 방재시설: 하천·유수지·저수지·방화설비·방풍설비·방수설비·사방설비·방조설비
6. 보건위생시설: 장사시설·도축장·종합의료시설
7. 환경기초시설: 하수도·폐기물처리 및 재활용시설·빗물저장 및 이용시설·수질오염방지시설·폐차장

Answer
42 ④

43 국토의 계획 및 이용에 관한 법령상 도시·군계획시설에 관한 설명으로 옳은 것은? 제28회

① 도시·군계획시설결정의 고시일부터 5년 이내에 도시·군계획시설사업이 시행되지 아니하는 경우 그 도시·군계획시설의 부지 중 지목이 대(垈)인 토지의 소유자는 그 토지의 매수를 청구할 수 있다.

② 도시개발구역의 규모가 150만m^2인 경우 해당 구역의 개발사업 시행자는 공동구를 설치하여야 한다.

③ 공동구가 설치된 경우 하수도관은 공동구협의회의 심의를 거쳐 공동구에 수용할 수 있다.

④ 공동구관리자는 매년 해당 공동구의 안전 및 유지관리계획을 수립·시행하여야 한다.

⑤ 도시·군계획시설결정은 고시일부터 10년 이내에 도시·군계획시설사업이 시행되지 아니하는 경우 그 고시일부터 10년이 되는 날의 다음 날에 그 효력을 잃는다.

키워드 도시·군계획시설

해설 ① 도시·군계획시설결정의 고시일부터 10년 이내에 도시·군계획시설사업이 시행되지 아니하는 경우 그 도시·군계획시설의 부지 중 지목이 대(垈)인 토지의 소유자는 그 토지의 매수를 청구할 수 있다.

② 도시개발구역의 규모가 200만m^2를 초과하는 경우 해당 구역의 개발사업 시행자는 공동구를 설치하여야 한다.

④ 공동구관리자는 5년마다 해당 공동구의 안전 및 유지관리계획을 수립·시행하여야 한다.

⑤ 도시·군계획시설결정은 고시일부터 20년이 지날 때까지 도시·군계획시설사업이 시행되지 아니하는 경우 그 고시일부터 20년이 되는 날의 다음 날에 그 효력을 잃는다.

44 국토의 계획 및 이용에 관한 법령상 도시·군계획시설에 관한 설명으로 옳은 것은? 제29회

① 「도시개발법」에 따른 도시개발구역이 200만m^2를 초과하는 경우 해당 구역에서 개발사업을 시행하는 자는 공동구를 설치하여야 한다.

② 공동구관리자는 10년마다 해당 공동구의 안전 및 유지관리계획을 수립·시행하여야 한다.

③ 도시·군계획시설 부지의 매수청구시 매수의무자가 매수하지 아니하기로 결정한 날부터 1년이 경과하면 토지소유자는 해당 용도지역에서 허용되는 건축물을 건축할 수 있다.

④ 도시·군계획시설 부지로 되어 있는 토지의 소유자는 도시·군계획시설결정의 실효시까지 그 토지의 도시·군계획시설결정 해제를 위한 도시·군관리계획 입안을 신청할 수 없다.

⑤ 도시·군계획시설에 대해서 시설결정이 고시된 날부터 10년이 지날 때까지 도시·군계획시설사업이 시행되지 아니한 경우 그 도시·군계획시설의 결정은 효력을 잃는다.

Answer

43 ③ 44 ①

키워드 공동구 및 도시·군계획시설

해설 ② 공동구관리자는 5년마다 해당 공동구의 안전 및 유지관리계획을 수립·시행하여야 한다.

③ 도시·군계획시설 부지의 매수청구시 매수의무자가 매수하지 아니하기로 결정한 경우 또는 매수결정을 알린 날부터 2년이 지날 때까지 해당 토지를 매수하지 아니하는 경우 매수청구자는 개발행위허가를 받아 다음의 건축물 또는 공작물을 설치할 수 있다.

1. 단독주택으로서 3층 이하인 것
2. 제1종 근린생활시설로서 3층 이하인 것
3. 제2종 근린생활시설(단란주점, 안마시술소, 노래연습장 및 다중생활시설은 제외)로서 3층 이하인 것
4. 공작물

④ 도시·군계획시설 부지로 되어 있는 토지의 소유자는 도시·군계획시설결정의 고시일부터 10년 이내에 도시·군계획시설 설치에 관한 도시·군계획시설사업이 시행되지 아니한 경우로서 단계별 집행계획상 도시·군계획시설결정의 실효시까지 집행계획이 없는 경우에는 그 토지의 도시·군계획시설결정 해제를 위한 도시·군관리계획 입안을 신청할 수 있다.

⑤ 도시·군계획시설에 대해서 시설결정이 고시된 날부터 20년이 지날 때까지 도시·군계획시설사업이 시행되지 아니한 경우 20년이 되는 날의 다음 날에 도시·군계획시설의 결정은 효력을 잃는다.

45 국토의 계획 및 이용에 관한 법령상 도시·군계획시설사업에 관한 설명으로 틀린 것은? 제32회

① 도시·군계획시설은 기반시설 중 도시·군관리계획으로 결정된 시설이다.

② 도시·군계획시설사업이 같은 도의 관할 구역에 속하는 둘 이상의 시 또는 군에 걸쳐 시행되는 경우에는 국토교통부장관이 시행자를 정한다.

③ 한국토지주택공사는 도시·군계획시설사업 대상 토지소유자 동의 요건을 갖추지 않아도 도시·군계획시설사업의 시행자로 지정을 받을 수 있다.

④ 도시·군계획시설사업 실시계획에는 사업의 착수예정일 및 준공예정일도 포함되어야 한다.

⑤ 도시·군계획시설사업 실시계획 인가 내용과 다르게 도시·군계획시설사업을 하여 토지의 원상회복 명령을 받은 자가 원상회복을 하지 아니하면 「행정대집행법」에 따른 행정대집행에 따라 원상회복을 할 수 있다.

키워드 도시·군계획시설사업

해설 도시·군계획시설사업이 같은 도의 관할 구역에 속하는 둘 이상의 시 또는 군에 걸쳐 시행되는 경우에는 시장 또는 군수가 서로 협의하여 시행자를 정한다. 협의가 성립되지 아니한 경우에는 도지사가 시행자를 지정한다.

Answer
45 ②

46 **국토의 계획 및 이용에 관한 법령상 도시·군계획시설사업(이하 '사업')에 관한 설명으로 틀린 것은?** 제23회

① 같은 도의 관할 구역에 속하는 둘 이상의 시·군에 걸쳐 시행되는 사업의 시행자를 정함에 있어 관계 시장·군수 간의 협의가 성립되지 않는 경우에는 관할 도지사가 시행자를 지정한다.
② 도지사는 광역도시계획과 관련되는 경우 관계 시장 또는 군수의 의견을 들어 직접 사업을 시행할 수 있다.
③ 시행자는 사업을 효율적으로 추진하기 위하여 필요하다고 인정되면 사업시행대상지역을 분할하여 사업을 시행할 수 있다.
④ 도시·군관리계획 결정을 고시한 경우 사업에 필요한 국공유지는 그 도시·군관리계획으로 정해진 목적 외의 목적으로 양도할 수 없다.
⑤ 한국토지주택공사가 사업의 시행자로 지정을 받으려면 사업대상인 사유토지의 소유자 총수의 2분의 1 이상의 동의를 받아야 한다.

키워드 도시·군계획시설사업

해설 국가, 지방자치단체, 한국토지주택공사 등 공공기관에 해당하지 아니하는 자가 도시·군계획시설사업의 시행자로 지정을 받으려면 도시·군계획시설사업의 대상인 토지면적의 3분의 2 이상에 해당하는 토지를 소유하고, 토지소유자 총수의 2분의 1 이상에 해당하는 자의 동의를 얻어야 한다. 따라서 한국토지주택공사가 사업의 시행자로 지정받으려는 경우에는 동의를 받을 필요가 없다.

47 **국토의 계획 및 이용에 관한 법령상 도시·군계획시설사업의 시행에 관한 설명으로 옳은 것은?** 제34회

① 「도시 및 주거환경정비법」에 따라 도시·군관리계획의 결정이 의제되는 경우에는 해당 도시·군계획시설 결정의 고시일부터 3개월 이내에 도시·군계획시설에 대하여 단계별 집행계획을 수립하여야 한다.
② 5년 이내에 시행하는 도시·군계획시설사업은 단계별 집행계획 중 제1단계 집행계획에 포함되어야 한다.
③ 한국토지주택공사가 도시·군계획시설사업의 시행자로 지정을 받으려면 토지소유자 총수의 3분의 2 이상에 해당하는 자의 동의를 얻어야 한다.
④ 국토교통부장관은 국가계획과 관련되거나 그 밖에 특히 필요하다고 인정되는 경우에는 관계 특별시장·광역시장·특별자치시장·특별자치도지사·시장 또는 군수의 의견을 들어 직접 도시·군계획시설사업을 시행할 수 있다.
⑤ 사업시행자는 도시·군계획시설사업 대상시설을 둘 이상으로 분할하여 도시·군계획시설사업을 시행하여서는 아니 된다.

Answer

46 ⑤ 47 ④

키워드 도시 · 군계획시설사업

해설 ① 「도시 및 주거환경정비법」에 따라 도시 · 군관리계획의 결정이 의제되는 경우에는 해당 도시 · 군계획시설 결정의 고시일부터 2년 이내에 도시 · 군계획시설에 대하여 단계별 집행계획을 수립하여야 한다.

② 3년 이내에 시행하는 도시 · 군계획시설사업은 단계별 집행계획 중 제1단계 집행계획에 포함되어야 한다.

③ 한국토지주택공사가 도시 · 군계획시설사업의 시행자로 지정을 받으려면 토지소유자 총수의 3분의 2 이상에 해당하는 자의 동의를 받지 않아도 된다.

⑤ 사업시행자는 도시 · 군계획시설사업 대상시설을 둘 이상으로 분할하여 도시 · 군계획시설사업을 시행할 수 있다.

48 **국토의 계획 및 이용에 관한 법령상 도시 · 군계획시설사업에 관한 설명으로 틀린 것은?** 제27회

① 도시 · 군관리계획으로 결정된 하천의 정비사업은 도시 · 군계획시설사업에 해당한다.

② 한국토지주택공사가 도시 · 군계획시설사업의 시행자로 지정받으려면 사업 대상 토지면적의 3분의 2 이상의 토지소유자의 동의를 얻어야 한다.

③ 도시 · 군계획시설사업의 시행자는 도시 · 군계획시설사업에 필요한 토지나 건축물을 수용할 수 있다.

④ 행정청인 도시 · 군계획시설사업의 시행자가 도시 · 군계획시설사업에 의하여 새로 공공시설을 설치한 경우 새로 설치된 공공시설은 그 시설을 관리할 관리청에 무상으로 귀속된다.

⑤ 도시 · 군계획시설결정의 고시일부터 20년이 지날 때까지 그 시설의 설치에 관한 도시 · 군계획시설사업이 시행되지 아니하는 경우, 그 도시 · 군계획시설결정은 그 고시일부터 20년이 되는 날의 다음 날에 효력을 잃는다.

키워드 도시 · 군계획시설사업

해설 한국토지주택공사는 동의를 받지 아니하고도 도시 · 군계획시설사업의 시행자로 지정을 받을 수 있다.

Answer

48 ②

49 **국토의 계획 및 이용에 관한 법령상 도시·군계획시설사업의 시행 등에 관한 설명으로 틀린 것은?** 제28회

① 지방자치단체가 직접 시행하는 경우에는 이행보증금을 예치하여야 한다.
② 광역시장이 단계별 집행계획을 수립하고자 하는 때에는 미리 관계 행정기관의 장과 협의하여야 하며, 해당 지방의회의 의견을 들어야 한다.
③ 둘 이상의 시 또는 군의 관할 구역에 걸쳐 시행되는 도시·군계획시설사업이 광역도시계획과 관련된 경우, 도지사는 관계 시장 또는 군수의 의견을 들어 직접 시행할 수 있다.
④ 시행자는 도시·군계획시설사업을 효율적으로 추진하기 위하여 필요하다고 인정되면 사업시행대상지역을 둘 이상으로 분할하여 시행할 수 있다.
⑤ 행정청인 시행자는 이해관계인의 주소 또는 거소(居所)가 불분명하여 서류를 송달할 수 없는 경우 그 서류의 송달을 갈음하여 그 내용을 공시할 수 있다.

키워드 도시·군계획시설사업
해설 지방자치단체가 직접 시행하는 경우에는 이행보증금 예치 대상에서 제외된다.

50 **국토의 계획 및 이용에 관한 법령상 도시·군계획시설에 관한 설명으로 틀린 것은?** (단, 조례는 고려하지 않음) 제32회

① 도시·군계획시설 부지의 매수의무자인 지방공사는 도시·군계획시설채권을 발행하여 그 대금을 지급할 수 있다.
② 도시·군계획시설 부지의 매수의무자는 매수하기로 결정한 토지를 매수 결정을 알린 날부터 2년 이내에 매수하여야 한다.
③ 200만m^2를 초과하는 「도시개발법」에 따른 도시개발구역에서 개발사업을 시행하는 자는 공동구를 설치하여야 한다.
④ 국가계획으로 설치하는 광역시설은 그 광역시설의 설치·관리를 사업종목으로 하여 다른 법률에 따라 설립된 법인이 설치·관리할 수 있다.
⑤ 도시·군계획시설채권의 상환기간은 10년 이내로 한다.

키워드 도시·군계획시설
해설 도시·군계획시설 부지의 매수의무자가 지방자치단체인 경우에 도시·군계획시설채권을 발행하여 그 대금을 지급할 수 있다. 지방공사는 지방자치단체가 아니므로 도시·군계획시설 부지의 매수의무자인 지방공사는 도시·군계획시설채권을 발행하여 그 대금을 지급할 수 없다.

Answer
49 ① 50 ①

51 **국토의 계획 및 이용에 관한 법령상 매수의무자인 지방자치단체가 매수청구를 받은 장기미집행 도시·군계획시설 부지 중 지목이 대(垈)인 토지를 매수할 때에 관한 설명으로 <u>틀린</u> 것은?** 제25회

① 토지소유자가 원하면 도시·군계획시설채권을 발행하여 매수대금을 지급할 수 있다.

② 도시·군계획시설채권의 상환기간은 10년 이내에서 정해진다.

③ 매수청구된 토지의 매수가격·매수절차 등에 관하여 「국토의 계획 및 이용에 관한 법률」에 특별한 규정이 있는 경우 외에는 「공익사업을 위한 토지 등의 취득 및 보상에 관한 법률」을 준용한다.

④ 비업무용 토지로서 매수대금이 2천만원을 초과하는 경우 매수의무자는 그 초과하는 금액에 대해서 도시·군계획시설채권을 발행하여 지급할 수 있다.

⑤ 매수의무자가 매수하기로 결정한 토지는 매수결정을 알린 날부터 2년 이내에 매수하여야 한다.

키워드 도시·군계획시설 부지의 매수청구

해설 비업무용 토지로서 매수대금이 3천만원을 초과하는 경우 매수의무자는 그 초과하는 금액에 대해서 도시·군계획시설채권을 발행하여 지급할 수 있다.

52 **국토의 계획 및 이용에 관한 법령상 도시·군계획시설 부지의 매수청구에 관한 설명으로 <u>틀린</u> 것은?** (단, 토지는 지목이 대(垈)이며, 조례는 고려하지 않음) 제26회

① 매수의무자가 매수하기로 결정한 토지는 매수결정을 알린 날부터 3년 이내에 매수하여야 한다.

② 지방자치단체가 매수의무자인 경우에는 토지소유자가 원하는 경우에 채권을 발행하여 매수대금을 지급할 수 있다.

③ 도시·군계획시설채권의 상환기간은 10년 이내로 한다.

④ 매수청구를 한 토지의 소유자는 매수의무자가 매수하지 아니하기로 결정한 경우에는 개발행위허가를 받아서 공작물을 설치할 수 있다.

⑤ 해당 도시·군계획시설사업의 시행자가 정하여진 경우에는 그 시행자에게 토지의 매수를 청구할 수 있다.

키워드 도시·군계획시설 부지의 매수청구

해설 매수의무자가 매수하기로 결정한 토지는 매수결정을 알린 날부터 2년 이내에 매수하여야 한다.

Answer

51 ④ 52 ①

53 **甲 소유의 토지는 A광역시 B구에 소재한 지목이 대(垈)인 토지로서 한국토지주택공사를 사업시행자로 하는 도시·군계획시설 부지이다. 甲의 토지에 대해 국토의 계획 및 이용에 관한 법령상 도시·군계획시설 부지의 매수청구권이 인정되는 경우, 이에 관한 설명으로 옳은 것은?** (단, 도시·군계획시설의 설치의무자는 사업시행자이며, 조례는 고려하지 않음) 제27회

① 甲의 토지의 매수의무자는 B구청장이다.
② 甲이 매수청구를 할 수 있는 대상은 토지이며, 그 토지에 있는 건축물은 포함되지 않는다.
③ 甲이 원하는 경우 매수의무자는 도시·군계획시설채권을 발행하여 그 대금을 지급할 수 있다.
④ 매수의무자는 매수청구를 받은 날부터 6개월 이내에 매수 여부를 결정하여 甲과 A광역시장에게 알려야 한다.
⑤ 매수청구에 대해 매수의무자가 매수하지 아니하기로 결정한 경우 甲은 자신의 토지에 2층의 다세대주택을 건축할 수 있다.

키워드 도시·군계획시설 부지의 매수청구

해설 ① 甲의 토지의 매수의무자는 한국토지주택공사이다. 구청장은 매수의무자가 될 수 없다.
② 건축물도 매수청구대상에 포함된다.
③ 매수의무자가 지방자치단체인 경우에만 채권을 발행할 수 있다.
⑤ 다세대주택은 공동주택이기 때문에 건축할 수 없다.

54 **국토의 계획 및 이용에 관한 법령상 도시·군계획시설결정의 실효 등에 관한 설명으로 옳은 것은?** 제23회 수정

① 도시·군계획시설결정이 고시된 도시·군계획시설에 대하여 고시일부터 10년이 지날 때까지 그 시설의 설치에 관한 사업이 시행되지 아니하는 경우 그 결정은 효력을 잃는다.
② 지방의회는 도시·군계획시설결정 고시일부터 10년이 지날 때까지 해당 시설의 설치에 관한 사업이 시행되지 아니하는 경우에는 그 현황과 단계별 집행계획을 수립하여야 한다.
③ 장기미집행 도시·군계획시설결정의 해제를 권고받은 시장 또는 군수는 그 시설의 해제를 위한 도시·군관리계획의 결정을 국토교통부장관에게 신청하여야 한다.
④ 장기미집행 도시·군계획시설의 해제를 신청받은 도지사는 특별한 사유가 없으면 신청을 받은 날부터 1년 이내에 해당 도시·군계획시설의 해제를 위한 도시·군관리계획결정을 하여야 한다.
⑤ 시장 또는 군수는 도시·군계획시설결정이 효력을 잃으면 지체 없이 그 사실을 고시하여야 한다.

Answer

53 ④ 54 ④

키워드 도시·군계획시설결정의 실효 등

해설 ① 도시·군계획시설결정이 고시된 도시·군계획시설에 대하여 고시일부터 20년이 지날 때까지 그 시설의 설치에 관한 사업이 시행되지 아니하는 경우 그 결정은 효력을 잃는다.
② 특별시장·광역시장·특별자치시장·특별자치도지사·시장 또는 군수는 도시·군계획시설결정이 고시된 도시·군계획시설(국토교통부장관이 결정·고시한 도시·군계획시설 중 관계 중앙행정기관이 직접 설치하기로 한 시설은 제외)을 설치할 필요성이 없어진 경우 또는 그 고시일부터 10년이 지날 때까지 해당 시설의 설치에 관한 도시·군계획시설사업이 시행되지 아니하는 경우에는 그 현황과 단계별 집행계획을 해당 지방의회에 보고하여야 한다.
③ 장기미집행 도시·군계획시설결정의 해제를 권고받은 시장 또는 군수는 그 시설의 해제를 위한 도시·군관리계획의 결정을 도지사에게 신청하여야 한다.
⑤ 국토교통부장관, 시·도지사 또는 대도시 시장은 도시·군계획시설결정이 효력을 잃으면 지체 없이 그 사실을 고시하여야 한다.

55

국토의 계획 및 이용에 관한 법령상 도시·군계획시설에 관한 설명이다. (　　)에 들어갈 내용을 바르게 나열한 것은? 제30회

> 도시·군계획시설결정이 고시된 도시·군계획시설에 대하여 그 고시일부터 (㉠)년이 지날 때까지 그 시설의 설치에 관한 도시·군계획시설사업이 시행되지 아니하는 경우 그 도시·군계획시설결정은 그 고시일부터 (㉠)년이 (㉡)에 그 효력을 잃는다.

① ㉠: 10, ㉡: 되는 날
② ㉠: 20, ㉡: 되는 날
③ ㉠: 10, ㉡: 되는 날의 다음 날
④ ㉠: 15, ㉡: 되는 날의 다음 날
⑤ ㉠: 20, ㉡: 되는 날의 다음 날

키워드 도시·군계획시설의 실효

해설 도시·군계획시설결정이 고시된 도시·군계획시설에 대하여 그 고시일부터 '20'년이 지날 때까지 그 시설의 설치에 관한 도시·군계획시설사업이 시행되지 아니하는 경우 그 도시·군계획시설결정은 그 고시일부터 '20'년이 '되는 날의 다음 날'에 그 효력을 잃는다.

Answer
55 ⑤

제6절 지구단위계획구역과 지구단위계획

대표기출 6 상중하 2021년 제32회 A형 45번 문제

국토의 계획 및 이용에 관한 법령상 지구단위계획구역과 지구단위계획에 관한 설명으로 틀린 것은? (단, 조례는 고려하지 않음)

① 지구단위계획이 수립되어 있는 지구단위계획구역에서 공사기간 중 이용하는 공사용 가설건축물을 건축하려면 그 지구단위계획에 맞게 하여야 한다.

② 지구단위계획은 해당 용도지역의 특성을 고려하여 수립한다.

③ 시장 또는 군수가 입안한 지구단위계획구역의 지정 · 변경에 관한 도시 · 군관리계획은 시장 또는 군수가 직접 결정한다.

④ 지구단위계획구역 및 지구단위계획은 도시 · 군관리계획으로 결정한다.

⑤ 「관광진흥법」에 따라 지정된 관광단지의 전부 또는 일부에 대하여 지구단위계획구역을 지정할 수 있다.

키워드 지구단위계획 및 지구단위계획구역

지구단위계획구역의 재량적 지정대상지역, 의무적 지정대상지역, 지구단위계획의 수립기준을 정확하게 숙지하여야 합니다. 25회, 26회, 27회, 28회, 29회, 32회, 34회

핵심포인트 지구단위계획구역에서의 건축 등

지구단위계획구역에서 건축물(일정기간 내 철거가 예상되는 경우 등 대통령령으로 정하는 가설건축물은 제외)을 건축 또는 용도변경하거나 공작물을 설치하려면 그 지구단위계획에 맞게 하여야 한다. 다만, 지구단위계획이 수립되어 있지 아니한 경우에는 그러하지 아니하다.

Ⓐ 정답 ①

56 **국토의 계획 및 이용에 관한 법령상 도시지역 외 지구단위계획구역에서 지구단위계획에 의한 건폐율 등의 완화적용에 관한 설명으로 틀린 것은?** 제29회

① 해당 용도지역 또는 개발진흥지구에 적용되는 건폐율의 150% 이내에서 건폐율을 완화하여 적용할 수 있다.

② 해당 용도지역 또는 개발진흥지구에 적용되는 용적률의 200% 이내에서 용적률을 완화하여 적용할 수 있다.

③ 해당 용도지역에 적용되는 건축물 높이의 120% 이내에서 높이 제한을 완화하여 적용할 수 있다.

④ 계획관리지역에 지정된 개발진흥지구 내의 지구단위계획구역에서는 건축물의 용도·종류 및 규모 등을 완화하여 적용할 수 있다.

⑤ 계획관리지역 외의 지역에 지정된 개발진흥지구 내의 지구단위계획구역에서는 건축물의 용도·종류 및 규모 등을 완화하여 적용할 경우 아파트 및 연립주택은 허용되지 아니한다.

키워드 지구단위계획구역에서 완화규정

해설 해당 용도지역에 적용되는 건축물 높이의 120% 이내에서 높이 제한을 완화하여 적용할 수 있는 지역은 도시지역 내에 지정하는 지구단위계획구역에서 적용되는 규정이다.

57 **국토의 계획 및 이용에 관한 법령상 지구단위계획구역에 관한 설명으로 옳은 것은?** 제24회

① 「주택법」에 따라 대지조성사업지구로 지정된 지역의 전부에 대하여 지구단위계획구역을 지정할 수는 없다.

② 지구단위계획구역의 결정은 도시·군관리계획으로 하여야 하나, 지구단위계획의 결정은 그러하지 아니하다.

③ 지구단위계획구역은 도시지역이 아니더라도 지정될 수 있다.

④ 「도시개발법」에 따라 지정된 20만m^2의 도시개발구역에서 개발사업이 끝난 후 10년이 지난 지역은 지구단위계획구역으로 지정하여야 한다.

⑤ 도시지역 내에 지정하는 지구단위계획구역에 대해서는 해당 지역에 적용되는 건폐율의 200% 이내에서 건폐율을 완화하여 적용할 수 있다.

키워드 지구단위계획구역

해설 ① 「주택법」에 따라 대지조성사업지구로 지정된 지역의 전부에 대하여 지구단위계획구역을 지정할 수 있다.
② 지구단위계획구역 및 지구단위계획의 결정은 도시·군관리계획으로 하여야 한다.
④ 「도시개발법」에 따라 지정된 20만m^2의 도시개발구역에서 개발사업이 끝난 후 10년이 지난 지역은 지구단위계획구역으로 지정할 수 있다.
⑤ 도시지역 내에 지정하는 지구단위계획구역에 대해서는 해당 지역에 적용되는 건폐율의 150% 이내에서 건폐율을 완화하여 적용할 수 있다.

Answer

56 ③ 57 ③

58 **국토의 계획 및 이용에 관한 법령상 지구단위계획구역의 지정에 관한 설명으로 옳은 것은?** (단, 조례는 고려하지 않음) 제34회

① 「산업입지 및 개발에 관한 법률」에 따른 준산업단지에 대하여는 지구단위계획구역을 지정할 수 없다.

② 도시지역 내 복합적인 토지 이용을 증진시킬 필요가 있는 지역으로서 지구단위계획구역을 지정할 수 있는 지역에 일반공업지역은 해당하지 않는다.

③ 「택지개발촉진법」에 따라 지정된 택지개발지구에서 시행되는 사업이 끝난 후 5년이 지나면 해당 지역은 지구단위계획구역으로 지정하여야 한다.

④ 도시지역 외의 지역을 지구단위계획구역으로 지정하려면 지정하려는 구역 면적의 3분의 2 이상이 계획관리지역이어야 한다.

⑤ 농림지역에 위치한 산업·유통개발진흥지구는 지구단위계획구역으로 지정할 수 있는 대상지역에 포함되지 않는다.

키워드 지구단위계획구역

해설 ① 「산업입지 및 개발에 관한 법률」에 따른 준산업단지에 대하여는 지구단위계획구역을 지정할 수 있다.
③ 「택지개발촉진법」에 따라 지정된 택지개발지구에서 시행되는 사업이 끝난 후 10년이 지나면 해당 지역은 지구단위계획구역으로 지정하여야 한다.
④ 도시지역 외의 지역을 지구단위계획구역으로 지정하려면 지정하려는 구역 면적의 100분의 50 이상이 계획관리지역이어야 한다.
⑤ 농림지역에 위치한 산업·유통개발진흥지구는 지구단위계획구역으로 지정할 수 있는 대상지역에 포함된다.

59 **국토의 계획 및 이용에 관한 법령상 일반상업지역 내의 지구단위계획구역에서 건폐율이 60%이고, 대지면적이 400m^{2}인 부지에 건축물을 건축하려는 자가 그 부지 중 100m^{2}를 공공시설의 부지로 제공하는 경우, 지구단위계획으로 완화하여 적용할 수 있는 건폐율의 최대한도(%)는 얼마인가?** (단, 조례는 고려하지 않으며, 건축주가 용도 폐지되는 공공시설을 무상양수받은 경우가 아님) 제27회

① 60 ② 65 ③ 70
④ 75 ⑤ 80

키워드 완화할 수 있는 건폐율

해설 완화할 수 있는 건폐율 = 해당 용도지역에 적용되는 건폐율 × [1 + 공공시설 등의 부지로 제공하는 면적(공공시설 등의 부지를 제공하는 자가 법 제65조 제2항에 따라 용도가 폐지되는 공공시설을 무상으로 양수받은 경우에는 그 양수받은 부지면적을 빼고 산정한다) ÷ 원래의 대지면적] 이내이다. 따라서 60 × (1 + 100 ÷ 400) = 75%이다.

Answer
58 ② 59 ④

60 **국토의 계획 및 이용에 관한 법령상 지구단위계획 및 지구단위계획구역에 관한 설명으로 틀린 것은?** 제25회

① 주민은 도시 · 군관리계획 입안권자에게 지구단위계획의 변경에 관한 도시 · 군관리계획의 입안을 제안할 수 있다.

② 개발제한구역에서 해제되는 구역 중 계획적인 개발 또는 관리가 필요한 지역은 지구단위계획구역으로 지정될 수 있다.

③ 시장 또는 군수가 입안한 지구단위계획의 수립 · 변경에 관한 도시 · 군관리계획은 해당 시장 또는 군수가 직접 결정한다.

④ 지구단위계획의 수립기준은 시 · 도지사가 국토교통부장관과 협의하여 정한다.

⑤ 도시지역 외의 지역으로서 용도지구를 폐지하고 그 용도지구에서의 행위 제한 등을 지구단위계획으로 대체하려는 지역은 지구단위계획구역으로 지정될 수 있다.

키워드 지구단위계획 및 지구단위계획구역

해설 지구단위계획의 수립기준은 국토교통부장관이 정한다.

61 **국토의 계획 및 이용에 관한 법령상 ( ) 안에 알맞은 것은?** 제26회

도시지역 내 지구단위계획구역의 지정이 한옥마을의 보존을 목적으로 하는 경우 지구단위계획으로 「주차장법」 제19조 제3항의 규정에 의한 주차장 설치기준을 ( )%까지 완화하여 적용할 수 있다.

① 20
② 30
③ 50
④ 80
⑤ 100

키워드 지구단위계획구역

해설 도시지역 내 지구단위계획구역의 지정이 한옥마을의 보존을 목적으로 하는 경우 지구단위계획으로 「주차장법」 제19조 제3항의 규정에 의한 주차장 설치기준을 '100'%까지 완화하여 적용할 수 있다.

Answer
60 ④ 61 ⑤

62 **국토의 계획 및 이용에 관한 법령상 지구단위계획 등에 관한 설명으로 틀린 것은?** 제28회

① 「관광진흥법」에 따라 지정된 관광특구에 대하여 지구단위계획구역을 지정할 수 있다.
② 도시지역 외의 지역도 지구단위계획구역으로 지정될 수 있다.
③ 건축물의 형태 · 색채에 관한 계획도 지구단위계획의 내용으로 포함될 수 있다.
④ 지구단위계획으로 차량진입금지구간을 지정한 경우 「주차장법」에 따른 주차장 설치기준을 최대 80%까지 완화하여 적용할 수 있다.
⑤ 주민은 시장 또는 군수에게 지구단위계획구역의 지정에 관한 사항에 대하여 도시 · 군관리계획의 입안을 제안할 수 있다.

키워드 지구단위계획

해설 지구단위계획으로 차량진입금지구간을 지정한 경우 「주차장법」에 따른 주차장 설치기준을 최대 100%까지 완화하여 적용할 수 있다.

63 **국토의 계획 및 이용에 관한 법령상 도시 · 군관리계획 결정의 실효에 관한 설명이다. ( )에 들어갈 공통된 숫자로 옳은 것은?** 제34회

지구단위계획(주민이 입안을 제안한 것에 한정한다)에 관한 도시 · 군관리계획 결정의 고시일부터 ( )년 이내에 「국토의 계획 및 이용에 관한 법률」 또는 다른 법률에 따라 허가 · 인가 · 승인 등을 받아 사업이나 공사에 착수하지 아니하면 그 ( )년이 된 날의 다음 날에 그 지구단위계획에 관한 도시 · 군관리계획 결정은 효력을 잃는다.

① 2 ② 3 ③ 5
④ 10 ⑤ 20

키워드 지구단위계획의 실효

해설 지구단위계획(주민이 입안을 제안한 것에 한정한다)에 관한 도시 · 군관리계획 결정의 고시일부터 5년 이내에 「국토의 계획 및 이용에 관한 법률」 또는 다른 법률에 따라 허가 · 인가 · 승인 등을 받아 사업이나 공사에 착수하지 아니하면 그 5년이 된 날의 다음 날에 그 지구단위계획에 관한 도시 · 군관리계획 결정은 효력을 잃는다.

Answer
62 ④ 63 ③

Chapter 05

개발행위의 허가 등

대표기출 상중하 2019년 제30회 A형 43번 문제

국토의 계획 및 이용에 관한 법령상 개발행위허가에 관한 설명으로 옳은 것은? (단, 다른 법령은 고려하지 않음)

① 재해복구를 위한 응급조치로서 공작물의 설치를 하려는 자는 도시·군계획사업에 의한 행위가 아닌 한 개발행위허가를 받아야 한다.

② 국가나 지방자치단체가 시행하는 개발행위에도 이행보증금을 예치하게 하여야 한다.

③ 환경오염 방지조치를 할 것을 조건으로 개발행위허가를 하려는 경우에는 미리 개발행위허가를 신청한 자의 의견을 들어야 한다.

④ 개발행위허가를 받은 자가 행정청인 경우, 그가 기존의 공공시설에 대체되는 공공시설을 설치하면 기존의 공공시설은 대체되는 공공시설의 설치비용에 상당하는 범위 안에서 개발행위허가를 받은 자에게 무상으로 양도될 수 있다.

⑤ 개발행위허가를 받은 자가 행정청이 아닌 경우, 개발행위로 용도가 폐지되는 공공시설은 개발행위허가를 받은 자에게 전부 무상으로 귀속된다.

키워드 조건부 허가

개발행위허가대상과 허용대상을 정확하게 구별하여야 하고, 이행보증금 예치대상, 조건부 허가, 공공시설의 귀속에 관한 내용을 정확하게 숙지하여야 합니다. 25회, 26회, 30회, 31회, 32회, 33회, 34회, 35회

핵심포인트 조건부 허가

1. 특별시장·광역시장·특별자치시장·특별자치도지사·시장 또는 군수는 개발행위허가를 하는 경우에는 대통령령으로 정하는 바에 따라 그 개발행위에 따른 기반시설의 설치 또는 그에 필요한 용지의 확보, 위해 방지, 환경오염 방지, 경관, 조경 등에 관한 조치를 할 것을 조건으로 개발행위허가를 할 수 있다.
2. 특별시장·광역시장·특별자치시장·특별자치도지사·시장 또는 군수는 개발행위허가에 조건을 붙이려는 때에는 미리 개발행위허가를 신청한 자의 의견을 들어야 한다.

Ⓐ 정답 ③

01 **국토의 계획 및 이용에 관한 법령상 개발행위허가의 기준에 해당하지 않는 것은?** (단, 관련 인·허가등의 의제는 고려하지 않음) 제31회

① 자금조달계획이 목적사업의 실현에 적합하도록 수립되어 있을 것
② 도시·군계획으로 경관계획이 수립되어 있는 경우에는 그에 적합할 것
③ 공유수면매립의 경우 매립목적이 도시·군계획에 적합할 것
④ 토지의 분할 및 물건을 쌓아놓는 행위에 입목의 벌채가 수반되지 아니할 것
⑤ 도시·군계획조례로 정하는 도로의 너비에 관한 기준에 적합할 것

키워드 개발행위허가의 기준

해설 자금조달계획이 목적사업의 실현에 적합하도록 수립되어 있어야 한다는 사항은 개발행위허가의 기준에 해당하지 않는다.

02 **국토의 계획 및 이용에 관한 법령상 개발행위허가에 관한 설명으로 옳은 것은?** 제23회

① 허가받은 개발행위의 사업기간을 연장하려는 경우에는 변경에 대한 허가를 받아야 한다.
② 경작을 위한 경우라도 전·답 사이의 지목변경을 수반하는 토지의 형질변경은 허가를 받아야 한다.
③ 허가가 필요한 개발행위라도 용도지역이 지정되지 아니한 지역에서는 허가를 받지 않아도 된다.
④ 허가관청이 조건을 붙여 개발행위를 허가하는 것은 허용되지 않는다.
⑤ 개발행위허가의 대상인 토지가 2 이상의 용도지역에 걸치는 경우, 개발행위허가의 규모를 적용할 때는 가장 큰 규모의 용도지역에 대한 규정을 적용한다.

키워드 개발행위허가의 변경

해설 ② 경작을 위한 경우 전·답 사이의 지목변경을 수반하는 토지의 형질변경은 허가를 받지 않아도 된다.
③ 허가가 필요한 개발행위에는 용도지역이 지정되지 아니한 지역에서도 허가를 받아야 한다.
④ 허가권자는 개발행위허가를 하는 경우에는 그 개발행위에 따른 기반시설의 설치 또는 그에 필요한 용지의 확보, 위해 방지, 환경오염 방지, 경관, 조경 등에 관한 조치를 할 것을 조건으로 개발행위허가를 할 수 있다.
⑤ 개발행위허가의 대상인 토지가 2 이상의 용도지역에 걸치는 경우, 개발행위허가의 규모를 적용할 때는 각각의 용도지역의 개발행위의 규모에 관한 규정을 적용한다.

03 국토의 계획 및 이용에 관한 법령상 개발행위의 허가에 관한 설명으로 옳은 것은? 제24회

① 전・답 사이의 지목변경을 수반하는 경작을 위한 토지의 형질변경은 개발행위허가의 대상이 아니다.

② 개발행위허가를 받은 사업면적을 5% 범위 안에서 축소하거나 확장하는 경우에는 별도의 변경허가를 받을 필요가 없다.

③ 개발행위를 허가하는 경우에는 조건을 붙일 수 없다.

④ 개발행위로 인하여 주변의 국가유산 등이 크게 손상될 우려가 있는 지역에 대해서는 최대 5년까지 개발행위허가를 제한할 수 있다.

⑤ 행정청이 아닌 자가 개발행위허가를 받아 새로 공공시설을 설치한 경우, 종래의 공공시설은 개발행위허가를 받은 자에게 전부 무상으로 귀속된다.

키워드 개발행위허가의 대상

해설 ② 개발행위허가를 받은 사업면적을 5% 범위 안에서 축소하는 경우에는 경미한 변경에 해당하여 별도의 변경허가를 받을 필요가 없으나, 사업면적을 확장하는 경우에는 변경에 대한 허가를 받아야 한다.
③ 개발행위를 허가하는 경우에는 조건을 붙일 수 있다.
④ 개발행위로 인하여 주변의 국가유산 등이 크게 손상될 우려가 있는 지역에 대해서는 최대 3년까지 개발행위허가를 제한할 수 있다.
⑤ 행정청인 자가 개발행위허가를 받아 새로 공공시설을 설치한 경우, 종래의 공공시설은 개발행위허가를 받은 자에게 무상으로 귀속된다.

04 국토의 계획 및 이용에 관한 법령상 개발행위의 허가에 관한 설명으로 틀린 것은? 제25회 수정

① 개발행위허가를 받은 사업면적을 5% 범위 안에서 확대 또는 축소하는 경우에는 변경허가를 받지 않아도 된다.

② 허가권자가 개발행위허가를 하면서 환경오염 방지 등의 조치를 할 것을 조건으로 붙이려는 때에는 미리 개발행위허가를 신청한 자의 의견을 들어야 한다.

③ 개발행위허가의 신청 내용이 성장관리계획의 내용에 어긋나는 경우에는 개발행위허가를 하여서는 아니 된다.

④ 자연녹지지역에서는 도시계획위원회의 심의를 통하여 개발행위허가의 기준을 강화 또는 완화하여 적용할 수 있다.

⑤ 건축물 건축에 대해 개발행위허가를 받은 자가 건축을 완료하고 그 건축물에 대해 「건축법」상 사용승인을 받은 경우에는 따로 준공검사를 받지 않아도 된다.

키워드 개발행위허가의 변경

해설 개발행위허가를 받은 사업면적을 5% 범위 안에서 축소하는 경우에는 변경허가를 받지 않아도 되지만, 확대하는 경우에는 변경허가를 받아야 한다.

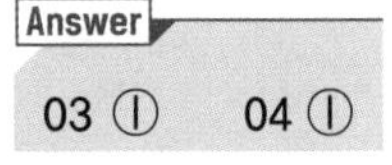

Answer
03 ① 04 ①

05 국토의 계획 및 이용에 관한 법령상 개발행위허가(이하 '허가'라 함)에 관한 설명으로 옳은 것은?

제35회

① 도시·군계획사업에 의하여 10층 이상의 건축물을 건축하려는 경우에는 허가를 받아야 한다.

② 건축물의 건축에 대한 허가를 받은 자가 그 건축을 완료하고 「건축법」에 따른 건축물의 사용승인을 받은 경우 허가권자의 준공검사를 받지 않아도 된다.

③ 허가를 받은 건축물의 연면적을 5퍼센트 범위에서 축소하려는 경우에는 허가권자에게 미리 신고하여야 한다.

④ 허가의 신청이 있는 경우 특별한 사유가 없으면 도시계획위원회의 심의 또는 기타 협의 기간을 포함하여 15일 이내에 허가 또는 불허가의 처분을 하여야 한다.

⑤ 국토교통부장관이 지구단위계획구역으로 지정된 지역에 대하여 허가의 제한을 연장하려면 중앙도시계획위원회의 심의를 거쳐야 한다.

키워드 개발행위허가

해설 ① 도시·군계획사업에 의하여 10층 이상의 건축물을 건축하려는 경우에는 허가를 받지 않아도 된다.
③ 허가를 받은 건축물의 연면적을 5퍼센트 범위에서 축소하려는 경우에는 허가권자에게 미리 통지하여야 한다.
④ 허가의 신청이 있는 경우 특별한 사유가 없으면 도시계획위원회의 심의 또는 기타 협의 기간을 제외한 15일 이내에 허가 또는 불허가의 처분을 하여야 한다.
⑤ 국토교통부장관이 지구단위계획구역으로 지정된 지역에 대하여 허가의 제한을 연장하려면 중앙도시계획위원회의 심의를 거치지 않아도 된다.

06 국토의 계획 및 이용에 관한 법령상 개발행위허가에 관한 설명으로 틀린 것은? (단, 조례는 고려하지 않음)

제26회

① 토지 분할에 대해 개발행위허가를 받은 자가 그 개발행위를 마치면 관할 행정청의 준공검사를 받아야 한다.

② 건축물의 건축에 대해 개발행위허가를 받은 후 건축물 연면적을 5% 범위 안에서 확대하려면 변경허가를 받아야 한다.

③ 개발행위허가를 하는 경우 미리 허가신청자의 의견을 들어 경관 등에 관한 조치를 할 것을 조건으로 허가할 수 있다.

④ 도시·군관리계획의 시행을 위한 「도시개발법」에 따른 도시개발사업에 의해 건축물을 건축하는 경우에는 개발행위허가를 받지 않아도 된다.

⑤ 토지의 일부를 공공용지로 하기 위해 토지를 분할하는 경우에는 개발행위허가를 받지 않아도 된다.

키워드 준공검사 대상

해설 토지 분할은 준공검사 대상에서 제외된다.

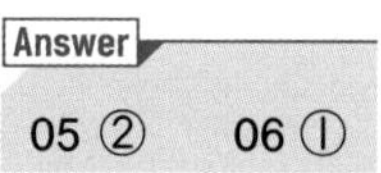
Answer
05 ② 06 ①

07 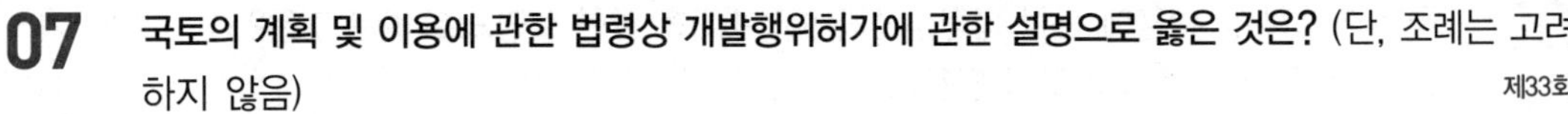

국토의 계획 및 이용에 관한 법령상 개발행위허가에 관한 설명으로 옳은 것은? (단, 조례는 고려하지 않음) 제33회

① 「사방사업법」에 따른 사방사업을 위한 개발행위를 허가하려면 지방도시계획위원회의 심의를 거쳐야 한다.

② 토지의 일부가 도시·군계획시설로 지형도면 고시가 된 당해 토지의 분할은 개발행위허가를 받아야 한다.

③ 국토교통부장관은 개발행위로 인하여 주변의 환경이 크게 오염될 우려가 있는 지역에서 개발행위허가를 제한하고자 하는 경우, 중앙도시계획위원회의 심의를 거쳐야 한다.

④ 시·도지사는 기반시설부담구역으로 지정된 지역에 대해서는 10년간 개발행위허가를 제한할 수 있다.

⑤ 토지분할을 위한 개발행위허가를 받은 자는 그 개발행위를 마치면 시·도지사의 준공검사를 받아야 한다.

키워드 개발행위허가의 제한절차

해설 ① 「사방사업법」에 따른 사방사업을 위한 개발행위를 허가하려면 지방도시계획위원회의 심의를 거치지 않아도 된다.
② 토지의 일부가 도시·군계획시설로 지형도면 고시가 된 당해 토지의 분할은 개발행위허가를 받지 않아도 된다.
④ 시·도지사는 기반시설부담구역으로 지정된 지역에 대해서는 최장 5년간 개발행위허가를 제한할 수 있다.
⑤ 토지분할은 준공검사 대상에서 제외된다.

08 **국토의 계획 및 이용에 관한 법령상 개발행위허가에 관한 설명으로 틀린 것은?** 제34회

① 농림지역에 물건을 1개월 이상 쌓아놓는 행위는 개발행위허가의 대상이 아니다.

② 「사방사업법」에 따른 사방사업을 위한 개발행위에 대하여 허가를 하는 경우 중앙도시계획위원회와 지방도시계획위원회의 심의를 거치지 아니한다.

③ 일정 기간 동안 개발행위허가를 제한할 수 있는 대상지역에 지구단위계획구역은 포함되지 않는다.

④ 기반시설부담구역으로 지정된 지역에 대해서는 중앙도시계획위원회나 지방도시계획위원회의 심의를 거치지 아니하고 개발행위허가의 제한을 연장할 수 있다.

⑤ 개발행위허가의 제한을 연장하는 경우, 그 연장기간은 2년을 넘을 수 없다.

키워드 개발행위허가 제한

해설 일정 기간 동안 개발행위허가를 제한할 수 있는 대상지역에 지구단위계획구역은 포함된다.

Answer
07 ③ 08 ③

09 **국토의 계획 및 이용에 관한 법령상 성장관리계획에 관한 설명으로 옳은 것은?** (단, 조례, 기타 강화·완화 조건은 고려하지 않음) 제33회

① 시장 또는 군수는 공업지역 중 향후 시가화가 예상되는 지역의 전부 또는 일부에 대하여 성장관리계획구역을 지정할 수 있다.
② 성장관리계획구역 내 생산녹지지역에서는 30% 이하의 범위에서 성장관리계획으로 정하는 바에 따라 건폐율을 완화하여 적용할 수 있다.
③ 성장관리계획구역 내 보전관리지역에서는 125% 이하의 범위에서 성장관리계획으로 정하는 바에 따라 용적률을 완화하여 적용할 수 있다.
④ 시장 또는 군수는 성장관리계획구역을 지정할 때에는 도시·군관리계획의 결정으로 하여야 한다.
⑤ 시장 또는 군수는 성장관리계획구역을 지정하려면 성장관리계획구역안을 7일간 일반이 열람할 수 있도록 해야 한다.

키워드 성장관리계획

해설 ① 시장 또는 군수는 공업지역 중 향후 시가화가 예상되는 지역의 전부 또는 일부에 대하여 성장관리계획구역을 지정할 수 없다.
③ 성장관리계획구역 내 계획관리지역에서는 125% 이하의 범위에서 성장관리계획으로 정하는 바에 따라 용적률을 완화하여 적용할 수 있다.
④ 성장관리계획구역의 지정은 도시·군관리계획의 결정으로 하여야 하는 사항이 아니다.
⑤ 시장 또는 군수는 성장관리계획구역을 지정하려면 성장관리계획구역안을 14일 이상 일반이 열람할 수 있도록 해야 한다.

10 **국토의 계획 및 이용에 관한 법령상 성장관리계획구역을 지정할 수 있는 지역이 <u>아닌</u> 것은?** 제32회

① 녹지지역　② 관리지역
③ 주거지역　④ 자연환경보전지역
⑤ 농림지역

키워드 성장관리계획구역

해설 성장관리계획구역을 지정할 수 있는 지역은 녹지지역, 관리지역, 농림지역, 자연환경보전지역이다. 따라서 주거지역은 성장관리계획구역을 지정할 수 없다.

Answer
09 ②　10 ③

11 **국토의 계획 및 이용에 관한 법령상 성장관리계획구역에서 30퍼센트 이하의 범위에서 성장관리계획으로 정하는 바에 따라 건폐율을 완화하여 적용할 수 있는 지역이 아닌 것은?** (단, 조례는 고려하지 않음)

제35회

① 생산관리지역
② 생산녹지지역
③ 보전녹지지역
④ 자연녹지지역
⑤ 농림지역

키워드 성장관리계획

해설 생산관리지역 · 농림지역 및 자연녹지지역 · 생산녹지지역은 성장관리계획구역에서는 성장관리계획으로 건폐율을 30퍼센트 이하의 범위에서 완화하여 적용할 수 있다.

12 **국토의 계획 및 이용에 관한 법령상 개발행위에 따른 공공시설 등의 귀속에 관한 설명으로 틀린 것은?**

제32회

① 개발행위허가를 받은 행정청이 기존의 공공시설에 대체되는 공공시설을 설치한 경우에는 새로 설치된 공공시설은 그 시설을 관리할 관리청에 무상으로 귀속된다.
② 개발행위허가를 받은 행정청은 개발행위가 끝나 준공검사를 마친 때에는 해당 시설의 관리청에 공공시설의 종류와 토지의 세목을 통지하여야 한다.
③ 개발행위허가를 받은 자가 행정청이 아닌 경우 개발행위허가를 받은 자가 새로 설치한 공공시설은 그 시설을 관리할 관리청에 무상으로 귀속된다.
④ 개발행위허가를 받은 행정청이 기존의 공공시설에 대체되는 공공시설을 설치한 경우에는 종래의 공공시설은 그 행정청에게 무상으로 귀속된다.
⑤ 개발행위허가를 받은 자가 행정청이 아닌 경우 개발행위로 용도가 폐지되는 공공시설은 개발행위허가를 받은 자에게 무상으로 귀속된다.

키워드 공공시설의 귀속

해설 개발행위허가를 받은 자가 행정청이 아닌 경우 개발행위로 용도가 폐지되는 공공시설은 새로 설치한 공공시설의 설치비용에 상당하는 범위에서 개발행위허가를 받은 자에게 무상으로 양도할 수 있다.

Answer
11 ③ 12 ⑤

13 **국토의 계획 및 이용에 관한 법령상 개발행위허가를 받은 자가 행정청인 경우, 개발행위에 따른 공공시설의 귀속에 관한 설명으로 옳은 것은?** (단, 다른 법률은 고려하지 않음) 제33회

① 개발행위허가를 받은 자가 새로 공공시설을 설치한 경우, 새로 설치된 공공시설은 그 시설을 관리할 관리청에 무상으로 귀속된다.

② 개발행위로 용도가 폐지되는 공공시설은 새로 설치한 공공시설의 설치비용에 상당하는 범위에서 개발행위허가를 받은 자에게 무상으로 양도할 수 있다.

③ 공공시설의 관리청이 불분명한 경우, 하천에 대하여는 국토교통부장관을 관리청으로 본다.

④ 관리청에 귀속되거나 개발행위허가를 받은 자에게 양도될 공공시설은 준공검사를 받음으로써 관리청과 개발행위허가를 받은 자에게 각각 귀속되거나 양도된 것으로 본다.

⑤ 개발행위허가를 받은 자는 국토교통부장관의 허가를 받아 그에게 귀속된 공공시설의 처분으로 인한 수익금을 도시·군계획사업 외의 목적에 사용할 수 있다.

키워드 공공시설의 귀속

해설 ② 개발행위허가를 받은 자가 행정청이 아닌 경우 개발행위로 용도가 폐지되는 공공시설은 새로 설치한 공공시설의 설치비용에 상당하는 범위에서 개발행위허가를 받은 자에게 무상으로 양도할 수 있다.
③ 공공시설의 관리청이 불분명한 경우, 하천에 대하여는 환경부장관을 관리청으로 본다.
④ 개발행위허가를 받은 자가 행정청이 아닌 경우 관리청에 귀속되거나 개발행위허가를 받은 자에게 양도될 공공시설은 관리청에 공공시설의 종류와 토지의 세목을 통지한 날에 관리청과 개발행위허가를 받은 자에게 각각 귀속되거나 양도된 것으로 본다.
⑤ 개발행위허가를 받은 자는 국토교통부장관의 허가를 받아 그에게 귀속된 공공시설의 처분으로 인한 수익금을 도시·군계획사업 외의 목적에 사용하여서는 아니된다.

14 **국토의 계획 및 이용에 관한 법령상 개발밀도관리구역에 관한 설명으로 <u>틀린</u> 것은?** 제34회

① 도시·군계획시설사업의 시행자인 시장 또는 군수는 개발밀도관리구역에 관한 기초조사를 하기 위하여 필요하면 타인의 토지에 출입할 수 있다.

② 개발밀도관리구역의 지정기준, 개발밀도관리구역의 관리 등에 관하여 필요한 사항은 대통령령으로 정하는 바에 따라 국토교통부장관이 정한다.

③ 개발밀도관리구역에서는 해당 용도지역에 적용되는 용적률의 최대한도의 50% 범위에서 용적률을 강화하여 적용한다.

④ 시장 또는 군수는 개발밀도관리구역을 지정하거나 변경하려면 해당 지방자치단체에 설치된 지방도시계획위원회의 심의를 거쳐야 한다.

⑤ 기반시설을 설치하거나 그에 필요한 용지를 확보하게 하기 위하여 개발밀도관리구역에 기반시설부담구역을 지정할 수 있다.

키워드 개발밀도관리구역

해설 기반시설을 설치하거나 그에 필요한 용지를 확보하게 하기 위하여 개발밀도관리구역에 기반시설부담구역을 지정할 수 없다.

Answer

13 ① 14 ⑤

15 **국토의 계획 및 이용에 관한 법령상 개발밀도관리구역에 관한 설명으로 틀린 것은?** 제35회

① 개발밀도관리구역의 변경고시는 당해 지방자치단체의 공보에 게재하는 방법에 의한다.
② 개발밀도관리구역으로 지정될 수 있는 지역에 농림지역은 포함되지 않는다.
③ 개발밀도관리구역의 지정은 해당 지방자치단체에 설치된 지방도시계획위원회의 심의대상이다.
④ 개발밀도관리구역에서는 해당 용도지역에 적용되는 건폐율의 최대한도의 50퍼센트 범위에서 건폐율을 강화하여 적용한다.
⑤ 개발밀도관리구역은 기반시설부담구역으로 지정될 수 없다.

키워드 개발밀도관리구역

해설 개발밀도관리구역에서는 해당 용도지역에 적용되는 용적률의 최대한도의 50퍼센트 범위에서 용적률을 강화하여 적용한다.

16 **국토의 계획 및 이용에 관한 법령상 개발행위에 따른 기반시설의 설치에 관한 설명으로 옳은 것은?** (단, 조례는 고려하지 않음) 제32회

① 시장 또는 군수가 개발밀도관리구역을 변경하는 경우 관할 지방도시계획위원회의 심의를 거치지 않아도 된다.
② 기반시설부담구역의 지정고시일부터 2년이 되는 날까지 기반시설설치계획을 수립하지 아니하면 그 2년이 되는 날에 기반시설부담구역의 지정은 해제된 것으로 본다.
③ 시장 또는 군수는 기반시설설치비용 납부의무자가 지방자치단체로부터 건축허가를 받은 날부터 3개월 이내에 기반시설설치비용을 부과하여야 한다.
④ 시장 또는 군수는 개발밀도관리구역에서는 해당 용도지역에 적용되는 용적률의 최대한도의 50% 범위에서 용적률을 강화하여 적용한다.
⑤ 기반시설설치비용 납부의무자는 사용승인 신청 후 7일까지 그 비용을 내야 한다.

키워드 개발밀도관리구역과 기반시설부담구역

해설 ① 시장 또는 군수가 개발밀도관리구역을 변경하는 경우 관할 지방도시계획위원회의 심의를 거쳐야 한다.
② 기반시설부담구역의 지정고시일부터 1년이 되는 날까지 기반시설설치계획을 수립하지 아니하면 그 1년이 되는 날의 다음 날에 기반시설부담구역의 지정은 해제된 것으로 본다.
③ 시장 또는 군수는 기반시설설치비용 납부의무자가 지방자치단체로부터 건축허가를 받은 날부터 2개월 이내에 기반시설설치비용을 부과하여야 한다.
⑤ 기반시설설치비용 납부의무자는 사용승인 신청 시까지 그 비용을 내야 한다.

Answer
15 ④ 16 ④

17 **국토의 계획 및 이용에 관한 법령상 광역시의 기반시설부담구역에 관한 설명으로 틀린 것은?** 제30회

① 기반시설부담구역이 지정되면 광역시장은 대통령령으로 정하는 바에 따라 기반시설설치계획을 수립하여야 하며, 이를 도시·군관리계획에 반영하여야 한다.

② 기반시설부담구역의 지정은 해당 광역시에 설치된 지방도시계획위원회의 심의대상이다.

③ 광역시장은 「국토의 계획 및 이용에 관한 법률」의 개정으로 인하여 행위 제한이 완화되는 지역에 대하여는 이를 기반시설부담구역으로 지정할 수 없다.

④ 지구단위계획을 수립한 경우에는 기반시설설치계획을 수립한 것으로 본다.

⑤ 기반시설부담구역의 지정고시일부터 1년이 되는 날까지 광역시장이 기반시설설치계획을 수립하지 아니하면 그 1년이 되는 날의 다음 날에 기반시설부담구역의 지정은 해제된 것으로 본다.

키워드 기반시설부담구역 지정대상

해설 광역시장은 「국토의 계획 및 이용에 관한 법률」의 개정으로 인하여 행위 제한이 완화되는 지역에 대하여는 이를 기반시설부담구역으로 지정하여야 한다.

18 **국토의 계획 및 이용에 관한 법령상 기반시설부담구역에 관한 설명으로 옳은 것은?** 제35회

① 공원의 이용을 위하여 필요한 편의시설은 기반시설부담구역에 설치가 필요나 기반시설에 해당하지 않는다.

② 기반시설부담구역에서 기존 건축물을 철거하고 신축하는 경우에는 기존 건축물의 건축연면적을 포함하는 건축행위를 기반시설설치비용의 부과대상으로 한다.

③ 지구단위계획을 수립한 경우에는 기반시설설치계획을 수립한 것으로 본다.

④ 기반시설부담구역 내에서 신축된 「건축법 시행령」상의 종교집회장은 기반시설설치비용의 부과대상이다.

⑤ 기반시설부담구역으로 지정된 지역에 대해서는 개발행위허가의 제한을 연장할 수 없다.

키워드 기반시설부담구역

해설 ① 공원의 이용을 위하여 필요한 편의시설은 기반시설부담구역에 설치가 필요나 기반시설에 해당한다.
② 기반시설부담구역에서 기존 건축물을 철거하고 신축하는 경우에는 기존 건축물의 건축연면적을 초과하는 건축행위만 기반시설설치비용의 부과대상으로 한다.
④ 기반시설부담구역 내에서 신축된 「건축법 시행령」상의 종교집회장은 기반시설설치비용의 부과대상에서 제외된다.
⑤ 기반시설부담구역으로 지정된 지역에 대해서는 개발행위허가의 제한을 연장할 수 있다.

Answer
17 ③ 18 ③

19 국토의 계획 및 이용에 관한 법령상 기반시설부담구역에서 기반시설설치비용의 산정에 사용되는 건축물별 기반시설유발계수가 높은 것부터 나열한 것은? 제23회

㉠ 제2종 근린생활시설	㉡ 종교시설
㉢ 판매시설	㉣ 위락시설

① ㉡ - ㉢ - ㉠ - ㉣
② ㉢ - ㉠ - ㉣ - ㉡
③ ㉣ - ㉠ - ㉡ - ㉢
④ ㉣ - ㉡ - ㉢ - ㉠
⑤ ㉣ - ㉢ - ㉡ - ㉠

키워드 기반시설유발계수

해설 건축물별 기반시설유발계수는 다음과 같다.
㉠ 제2종 근린생활시설: 1.6, ㉡ 종교시설: 1.4, ㉢ 판매시설: 1.3, ㉣ 위락시설: 2.1

핵심포인트 기반시설유발계수

1. 단독주택, 공동주택: 0.7
2. 제1종 근린생활시설: 1.3
3. 제2종 근린생활시설: 1.6
4. 문화 및 집회시설: 1.4
5. 종교시설: 1.4
6. 판매시설: 1.3
7. 운수시설: 1.4
8. 의료시설: 0.9
9. 교육연구시설, 노유자시설, 수련시설, 운동시설, 업무시설: 0.7
10. 숙박시설: 1.0
11. 위락시설: 2.1

20 국토의 계획 및 이용에 관한 법령상 건축물별 기반시설유발계수가 다음 중 가장 높은 것은? 제25회

① 제1종 근린생활시설
② 공동주택
③ 의료시설
④ 업무시설
⑤ 숙박시설

키워드 기반시설유발계수

해설 건축물별 기반시설유발계수는 다음과 같다.
① 제1종 근린생활시설: 1.3
② 공동주택: 0.7
③ 의료시설: 0.9
④ 업무시설: 0.7
⑤ 숙박시설: 1.0

Answer
19 ③ 20 ①

21 국토의 계획 및 이용에 관한 법령상 건축물별 기반시설유발계수가 다음 중 가장 큰 것은?

제30회

① 단독주택
② 장례시설
③ 관광휴게시설
④ 제2종 근린생활시설
⑤ 비금속 광물제품 제조공장

키워드 기반시설유발계수

해설 건축물별 기반시설유발계수는 다음과 같다.

① 단독주택: 0.7
② 장례시설: 0.7
③ 관광휴게시설: 1.9
④ 제2종 근린생활시설: 1.6
⑤ 비금속 광물제품 제조공장: 1.3

22 국토의 계획 및 이용에 관한 법령상 기반시설부담구역 등에 관한 설명으로 옳은 것은? 제25회

① 기반시설부담구역은 개발밀도관리구역과 중첩하여 지정될 수 있다.
② 「고등교육법」에 따른 대학은 기반시설부담구역에 설치가 필요한 기반시설에 해당한다.
③ 기반시설설치비용은 현금 납부를 원칙으로 하되, 부과대상 토지 및 이와 비슷한 토지로 하는 납부를 인정할 수 있다.
④ 기반시설부담구역으로 지정된 지역에 대해 개발행위허가를 제한하였다가 이를 연장하기 위해서는 중앙도시계획위원회의 심의를 거쳐야 한다.
⑤ 기반시설부담구역의 지정고시일부터 2년이 되는 날까지 기반시설설치계획을 수립하지 아니하면 그 2년이 되는 날의 다음 날에 구역의 지정은 해제된 것으로 본다.

키워드 기반시설부담설치비용의 납부방법

해설 ① 기반시설부담구역은 개발밀도관리구역과 중첩하여 지정될 수 없다.
② 「고등교육법」에 따른 대학은 기반시설부담구역에 설치가 필요한 기반시설에서 제외된다.
④ 기반시설부담구역으로 지정된 지역에 대해 개발행위허가를 제한하였다가 이를 연장하기 위해서는 중앙도시계획위원회의 심의를 거치지 아니한다.
⑤ 기반시설부담구역의 지정고시일부터 1년이 되는 날까지 기반시설설치계획을 수립하지 아니하면 그 1년이 되는 날의 다음 날에 구역의 지정은 해제된 것으로 본다.

Answer
21 ③ 22 ③

23 **국토의 계획 및 이용에 관한 법령상 기반시설부담구역에 관한 설명으로 틀린 것은?** 제27회 수정

① 법령의 개정으로 인하여 행위제한이 완화되는 지역에 대해서는 기반시설부담구역으로 지정하여야 한다.

② 녹지와 폐기물처리 및 재활용시설은 기반시설부담구역에 설치가 필요한 기반시설에 해당한다.

③ 동일한 지역에 대해 기반시설부담구역과 개발밀도관리구역을 중복하여 지정할 수 있다.

④ 기반시설부담구역 내에서 「주택법」에 따른 리모델링을 하는 건축물은 기반시설설치비용의 부과대상이 아니다.

⑤ 기존 건축물을 철거하고 신축하는 건축행위가 기반시설설치비용의 부과대상이 되는 경우에는 기존 건축물의 건축 연면적을 초과하는 건축행위만 부과대상으로 한다.

키워드 기반시설부담구역의 지정

해설 기반시설부담구역과 개발밀도관리구역은 중복하여 지정할 수 없다.

24 **국토의 계획 및 이용에 관한 법률 조문의 일부이다. (　　)에 들어갈 숫자로 옳은 것은?** 제31회

> 제68조(기반시설설치비용의 부과대상 및 산정기준)
> ① 기반시설부담구역에서 기반시설설치비용의 부과대상인 건축행위는 제2조 제20호에 따른 시설로서 (　　)m^2(기존 건축물의 연면적을 포함한다)를 초과하는 건축물의 신축·증축행위로 한다.

① 100　　② 200

③ 300　　④ 400

⑤ 500

키워드 기반시설설치비용의 부과대상

해설 기반시설부담구역에서 기반시설설치비용의 부과대상인 건축행위는 제2조 제20호에 따른 시설로서 '200'm^2(기존 건축물의 연면적을 포함한다)를 초과하는 건축물의 신축·증축행위로 한다.

Answer

23 ③　　24 ②

25 국토의 계획 및 이용에 관한 법령상 개발밀도관리구역 및 기반시설부담구역에 관한 설명으로 <u>틀린</u> 것은? 제24회 수정

① 기반시설부담구역은 개발밀도관리구역 외의 지역에서 지정된다.

② 개발밀도관리구역에서는 해당 용도지역에 적용되는 용적률의 최대한도의 50% 범위에서 용적률을 강화하여 적용한다.

③ 주거지역에서의 개발행위로 기반시설의 용량이 부족할 것으로 예상되는 지역 중 기반시설의 설치가 곤란한 지역으로서, 향후 2년 이내에 해당 지역의 학생수가 학교수용능력을 20% 이상 초과할 것으로 예상되는 지역은 개발밀도관리구역으로 지정될 수 있다.

④ 기반시설설치비용은 현금으로 납부하여야 하며, 부과대상 토지 및 이와 비슷한 토지로 납부할 수 없다.

⑤ 기반시설의 설치가 필요하다고 인정하는 지역으로서 해당 지역의 전년도 개발행위허가 건수가 전전년도 개발행위허가 건수보다 20% 이상 증가한 지역은 기반시설부담구역으로 지정하여야 한다.

키워드 기반시설설치비용의 납부방법

해설 기반시설설치비용은 현금 납부를 원칙으로 하되, 부과대상 토지 및 이와 비슷한 토지로 하는 납부(이하 '물납'이라 한다)를 인정할 수 있다.

26 국토의 계획 및 이용에 관한 법령상 개발밀도관리구역 및 기반시설부담구역에 관한 설명으로 옳은 것은? 제29회 수정

① 개발밀도관리구역에서는 해당 용도지역에 적용되는 건폐율 또는 용적률을 강화 또는 완화하여 적용할 수 있다.

② 군수가 개발밀도관리구역을 지정하려면 지방도시계획위원회의 심의를 거쳐 도지사의 승인을 받아야 한다.

③ 주거지역·상업지역에서의 개발행위로 기반시설의 수용능력이 부족할 것으로 예상되는 지역 중 기반시설의 설치가 곤란한 지역은 기반시설부담구역으로 지정할 수 있다.

④ 시장은 기반시설부담구역을 지정하면 기반시설설치계획을 수립하여야 하며, 이를 도시·군관리계획에 반영하여야 한다.

⑤ 기반시설부담구역에서 개발행위를 허가받고자 하는 자에게는 기반시설설치비용을 부과하여야 한다.

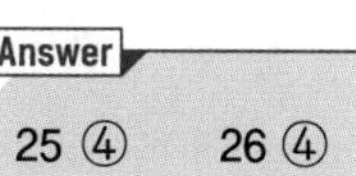
Answer
25 ④ 26 ④

키워드 기반시설설치계획

해설 ① 개발밀도관리구역에서는 해당 용도지역에 적용되는 건폐율 또는 용적률을 강화하여 적용한다.
② 군수가 개발밀도관리구역을 지정하려면 도지사의 승인을 받지 않아도 된다.
③ 주거지역 · 상업지역에서의 개발행위로 기반시설의 수용능력이 부족할 것으로 예상되는 지역 중 기반시설의 설치가 곤란한 지역은 개발밀도관리구역으로 지정할 수 있다.
⑤ 기반시설부담구역에서 기반시설설치비용의 부과대상인 건축행위는 단독주택 및 숙박시설 등 대통령령으로 정하는 시설로서 200m^{2}를 초과하는 건축물의 신축 · 증축 행위로 한다. 다만, 기존 건축물을 철거하고 신축하는 경우에는 기존 건축물의 건축연면적을 초과하는 건축행위만 부과대상으로 한다.

27

국토의 계획 및 이용에 관한 법령상 시장 또는 군수가 주민의 의견을 들어야 하는 경우로 명시되어 있지 <u>않은</u> 것은? (단, 국토교통부장관이 따로 정하는 경우는 고려하지 않음) 제30회 수정

① 광역도시계획을 수립하려는 경우
② 성장관리계획구역을 지정하려는 경우
③ 시범도시사업계획을 수립하려는 경우
④ 기반시설부담구역을 지정하려는 경우
⑤ 개발밀도관리구역을 지정하려는 경우

키워드 주민의 의견청취 대상

해설 시장 또는 군수가 개발밀도관리구역을 지정하려는 경우에는 주민의 의견을 듣는 절차는 없고, 지방도시계획위원회의 심의만 거치면 된다.

28

국토의 계획 및 이용에 관한 법령상 개발행위에 따른 기반시설의 설치에 관한 설명으로 <u>틀린</u> 것은? (단, 조례는 고려하지 않음) 제33회

① 개발밀도관리구역에서는 해당 용도지역에 적용되는 용적률의 최대한도의 50% 범위에서 강화하여 적용한다.
② 기반시설의 설치가 필요하다가 인정하는 지역으로서, 해당 지역의 전년도 개발행위허가 건수가 전전년도 개발행위허가 건수보다 20% 이상 증가한 지역에 대하여는 기반시설부담구역으로 지정하여야 한다.
③ 기반시설부담구역이 지정되면 기반시설설치계획을 수립하여야 하며, 이를 도시 · 군관리계획에 반영하여야 한다.
④ 기반시설설치계획은 기반시설부담구역의 지정고시일부터 3년이 되는 날까지 수립하여야 한다.
⑤ 기반시설설치비용의 관리 및 운용을 위하여 기반시설부담구역별로 특별회계를 설치하여야 한다.

키워드 기반시설설치계획 수립시기

해설 기반시설설치계획은 기반시설부담구역의 지정고시일부터 1년이 되는 날까지 수립하여야 한다.

Answer
27 ⑤ 28 ④

29 **국토의 계획 및 이용에 관한 법령상 토지에의 출입에 관한 규정의 일부이다. (   )에 들어갈 내용을 바르게 나열한 것은?** 제33회

> 제130조(토지에의 출입 등) ① 국토교통부장관, 시·도지사, 시장 또는 군수나 도시·군계획시설사업의 시행자는 다음 각 호의 행위를 하기 위하여 필요하면 타인의 토지에 출입하거나 타인의 토지를 재료적치장 또는 임시통로로 일시사용할 수 있으며, 특히 필요한 경우에는 나무, 흙, 돌, 그 밖의 장애물을 변경하거나 제거할 수 있다.
> <생략>
> (㉠), (㉡) 및 제67조 제4항에 따른 기반시설설치계획에 관한 기초조사
> <이하 생략>

① ㉠: 기반시설부담구역, ㉡: 성장관리계획구역
② ㉠: 성장관리계획구역, ㉡: 시가화조정구역
③ ㉠: 시가화조정구역, ㉡: 기반시설부담구역
④ ㉠: 개발밀도관리구역, ㉡: 시가화조정구역
⑤ ㉠: 개발밀도관리구역, ㉡: 기반시설부담구역

키워드 토지에의 출입사유
해설 (개발밀도관리구역), (기반시설부담구역) 및 제67조 제4항에 따른 기반시설설치계획에 관한 기초조사를 위하여 필요하면 타인의 토지에 출입하거나 타인의 토지를 재료적치장 또는 임시통로로 일시사용할 수 있으며, 특히 필요한 경우에는 나무, 흙, 돌, 그 밖의 장애물을 변경하거나 제거할 수 있다.

30 **국토의 계획 및 이용에 관한 법령상 도시·군계획시설사업 시행을 위한 타인의 토지에의 출입 등에 관한 설명으로 옳은 것은?** 제34회

① 타인의 토지에 출입하려는 행정청인 사업시행자는 출입하려는 날의 7일 전까지 그 토지의 소유자·점유자 또는 관리인에게 그 일시와 장소를 알려야 한다.
② 토지의 소유자·점유자 또는 관리인의 동의 없이 타인의 토지를 재료적치장 또는 임시통로로 일시사용한 사업시행자는 사용한 날부터 14일 이내에 시장 또는 군수의 허가를 받아야 한다.
③ 토지점유자가 승낙하지 않는 경우에도 사업시행자는 시장 또는 군수의 허가를 받아 일몰 후에 울타리로 둘러싸인 타인의 토지에 출입할 수 있다.
④ 토지에의 출입에 따라 손실을 입은 자가 보상에 관하여 국토교통부장관에게 조정을 신청하지 아니하는 경우에는 관할 토지수용위원회에 재결을 신청할 수 없다.
⑤ 사업시행자가 행정청인 경우라도 허가를 받지 아니하면 타인의 토지에 출입할 수 없다.

Answer
29 ⑤ 30 ①

키워드 타인토지에의 출입절차

해설 ② 토지의 소유자·점유자 또는 관리인의 동의 없이 타인의 토지를 재료적치장 또는 임시통로로 일시 사용하려는 사업시행자는 미리 시장 또는 군수의 허가를 받아야 한다.
③ 사업시행자는 토지점유자가 승낙하지 않는 경우에는 일몰 후에 울타리로 둘러싸인 타인의 토지에 출입할 수 없다.
④ 토지에의 출입에 따라 손실을 보상할 자나 손실을 입은 자는 협의가 성립되지 아니하거나 협의를 할 수 없을 때에는 관할 토지수용위원회에 재결을 신청할 수 있다.
⑤ 사업시행자가 행정청인 경우에는 허가를 받지 아니하고 타인의 토지에 출입할 수 있다.

31 **국토의 계획 및 이용에 관한 법령상 청문을 하여야 하는 경우를 모두 고른 것은?** (단, 다른 법령에 따른 청문은 고려하지 않음) 제31회

> ㉠ 개발행위허가의 취소
> ㉡ 「국토의 계획 및 이용에 관한 법률」 제63조에 따른 개발행위허가의 제한
> ㉢ 실시계획인가의 취소

① ㉠ ② ㉡ ③ ㉠, ㉡
④ ㉠, ㉢ ⑤ ㉡, ㉢

키워드 청문 사유

해설 개발행위허가의 취소(㉠)와 실시계획인가의 취소(㉢)가 청문을 거쳐야 하는 경우에 해당한다.

Answer
31 ④

박문각 공인중개사

PART

02

도시개발법

Chapter 01

개발계획의 수립 및 도시개발구역의 지정

대표기출 상중하 2019년 제30회 A형 53번 문제

도시개발법령상 도시개발구역의 지정에 관한 설명으로 옳은 것은? (단, 특례는 고려하지 않음)

① 대도시 시장은 직접 도시개발구역을 지정할 수 없고, 도지사에게 그 지정을 요청하여야 한다.

② 도시개발사업이 필요하다고 인정되는 지역이 둘 이상의 도의 행정구역에 걸치는 경우에는 해당 면적이 더 넓은 행정구역의 도지사가 도시개발구역을 지정하여야 한다.

③ 천재지변으로 인하여 도시개발사업을 긴급하게 할 필요가 있는 경우 국토교통부장관이 도시개발구역을 지정할 수 있다.

④ 도시개발구역의 총 면적이 1만m^2 미만인 경우 둘 이상의 사업시행지구로 분할하여 지정할 수 있다.

⑤ 자연녹지지역에서 도시개발구역을 지정한 이후 도시개발사업의 계획을 수립하는 것은 허용되지 아니한다.

키워드 도시개발구역의 지정권자

도시개발구역의 지정권자, 분할대상면적, 도시개발구역을 지정한 후에 개발계획을 수립할 수 있는 대상지역을 정확하게 숙지하여야 합니다. 25회, 26회, 29회, 30회, 31회, 32회, 33회, 34회, 35회

핵심포인트 국토교통부장관이 도시개발구역을 지정할 수 있는 경우

1. 국가가 도시개발사업을 실시할 필요가 있는 경우
2. 관계 중앙행정기관의 장이 요청하는 경우
3. 공공기관의 장 또는 정부출연기관의 장이 30만m^2 이상으로서 국가계획과 밀접한 관련이 있는 도시개발구역의 지정을 제안하는 경우
4. 둘 이상의 시·도 또는 대도시의 행정구역에 걸치는 경우로서 시·도지사 또는 대도시 시장의 협의가 성립되지 아니하는 경우
5. 천재지변, 그 밖의 사유로 인하여 도시개발사업을 긴급하게 할 필요가 있는 경우

A 정답 ③

01 **도시개발법령상 도시개발구역을 지정할 수 있는 자를 모두 고른 것은?** 제32회

㉠ 시·도지사	㉡ 대도시 시장
㉢ 국토교통부장관	㉣ 한국토지주택공사

① ㉠
② ㉡, ㉣
③ ㉢, ㉣
④ ㉠, ㉡, ㉢
⑤ ㉠, ㉡, ㉢, ㉣

키워드 도시개발구역의 지정권자

해설 도시개발구역은 국토교통부장관, 시·도지사 또는 대도시 시장이 지정할 수 있다. 따라서 정답은 ㉠㉡㉢이 된다.

02 **도시개발법령상 국토교통부장관이 도시개발구역을 지정할 수 있는 경우에 해당하지 <u>않는</u> 것은?** 제33회

① 국가가 도시개발사업을 실시할 필요가 있는 경우
② 관계 중앙행정기관의 장이 요청하는 경우
③ 한국토지주택공사 사장이 20만m^2의 규모로 국가계획과 밀접한 관련이 있는 도시개발구역의 지정을 제안하는 경우
④ 천재지변, 그 밖의 사유로 인하여 도시개발사업을 긴급하게 할 필요가 있는 경우
⑤ 도시개발사업이 필요하다고 인정되는 지역이 둘 이상의 도의 행정구역에 걸치는 경우에 도시개발구역을 지정할 자에 관하여 관계 도지사 간에 협의가 성립되지 아니하는 경우

키워드 도시개발구역의 지정권자

해설 한국토지주택공사 사장이 30만m^2 이상의 규모로 국가계획과 밀접한 관련이 있는 도시개발구역의 지정을 제안하는 경우에 국토교통부장관이 도시개발구역을 지정할 수 있다.

Answer
01 ④ 02 ③

03 도시개발법령상 국토교통부장관이 도시개발구역을 지정할 수 있는 경우가 아닌 것은? 제26회

① 국가가 도시개발사업을 실시할 필요가 있는 경우
② 산업통상자원부장관이 10만m^2 규모로 도시개발구역의 지정을 요청하는 경우
③ 지방공사의 장이 30만m^2 규모로 도시개발구역의 지정을 요청하는 경우
④ 한국토지주택공사 사장이 30만m^2 규모로 국가계획과 밀접한 관련이 있는 도시개발구역의 지정을 제안하는 경우
⑤ 천재지변으로 인하여 도시개발사업을 긴급하게 할 필요가 있는 경우

키워드 도시개발구역의 지정권자

해설 지방공사의 장이 30만m^2 규모로 도시개발구역의 지정을 요청하는 경우는 국토교통부장관이 도시개발구역을 지정할 수 있는 경우에 해당하지 않는다.

핵심포인트 국토교통부장관이 도시개발구역을 지정할 수 있는 경우

1. 국가가 도시개발사업을 실시할 필요가 있는 경우
2. 관계 중앙행정기관의 장이 요청하는 경우
3. 공공기관의 장 또는 정부출연기관의 장이 30만m^2 이상으로서 국가계획과 밀접한 관련이 있는 도시개발구역의 지정을 제안하는 경우
4. 둘 이상의 시ㆍ도 또는 대도시의 행정구역에 걸치는 경우로서 시ㆍ도지사 또는 대도시 시장의 협의가 성립되지 아니하는 경우
5. 천재지변, 그 밖의 사유로 인하여 도시개발사업을 긴급하게 할 필요가 있는 경우

04 도시개발법령상 개발계획에 따라 도시개발구역을 지정한 후에 개발계획에 포함시킬 수 있는 사항은? 제34회

① 환경보전계획
② 보건의료시설 및 복지시설의 설치계획
③ 원형지로 공급될 대상토지 및 개발방향
④ 임대주택건설계획 등 세입자 등의 주거 및 생활안정대책
⑤ 도시개발구역을 둘 이상의 사업시행지구로 분할하여 도시개발사업을 시행하는 경우, 그 분할에 관한 사항

키워드 개발계획의 내용

해설 임대주택건설계획 등 세입자 등의 주거 및 생활안정대책은 도시개발구역을 지정한 후에 개발계획에 포함시킬 수 있다.

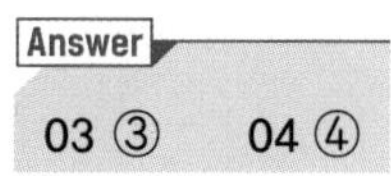
Answer
03 ③ 04 ④

05 **도시개발법령상 도시개발구역으로 지정할 수 있는 대상 지역 및 규모에 관하여 (　　)에 들어갈 숫자를 바르게 나열한 것은?** 제29회

> • 주거지역 및 상업지역 : (㉠)만m^2 이상
> • 공업지역 : (㉡)만m^2 이상
> • 자연녹지지역 : (㉢)만m^2 이상
> • 도시개발구역 지정면적의 100분의 30 이하인 생산녹지지역 : (㉣)만m^2 이상

① ㉠ : 1, ㉡ : 1, ㉢ : 1, ㉣ : 3
② ㉠ : 1, ㉡ : 3, ㉢ : 1, ㉣ : 1
③ ㉠ : 1, ㉡ : 3, ㉢ : 3, ㉣ : 1
④ ㉠ : 3, ㉡ : 1, ㉢ : 3, ㉣ : 3
⑤ ㉠ : 3, ㉡ : 3, ㉢ : 1, ㉣ : 1

키워드 도시개발구역의 지정규모

해설 도시개발구역으로 지정할 수 있는 규모는 다음과 같다.

> • 주거지역 및 상업지역 : 1만m^2 이상
> • 공업지역 : 3만m^2 이상
> • 자연녹지지역 : 1만m^2 이상
> • 도시개발구역 지정면적의 100분의 30 이하인 생산녹지지역 : 1만m^2 이상

06 **도시개발법령상 도시개발구역의 지정을 제안할 수 있는 자가 <u>아닌</u> 것은?** 제23회

① 도시개발조합
② 한국수자원공사
③ 「지방공기업법」에 따라 설립된 지방공사
④ 한국관광공사
⑤ 한국농어촌공사

키워드 도시개발구역의 지정제안

해설 국가, 지방자치단체, 도시개발조합을 제외한 사업시행자로 지정될 수 있는 자는 도시개발구역의 지정을 제안할 수 있다.

Answer
05 ② 06 ①

07 도시개발법령상 도시개발구역으로 지정·고시된 이후에 개발계획을 수립할 수 있는 지역에 해당하지 않는 것은? 제22회

① 자연녹지지역
② 해당 도시개발구역에 포함되는 주거지역의 면적이 전체 도시개발구역 지정 면적의 100분의 50 이상인 지역
③ 농림지역
④ 보전관리지역
⑤ 생산녹지지역(도시개발구역 지정 면적의 100분의 30 이하인 경우)

키워드 개발계획 수립시기

해설 해당 도시개발구역에 포함되는 주거지역·상업지역·공업지역의 면적의 합계가 전체 도시개발구역 지정 면적의 100분의 30 이하인 지역은 도시개발구역을 지정한 후에 개발계획을 수립할 수 있다.

08 도시개발법령상 환지 방식의 도시개발사업에 대한 개발계획 수립에 필요한 동의자의 수를 산정하는 방법으로 옳은 것은? 제35회

① 도시개발구역의 토지면적을 산정하는 경우: 국공유지를 제외하고 산정할 것
② 1인이 둘 이상 필지의 토지를 단독으로 소유한 경우: 필지의 수에 관계없이 토지 소유자를 1인으로 볼 것
③ 둘 이상 필지의 토지를 소유한 공유자가 동일한 경우: 공유자 각각을 토지 소유자 1인으로 볼 것
④ 1필지의 토지 소유권을 여럿이 공유하는 경우: 「집합건물의 소유 및 관리에 관한 법률」에 따른 구분소유자인지 여부와 관계없이 다른 공유자의 동의를 받은 대표 공유자 1인을 해당 토지 소유자로 볼 것
⑤ 도시개발구역의 지정이 제안된 후부터 개발계획이 수립되기 전까지의 사이에 토지 소유자가 변경된 경우: 변경된 토지 소유자의 동의서를 기준으로 할 것

키워드 동의자 수 산정방법

해설 ① 도시개발구역의 토지면적을 산정하는 경우: 국공유지를 포함하고 산정할 것
③ 둘 이상 필지의 토지를 소유한 공유자가 동일한 경우: 다른 공유자의 동의를 받은 대표 공유자 1명을 토지소유자로 볼 것
④ 1필지의 토지 소유권을 여럿이 공유하는 경우: 「집합건물의 소유 및 관리에 관한 법률」에 따른 구분소유자는 각각을 토지소유자 1명으로 볼 것
⑤ 도시개발구역의 지정이 제안된 후부터 개발계획이 수립되기 전까지의 사이에 토지 소유자가 변경된 경우: 기존 토지소유자의 동의서를 기준으로 할 것

Answer
07 ② 08 ②

09 **도시개발법령상 도시개발구역을 지정한 후에 개발계획을 수립할 수 있는 경우가 아닌 것은?** 제26회

① 개발계획을 공모하는 경우
② 자연녹지지역에 도시개발구역을 지정할 때
③ 도시지역 외의 지역에 도시개발구역을 지정할 때
④ 국토교통부장관이 지역균형발전을 위하여 관계 중앙행정기관의 장과 협의하여 상업지역에 도시개발구역을 지정할 때
⑤ 해당 도시개발구역에 포함되는 주거지역이 전체 도시개발구역 지정 면적의 100분의 40인 지역을 도시개발구역으로 지정할 때

키워드 개발계획 수립시기

해설 해당 도시개발구역에 포함되는 주거지역 · 상업지역 · 공업지역의 면적의 합계가 전체 도시개발구역 지정 면적의 100분의 30 이하인 지역을 지정하는 경우에는 도시개발구역을 지정한 후에 개발계획을 수립할 수 있다.

10 **도시개발법령상 도시개발구역의 지정에 관한 설명으로 옳은 것은?** 제24회

① 서로 떨어진 둘 이상의 지역은 결합하여 하나의 도시개발구역으로 지정될 수 없다.
② 국가가 도시개발사업의 시행자인 경우 환지방식의 사업에 대한 개발계획을 수립하려면 토지소유자의 동의를 받아야 한다.
③ 광역시장이 개발계획을 변경하는 경우 군수 또는 구청장은 광역시장으로부터 송부받은 관계 서류를 일반인에게 공람시키지 않아도 된다.
④ 도시개발구역의 지정은 도시개발사업의 공사 완료의 공고일에 해제된 것으로 본다.
⑤ 도시개발사업의 공사 완료로 도시개발구역의 지정이 해제의제된 경우에는 도시개발구역의 용도지역은 해당 도시개발구역 지정 전의 용도지역으로 환원되거나 폐지된 것으로 보지 아니한다.

키워드 도시개발구역의 환원

해설 ① 서로 떨어진 둘 이상의 지역은 결합하여 하나의 도시개발구역으로 지정할 수 있다.
② 국가 또는 지방자치단체가 도시개발사업의 시행자인 경우 환지방식의 사업에 대한 개발계획을 수립하려면 토지소유자의 동의를 받지 않아도 된다.
③ 광역시장이 개발계획을 변경하는 경우 군수 또는 구청장은 광역시장으로부터 송부받은 관계 서류를 일반인에게 공람시켜야 한다.
④ 도시개발구역의 지정은 도시개발사업의 공사 완료의 공고일 다음 날에 해제된 것으로 본다.

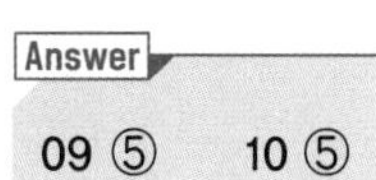
Answer
09 ⑤ 10 ⑤

11 **도시개발법령상 도시개발구역의 지정에 관한 설명으로 틀린 것은?** 제25회

① 서울특별시와 광역시를 제외한 인구 50만 이상의 대도시의 시장은 도시개발구역을 지정할 수 있다.
② 자연녹지지역에서 도시개발구역으로 지정할 수 있는 규모는 3만m^2 이상이어야 한다.
③ 계획관리지역에 도시개발구역을 지정할 때에는 도시개발구역을 지정한 후에 개발계획을 수립할 수 있다.
④ 지정권자가 도시개발사업을 환지방식으로 시행하려고 개발계획을 수립하는 경우 사업시행자가 지방자치단체이면 토지소유자의 동의를 받을 필요가 없다.
⑤ 군수가 도시개발구역의 지정을 요청하려는 경우 주민이나 관계 전문가 등으로부터 의견을 들어야 한다.

키워드 도시개발구역의 지정규모
해설 자연녹지지역에서 도시개발구역으로 지정할 수 있는 규모는 1만m^2 이상이어야 한다.

12 **도시개발법령상 도시개발구역의 지정과 개발계획에 관한 설명으로 틀린 것은?** 제26회

① 지정권자는 도시개발사업의 효율적 추진을 위하여 필요하다고 인정하는 경우 서로 떨어진 둘 이상의 지역을 결합하여 하나의 도시개발구역으로 지정할 수 있다.
② 도시개발구역을 둘 이상의 사업시행지구로 분할하는 경우 분할 후 사업시행지구의 면적은 각각 1만m^2 이상이어야 한다.
③ 세입자의 주거 및 생활안정 대책에 관한 사항은 도시개발구역을 지정한 후에 개발계획의 내용으로 포함시킬 수 있다.
④ 지정권자는 도시개발사업을 환지방식으로 시행하려고 개발계획을 수립할 때 시행자가 지방자치단체인 경우 토지소유자의 동의를 받아야 한다.
⑤ 도시·군기본계획이 수립되어 있는 지역에 대하여 개발계획을 수립하려면 개발계획의 내용이 해당 도시·군기본계획에 들어맞도록 하여야 한다.

키워드 개발계획수립 시 동의요건
해설 지정권자는 도시개발사업을 환지방식으로 시행하려고 개발계획을 수립할 때 시행자가 지방자치단체인 경우 토지소유자의 동의를 받을 필요가 없다.

Answer
11 ② 12 ④

13 **도시개발법령상 도시개발구역에서 허가를 받아야 할 행위로 명시되지 않은 것은?** 제32회

① 토지의 합병 ② 토석의 채취
③ 죽목의 식재 ④ 공유수면의 매립
⑤ 「건축법」에 따른 건축물의 용도변경

키워드 도시개발구역에서의 행위제한
해설 도시개발구역에서 허가를 받아야 하는 행위는 다음과 같다.

> 1. 건축물(가설건축물을 포함)의 건축, 대수선, 용도변경
> 2. 공작물의 설치
> 3. 토지의 형질변경: 절토(땅깎기)·성토(흙쌓기)·정지·포장 등의 방법으로 토지의 형상을 변경하는 행위, 토지의 굴착 또는 공유수면의 매립
> 4. 토석의 채취
> 5. 토지분할
> 6. 물건을 쌓아놓는 행위: 옮기기 쉽지 아니한 물건을 1개월 이상 쌓아놓는 행위
> 7. 죽목의 벌채 및 식재

따라서 토지의 합병은 허가를 받아야 하는 행위에 해당하지 않는다.

14 **도시개발법령상 도시개발구역 지정의 해제에 관한 규정 내용이다. (　　)에 들어갈 숫자를 바르게 나열한 것은?** 제31회

> 도시개발구역을 지정한 후 개발계획을 수립하는 경우에는 아래에 규정된 날의 다음 날에 도시개발구역의 지정이 해제된 것으로 본다.
> • 도시개발구역이 지정·고시된 날부터 (㉠)년이 되는 날까지 개발계획을 수립·고시하지 아니하는 경우에는 그 (㉠)년이 되는 날. 다만, 도시개발구역의 면적이 330만m^2 이상인 경우에는 5년으로 한다.
> • 개발계획을 수립·고시한 날부터 (㉡)년이 되는 날까지 실시계획 인가를 신청하지 아니하는 경우에는 그 (㉡)년이 되는 날. 다만, 도시개발구역의 면적이 330만m^2 이상인 경우에는 (㉢)년으로 한다.

① ㉠: 2, ㉡: 3, ㉢: 3 ② ㉠: 2, ㉡: 3, ㉢: 5
③ ㉠: 3, ㉡: 2, ㉢: 3 ④ ㉠: 3, ㉡: 2, ㉢: 5
⑤ ㉠: 3, ㉡: 3, ㉢: 5

키워드 도시개발구역의 해제사유
해설 ㉠ 2년, ㉡ 3년, ㉢ 5년이 된다.

Answer
13 ① 14 ②

Chapter 02

도시개발사업의 시행자

대표기출 상중하 2018년 제29회 A형 55번 문제

도시개발법령상 도시개발사업을 위하여 설립하는 조합에 관한 설명으로 옳은 것은?

① 조합을 설립하려면 도시개발구역의 토지소유자 7명 이상이 국토교통부장관에게 조합설립의 인가를 받아야 한다.

② 조합이 인가받은 사항 중 주된 사무소의 소재지를 변경하려는 경우 변경인가를 받아야 한다.

③ 조합설립의 인가를 신청하려면 해당 도시개발구역의 토지면적의 2분의 1 이상에 해당하는 토지소유자와 그 구역의 토지소유자 총수의 3분의 2 이상의 동의를 받아야 한다.

④ 금고 이상의 형을 선고받고 그 집행이 끝나지 아니한 자는 조합원이 될 수 없다.

⑤ 의결권을 가진 조합원의 수가 100인인 조합은 총회의 권한을 대행하게 하기 위하여 대의원회를 둘 수 있다.

키워드 도시개발조합

도시개발조합의 설립요건, 경미한 변경, 조합설립을 위한 동의요건, 조합원의 자격 및 대의원회 설치에 관한 내용을 정확하게 숙지하여야 합니다. 25회, 27회, 29회, 31회, 33회, 34회, 35회

핵심포인트 임원의 결격사유

1. 피성년후견인, 피한정후견인 또는 미성년자
2. 파산선고를 받은 자로서 복권되지 아니한 자
3. 금고 이상의 형을 선고받고 그 집행이 끝나거나 집행을 받지 아니하기로 확정된 후 2년이 지나지 아니한 자
4. 금고 이상의 형의 집행유예를 받고 그 유예기간 중에 있는 자

정답 ⑤

01 **도시개발법령상 도시개발사업 시행자로 지정될 수 있는 자에 해당하지 않는 것은?** 제33회

① 국가
② 「한국부동산원법」에 따른 한국부동산원
③ 「한국수자원공사법」에 따른 한국수자원공사
④ 「한국관광공사법」에 따른 한국관광공사
⑤ 「지방공기업법」에 따라 설립된 지방공사

키워드 사업시행자
해설 「한국부동산원법」에 따른 한국부동산원은 도시개발사업의 시행자가 될 수 없다.

02 **도시개발법령상 수용 또는 사용 방식으로 시행하는 도시개발사업의 시행자로 지정될 수 없는 자는?** 제35회

① 「한국철도공사법」에 따른 한국철도공사
② 지방자치단체
③ 「지방공기업법」에 따라 설립된 지방공사
④ 도시개발구역의 국공유지를 제외한 토지면적의 3분의 2 이상을 소유한 자
⑤ 도시개발구역의 토지 소유자가 도시개발을 위하여 설립한 조합

키워드 수용 또는 사용 방식의 시행자
해설 도시개발구역의 토지 소유자가 도시개발을 위하여 설립한 조합은 전부를 환지방식으로 시행하는 경우에만 시행자가 될 수 있다.

Answer
01 ② 02 ⑤

03 **도시개발법령상 지정권자가 '도시개발구역 전부를 환지방식으로 시행하는 도시개발사업'을 '지방자치단체의 장이 집행하는 공공시설에 관한 사업'과 병행하여 시행할 필요가 있다고 인정하는 경우, 이 도시개발사업의 시행자로 지정될 수 <u>없는</u> 자는?** (단, 지정될 수 있는 자가 도시개발구역의 토지소유자는 아니며, 다른 법령은 고려하지 않음) 제30회

① 국가
② 지방자치단체
③ 「지방공기업법」에 따른 지방공사
④ 「한국토지주택공사법」에 따른 한국토지주택공사
⑤ 「자본시장과 금융투자업에 관한 법률」에 따른 신탁업자 중 「주식회사 등의 외부감사에 관한 법률」 제4조에 따른 외부감사의 대상이 되는 자

키워드 전부 환지방식의 시행자

해설 지정권자가 '도시개발구역 전부를 환지방식으로 시행하는 도시개발사업'을 '지방자치단체의 장이 집행하는 공공시설에 관한 사업'과 병행하여 시행할 필요가 있다고 인정하는 경우에는 지방자치단체나 한국토지주택공사, 지방공사와 「자본시장과 금융투자업에 관한 법률」에 따른 신탁업자 중 「주식회사 등의 외부감사에 관한 법률」 제4조에 따른 외부감사의 대상이 되는 자를 시행자로 지정할 수 있다. 따라서 국가는 해당하지 않는다.

04 **도시개발법령상 도시개발구역 지정권자가 시행자를 변경할 수 있는 경우가 <u>아닌</u> 것은?** 제28회

① 도시개발사업에 관한 실시계획의 인가를 받은 후 2년 이내에 사업을 착수하지 아니하는 경우
② 행정처분으로 사업시행자의 지정이 취소된 경우
③ 사업시행자가 도시개발구역 지정의 고시일부터 6개월 이내에 실시계획의 인가를 신청하지 아니하는 경우
④ 사업시행자의 부도로 도시개발사업의 목적을 달성하기 어렵다고 인정되는 경우
⑤ 행정처분으로 실시계획의 인가가 취소된 경우

키워드 시행자 변경사유

해설 지정권자는 도시개발구역의 전부를 환지방식으로 시행하는 경우로서 시행자로 지정된 자가 1년 이내에 도시개발사업에 관한 실시계획의 인가를 신청하지 아니하는 경우에는 시행자를 변경할 수 있다.

Answer
03 ① 04 ③

05 **도시개발법령상 도시개발조합에 관한 설명으로 옳은 것은?** 제31회

① 도시개발구역의 토지소유자가 미성년자인 경우에는 조합의 조합원이 될 수 없다.
② 조합원은 보유토지의 면적과 관계없는 평등한 의결권을 가지므로, 공유 토지의 경우 공유자별로 의결권이 있다.
③ 조합은 도시개발사업 전부를 환지방식으로 시행하는 경우에 도시개발사업의 시행자가 될 수 있다.
④ 조합설립의 인가를 신청하려면 해당 도시개발구역의 토지면적의 2분의 1 이상에 해당하는 토지소유자와 그 구역의 토지소유자 총수의 3분의 2 이상의 동의를 받아야 한다.
⑤ 토지소유자가 조합설립인가 신청에 동의하였다면 이후 조합설립인가의 신청 전에 그 동의를 철회하였더라도 그 토지소유자는 동의자 수에 포함된다.

키워드 도시개발조합의 시행사유

해설 ① 도시개발구역의 토지소유자가 미성년자인 경우에도 조합의 조합원이 될 수 있다.
② 공유 토지의 경우에는 공유자의 동의를 받은 공유대표자 1명만 의결권이 있다.
④ 조합설립의 인가를 신청하려면 해당 도시개발구역의 토지면적의 3분의 2 이상에 해당하는 토지소유자와 그 구역의 토지소유자 총수의 2분의 1 이상의 동의를 받아야 한다.
⑤ 토지소유자가 조합설립인가 신청에 동의하였더라도 이후 조합설립인가의 신청 전에 그 동의를 철회하면 그 토지소유자는 동의자 수에서 제외된다.

06 **도시개발법령상 도시개발사업조합에 관한 설명으로 틀린 것은?** 제33회

① 조합은 그 주된 사무소의 소재지에서 등기를 하면 성립한다.
② 주된 사무소의 소재지를 변경하려면 지정권자로부터 변경인가를 받아야 한다.
③ 조합설립의 인가를 신청하려면 해당 도시개발구역의 토지면적의 3분의 2 이상에 해당하는 토지소유자와 그 구역의 토지소유자 총수의 2분의 1 이상의 동의를 받아야 한다.
④ 조합의 조합원은 도시개발구역의 토지소유자로 본다.
⑤ 조합의 설립인가를 받은 조합의 대표자는 설립인가를 받은 날부터 30일 이내에 주된 사무소의 소재지에서 설립등기를 하여야 한다.

키워드 경미한 변경

해설 주된 사무소의 소재지를 변경하려면 지정권자에게 신고하여야 한다.

Answer
05 ③ 06 ②

07 도시개발법령상 조합의 임원에 관한 설명으로 틀린 것은? 제24회

① 이사는 의결권을 가진 조합원이어야 한다.
② 이사는 그 조합의 조합장을 겸할 수 없다.
③ 감사의 선임은 총회의 의결을 거쳐야 한다.
④ 조합장은 총회·대의원회 또는 이사회의 의장이 된다.
⑤ 이사의 자기를 위한 조합과의 계약에 관하여는 조합장이 조합을 대표한다.

키워드 조합의 임원
해설 이사의 자기를 위한 조합과의 계약에 관하여는 감사가 조합을 대표한다.

08 도시개발법령상 도시개발사업 조합에 관한 설명으로 틀린 것은? 제27회

① 조합은 도시개발사업의 전부를 환지방식으로 시행하는 경우 사업시행자가 될 수 있다.
② 조합을 설립하려면 도시개발구역의 토지소유자 7명 이상이 정관을 작성하여 지정권자에게 조합설립의 인가를 받아야 한다.
③ 조합이 작성하는 정관에는 도시개발구역의 면적이 포함되어야 한다.
④ 조합설립의 인가를 신청하려면 국공유지를 제외한 해당 도시개발구역의 토지면적의 3분의 2 이상에 해당하는 토지소유자와 그 구역의 토지소유자 총수의 2분의 1 이상의 동의를 받아야 한다.
⑤ 조합의 이사는 그 조합의 조합장을 겸할 수 없다.

키워드 조합설립 인가를 받기 위한 동의요건
해설 조합설립의 인가를 신청하는 경우 면적 산정에는 국공유지를 포함하여 산정한다.

Answer
07 ⑤ 08 ④

09 **도시개발법령상 도시개발사업 조합의 조합원에 관한 설명으로 옳은 것은?** 제25회

① 조합원은 도시개발구역 내의 토지의 소유자 및 저당권자로 한다.
② 의결권이 없는 조합원도 조합의 임원이 될 수 있다.
③ 조합원으로 된 자가 금고 이상의 형의 선고를 받은 경우에는 그 사유가 발생한 다음 날부터 조합원의 자격을 상실한다.
④ 조합원은 도시개발구역 내에 보유한 토지면적에 비례하여 의결권을 가진다.
⑤ 조합원이 정관에 따라 부과된 부과금을 체납하는 경우 조합은 특별자치도지사 · 시장 · 군수 또는 구청장에게 그 징수를 위탁할 수 있다.

키워드 조합의 조합원

해설 ① 조합원은 도시개발구역 내의 토지소유자로 한다.
② 의결권이 없는 조합원은 조합의 임원이 될 수 없다.
③ 조합임원으로 선임된 자가 금고 이상의 형의 선고를 받은 경우에는 그 사유가 발생한 다음 날부터 임원의 자격을 상실한다.
④ 조합원은 도시개발구역 내에 보유한 토지면적에 관계없이 평등한 의결권을 가진다.

10 **도시개발법령상 도시개발조합 총회의 의결사항 중 대의원회가 총회의 권한을 대행할 수 있는 사항은?** 제31회

① 정관의 변경
② 개발계획의 수립
③ 조합장의 선임
④ 환지예정지의 지정
⑤ 조합의 합병에 관한 사항

키워드 총회의 의결사항

해설 환지예정지의 지정은 대의원회가 총회의 권한을 대행할 수 있다.

Answer
09 ⑤ 10 ④

11 도시개발법령상 도시개발사업조합에 관한 설명으로 옳은 것을 모두 고른 것은? 제34회

> ㉠ 금고 이상의 형을 선고받고 그 형의 집행유예기간 중에 있는 자는 조합의 임원이 될 수 없다.
> ㉡ 조합이 조합 설립의 인가를 받은 사항 중 공고방법을 변경하려는 경우, 지정권자로부터 변경인가를 받아야 한다.
> ㉢ 조합장 또는 이사의 자기를 위한 조합과의 계약이나 소송에 관하여는 대의원회가 조합을 대표한다.
> ㉣ 의결권을 가진 조합원의 수가 50인 이상인 조합은 총회의 권한을 대행하게 하기 위하여 대의원회를 둘 수 있으며, 대의원회에 두는 대의원의 수는 의결권을 가진 조합원 총수의 100분의 10 이상으로 한다.

① ㉠, ㉢　　② ㉠, ㉣　　③ ㉡, ㉢
④ ㉠, ㉡, ㉣　　⑤ ㉡, ㉢, ㉣

키워드 도시개발조합

해설 ㉡ 조합이 조합 설립의 인가를 받은 사항 중 공고방법을 변경하려는 경우, 지정권자에게 신고하여야 한다.
㉢ 조합장 또는 이사의 자기를 위한 조합과의 계약이나 소송에 관하여는 감사가 조합을 대표한다.

12 도시개발법령상 도시개발사업조합에 관한 설명으로 옳은 것은? 제35회

① 조합을 설립하려면 도시개발구역의 토지 소유자 10명 이상이 정관을 작성하여 지정권자에게 조합 설립의 인가를 받아야 한다.
② 조합이 설립인가를 받은 사항 중 청산에 관한 사항을 변경하려는 경우에는 지정권자에게 신고하여야 한다.
③ 다른 조합원으로부터 해당 도시개발구역에 그가 가지고 있는 토지 소유권 전부를 이전받은 조합원은 정관으로 정하는 바에 따라 본래의 의결권과는 별도로 그 토지 소유권을 이전한 조합원의 의결권을 승계할 수 있다.
④ 조합은 총회의 권한을 대행하게 하기 위하여 대의원회를 두어야 한다.
⑤ 조합의 임원으로 선임된 자가 금고 이상의 형을 선고받으면 그 날부터 임원의 자격을 상실한다.

Answer
11 ②　　12 ③

키워드 도시개발조합

해설 ① 조합을 설립하려면 도시개발구역의 토지 소유자 7명 이상이 정관을 작성하여 지정권자에게 조합 설립의 인가를 받아야 한다.

② 조합이 설립인가를 받은 사항 중 청산에 관한 사항을 변경하려는 경우에는 지정권자에게 인가를 받아야 한다.

④ 조합은 총회의 권한을 대행하게 하기 위하여 대의원회를 둘 수 있다.

⑤ 조합의 임원으로 선임된 자가 금고 이상의 형을 선고받으면 그 다음 날부터 임원의 자격을 상실한다.

13 도시개발법령상 도시개발사업의 시행에 관한 설명으로 틀린 것은? 제25회

① 도시개발사업의 시행자는 도시개발구역의 지정권자가 지정한다.

② 사업시행자는 도시개발사업의 일부인 도로, 공원 등 공공시설의 건설을 지방공사에 위탁하여 시행할 수 있다.

③ 조합을 설립하려면 도시개발구역의 토지소유자 7명 이상이 정관을 작성하여 지정권자에게 조합설립의 인가를 받아야 한다.

④ 조합설립인가신청을 위한 동의자 수 산정에 있어 도시개발구역의 토지면적은 국공유지를 제외하고 산정한다.

⑤ 사업시행자가 도시개발사업에 관한 실시계획의 인가를 받은 후 2년 이내에 사업을 착수하지 아니하는 경우 지정권자는 시행자를 변경할 수 있다.

키워드 도시개발사업의 시행

해설 조합설립인가신청을 위한 동의자 수 산정에 있어 도시개발구역의 토지면적은 국공유지를 포함하여 산정한다.

Answer

13 ④

14 도시개발법령상 도시개발사업의 시행에 관한 설명으로 옳은 것은? 제29회

① 국가는 도시개발사업의 시행자가 될 수 없다.

② 한국철도공사는 「역세권의 개발 및 이용에 관한 법률」에 따른 역세권개발사업을 시행하는 경우에만 도시개발사업의 시행자가 된다.

③ 지정권자는 시행자가 도시개발사업에 관한 실시계획의 인가를 받은 후 2년 이내에 사업을 착수하지 아니하는 경우 시행자를 변경할 수 있다.

④ 토지소유자가 도시개발구역의 지정을 제안하려는 경우에는 대상 구역 토지면적의 2분의 1 이상에 해당하는 토지소유자의 동의를 받아야 한다.

⑤ 사업주체인 지방자치단체는 조성된 토지의 분양을 「주택법」에 따른 주택건설사업자에게 대행하게 할 수 없다.

키워드 도시개발사업의 시행자

해설 ① 국가는 도시개발사업의 시행자가 될 수 있다.

② 국가철도공단은 「역세권의 개발 및 이용에 관한 법률」에 따른 역세권개발사업을 시행하는 경우에만 도시개발사업의 시행자가 된다.

④ 토지소유자가 도시개발구역의 지정을 제안하려는 경우에는 대상 구역 토지면적의 3분의 2 이상에 해당하는 토지소유자의 동의를 받아야 한다.

⑤ 사업주체인 지방자치단체는 조성된 토지의 분양을 「주택법」에 따른 주택건설사업자에게 대행하게 할 수 있다.

15 도시개발법령상 도시개발사업의 시행자인 국가 또는 지방자치단체가 「주택법」에 따른 주택건설사업자에게 대행하게 할 수 있는 도시개발사업의 범위에 해당하는 것만을 모두 고른 것은? 제30회

㉠ 실시설계	㉡ 기반시설공사
㉢ 부지조성공사	㉣ 조성된 토지의 분양

① ㉠, ㉡, ㉢　② ㉠, ㉡, ㉣　③ ㉠, ㉢, ㉣
④ ㉡, ㉢, ㉣　⑤ ㉠, ㉡, ㉢, ㉣

키워드 도시개발사업의 대행

해설 도시개발사업의 시행자인 국가 또는 지방자치단체가 「주택법」에 따른 주택건설사업자에게 대행하게 할 수 있는 도시개발사업의 범위는 다음과 같다.

1. 실시설계(㉠)	2. 기반시설공사(㉡)
3. 부지조성공사(㉢)	4. 조성된 토지의 분양(㉣)

Answer
14 ③　15 ⑤

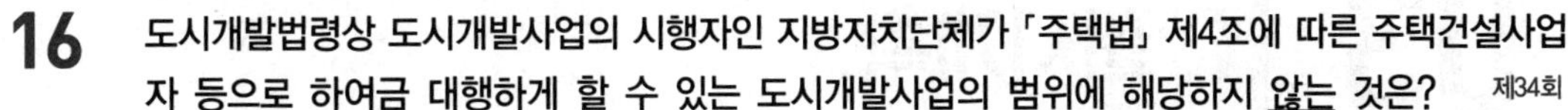

16 **도시개발법령상 도시개발사업의 시행자인 지방자치단체가 「주택법」 제4조에 따른 주택건설사업자 등으로 하여금 대행하게 할 수 있는 도시개발사업의 범위에 해당하지 않는 것은?** 제34회

① 실시설계
② 부지조성공사
③ 기반시설공사
④ 조성된 토지의 분양
⑤ 토지상환채권의 발행

키워드 도시개발사업의 대행범위

해설 토지상환채권의 발행은 시행자인 지방자치단체가 주택법 제4조에 따른 주택건설사업자 등으로 하여금 대행하게 할 수 없다.

Answer
16 ⑤

Chapter
03 실시계획

대표기출 상중하 2018년 제29회 A형 56번 문제

도시개발법령상 도시개발사업의 실시계획에 관한 설명으로 옳은 것은?

① 지정권자인 국토교통부장관이 실시계획을 작성하는 경우 시장·군수 또는 구청장의 의견을 미리 들어야 한다.

② 도시개발사업을 환지방식으로 시행하는 구역에 대하여 지정권자가 실시계획을 작성한 경우에는 사업의 명칭·목적, 도시·군관리계획의 결정내용을 관할 등기소에 통보·제출하여야 한다.

③ 실시계획을 인가할 때 지정권자가 해당 실시계획에 대한 「하수도법」에 따른 공공하수도 공사시행의 허가에 관하여 관계 행정기관의 장과 협의한 때에는 해당 허가를 받은 것으로 본다.

④ 인가를 받은 실시계획 중 사업시행면적의 100분의 20이 감소된 경우 지정권자의 변경인가를 받을 필요가 없다.

⑤ 지정권자는 시행자가 도시개발구역 지정의 고시일부터 6개월 이내에 실시계획의 인가를 신청하지 아니하는 경우 시행자를 변경할 수 있다.

키워드 실시계획

실시계획 인가절차, 관할 등기소에 통보·제출하여야 하는 사항, 의제사항, 경미한 변경에 관한 사항을 정확하게 숙지하여야 합니다.

25회, 29회, 31회

핵심포인트 인·허가 등의 의제

실시계획을 작성하거나 인가할 때 지정권자가 해당 실시계획에 대한 다음의 '인·허가 등'에 관하여 관계 행정기관의 장과 협의한 사항에 대하여는 해당 인·허가 등을 받은 것으로 본다.

1. 「수도법」에 따른 수도사업의 인가, 같은 법에 따른 전용상수도설치의 인가
2. 「하수도법」에 따른 공공하수도 공사시행의 허가
3. 「초지법」에 따른 초지(草地) 전용의 허가
4. 「주택법」에 따른 사업계획의 승인

이하 생략

Ⓐ 정답 ③

01 **도시개발법령상 도시개발사업의 실시계획에 관한 설명으로 틀린 것은?** 제31회

① 시행자가 작성하는 실시계획에는 지구단위계획이 포함되어야 한다.
② 지정권자인 국토교통부장관이 실시계획을 작성하는 경우 시·도지사 또는 대도시 시장의 의견을 미리 들어야 한다.
③ 지정권자가 시행자가 아닌 경우 시행자는 작성된 실시계획에 관하여 지정권자의 인가를 받아야 한다.
④ 고시된 실시계획의 내용 중 「국토의 계획 및 이용에 관한 법률」에 따라 도시·군관리계획으로 결정하여야 하는 사항이 종전에 도시·군관리계획으로 결정된 사항에 저촉되면 종전에 도시·군관리계획으로 결정된 사항이 우선하여 적용된다.
⑤ 실시계획의 인가에 의해 「주택법」에 따른 사업계획의 승인은 의제될 수 있다.

키워드 실시계획의 변경

해설 고시된 실시계획의 내용 중 「국토의 계획 및 이용에 관한 법률」에 따라 도시·군관리계획으로 결정하여야 하는 사항은 같은 법에 따른 도시·군관리계획이 결정되어 고시된 것으로 본다. 이 경우 종전에 도시·군관리계획으로 결정된 사항 중 고시 내용에 저촉되는 사항은 고시된 내용으로 변경된 것으로 본다.

02 **도시개발법령상 도시개발사업의 실시계획에 관한 설명으로 틀린 것은?** 제25회

① 도시개발사업에 관한 실시계획에는 지구단위계획이 포함되어야 한다.
② 시·도지사가 실시계획을 작성하는 경우 국토교통부장관의 의견을 미리 들어야 한다.
③ 실시계획인가신청서에는 축척 2만 5천분의 1 또는 5만분의 1의 위치도가 첨부되어야 한다.
④ 관련 인·허가 등의 의제를 받으려는 자는 실시계획의 인가를 신청하는 때에 해당 법률로 정하는 관계 서류를 함께 제출하여야 한다.
⑤ 지정권자가 아닌 시행자가 실시계획의 인가를 받은 후, 사업비의 100분의 10의 범위에서 사업비를 증액하는 경우 지정권자의 인가를 받지 않아도 된다.

키워드 실시계획인가 절차

해설 시·도지사가 실시계획을 작성하는 경우 시장(대도시 시장은 제외)·군수·구청장의 의견을 미리 들어야 한다.

Answer
01 ④ 02 ②

Chapter 04

도시개발사업의 시행

제1절 수용 또는 사용방식에 의한 사업시행

대표 기출1 상중하 2021년 제32회 A형 54번 문제

도시개발법령상 토지등의 수용 또는 사용의 방식에 따른 사업시행에 관한 설명으로 옳은 것은?

① 도시개발사업을 시행하는 지방자치단체는 도시개발구역 지정 이후 그 시행방식을 혼용방식에서 수용 또는 사용방식으로 변경할 수 있다.

② 도시개발사업을 시행하는 정부출연기관이 그 사업에 필요한 토지를 수용하려면 사업대상 토지면적의 3분의 2 이상에 해당하는 토지를 소유하고 토지소유자 총수의 2분의 1 이상에 해당하는 자의 동의를 받아야 한다.

③ 도시개발사업을 시행하는 공공기관은 토지상환채권을 발행할 수 없다.

④ 원형지를 공급받아 개발하는 지방공사는 원형지에 대한 공사완료 공고일부터 5년이 지난 시점이라면 해당 원형지를 매각할 수 있다.

⑤ 원형지가 공공택지 용도인 경우 원형지개발자의 선정은 추첨의 방법으로 할 수 있다.

키워드 원형지의 매각시기

수용의 주체, 수용 시 준용법률, 「공익사업을 위한 토지 등의 취득 및 보상에 관한 법률」의 특례, 원형지 공급면적, 토지상환채권에 관한 사항을 정확하게 숙지하여야 합니다. 26회, 27회, 30회, 32회, 33회, 34회, 35회

핵심포인트 원형지의 매각금지

원형지개발자(국가 및 지방자치단체는 제외)는 10년의 범위에서 대통령령으로 정하는 기간(원형지에 대한 공사완료 공고일부터 5년 또는 원형지 공급계약일부터 10년 중 먼저 끝나는 기간) 안에는 원형지를 매각할 수 없다. 다만, 이주용 주택이나 공공·문화 시설 등 대통령령으로 정하는 경우(기반시설 용지, 임대주택 용지, 그 밖에 원형지 개발자가 직접 조성하거나 운영하기 어려운 시설의 설치를 위한 용지로 원형지를 사용하는 경우)로서 미리 지정권자의 승인을 받은 경우에는 예외로 한다.

Ⓐ 정답 ④

01 **도시개발법령상 도시개발구역지정 이후 지정권자가 도시개발사업의 시행방식을 변경할 수 있는 경우를 모두 고른 것은?** (단, 시행자는 국가이며, 시행방식 변경을 위한 다른 요건은 모두 충족됨) 제35회

> ㉠ 수용 또는 사용방식에서 전부 환지 방식으로의 변경
> ㉡ 수용 또는 사용방식에서 혼용방식으로의 변경
> ㉢ 혼용방식에서 전부 환지 방식으로의 변경
> ㉣ 전부 환지 방식에서 혼용방식으로의 변경

① ㉠, ㉢　　② ㉠, ㉣　　③ ㉡, ㉣
④ ㉠, ㉡, ㉢　　⑤ ㉡, ㉢, ㉣

키워드 사업시행방식의 변경

해설 ㉠ 수용 또는 사용방식에서 전부 환지 방식으로의 변경, ㉡ 수용 또는 사용방식에서 혼용방식으로의 변경, ㉢ 혼용방식에서 전부 환지 방식으로의 변경은 가능하지만, ㉣ 전부 환지 방식에서 혼용방식으로의 변경은 할 수 없다.

02 **도시개발법령상 수용 또는 사용의 방식에 따른 사업시행에 관한 설명으로 옳은 것은?** 제27회

① 시행자가 아닌 지정권자는 도시개발사업에 필요한 토지 등을 수용할 수 있다.
② 도시개발사업을 위한 토지의 수용에 관하여 특별한 규정이 없으면 「도시 및 주거환경정비법」에 따른다.
③ 수용의 대상이 되는 토지의 세부목록을 고시한 경우에는 「공익사업을 위한 토지 등의 취득 및 보상에 관한 법률」에 따른 사업인정 및 그 고시가 있었던 것으로 본다.
④ 국가에 공급될 수 있는 원형지 면적은 도시개발구역 전체 토지면적의 3분의 2까지로 한다.
⑤ 시행자가 토지상환채권을 발행할 경우, 그 발행규모는 토지상환채권으로 상환할 토지·건축물이 도시개발사업으로 조성되는 분양토지 또는 분양건축물 면적의 3분의 2를 초과하지 않아야 한다.

키워드 사업인정 및 고시(의제)

해설 ① 시행자가 아닌 지정권자는 도시개발사업에 필요한 토지 등을 수용할 수 없다.
② 도시개발사업을 위한 토지의 수용에 관하여 특별한 규정이 없으면 「공익사업을 위한 토지 등의 취득 및 보상에 관한 법률」에 따른다.
④ 원형지 면적은 3분의 1 이내로 한정하여 공급될 수 있다.
⑤ 토지상환채권의 발행규모는 분양토지 또는 분양건축물 면적의 2분의 1을 초과하지 아니하여야 한다.

Answer
01 ④　　02 ③

03 도시개발법령상 「지방공기업법」에 따라 설립된 지방공사가 단독으로 토지상환채권을 발행하는 경우에 관한 설명으로 옳은 것은? 제33회

① 「은행법」에 따른 은행으로부터 지급보증을 받은 경우에만 토지상환채권을 발행할 수 있다.
② 토지상환채권의 발행규모는 그 토지상환채권으로 상환할 토지・건축물이 해당 도시개발사업으로 조성되는 분양토지 또는 분양건축물 면적의 2분의 1을 초과하지 아니하도록 하여야 한다.
③ 토지상환채권은 이전할 수 없다.
④ 토지가격의 추산방법은 토지상환채권의 발행계획에 포함되지 않는다.
⑤ 토지 등의 매수대금 일부의 지급을 위하여 토지상환채권을 발행할 수 없다.

키워드 토지상환채권의 발행규모

해설 ① 지방공사는 「은행법」에 따른 은행으로부터 지급보증을 받지 않아도 토지상환채권을 발행할 수 있다.
③ 토지상환채권은 이전할 수 있다.
④ 토지가격의 추산방법은 토지상환채권의 발행계획에 포함된다.
⑤ 토지 등의 매수대금 일부의 지급을 위하여 토지상환채권을 발행할 수 있다.

04 도시개발법령상 한국토지주택공사가 발행하려는 토지상환채권의 발행계획에 포함되어야 하는 사항이 아닌 것은? 제35회

① 보증기관 및 보증의 내용
② 토지가격의 추산방법
③ 상환대상지역 또는 상환대상토지의 용도
④ 토지상환채권의 발행가액 및 발행시기
⑤ 토지상환채권의 발행총액

키워드 토지상환채권의 발행계획

해설 보증기관 및 보증의 내용은 토지상환채권의 발행계획에 포함되어야 하는 사항이 아니다. 한국토지주택공사는 지급보증을 받지 않기 때문이다.

Answer
03 ② 04 ①

05 도시개발법령상 토지 등의 수용 또는 사용의 방식에 따른 도시개발사업 시행에 관한 설명으로 옳은 것은? 제26회 수정

① 지방자치단체가 시행자인 경우 토지상환채권을 발행할 수 없다.
② 지방자치단체인 시행자가 토지를 수용하려면 사업대상 토지면적의 3분의 2 이상의 토지를 소유하여야 한다.
③ 시행자는 조성토지를 공급받는 자로부터 해당 대금의 전부를 미리 받을 수 없다.
④ 시행자는 학교를 설치하기 위한 조성토지를 공급하는 경우 해당 토지의 가격을 「감정평가 및 감정평가사에 관한 법률」에 따른 감정평가법인등이 감정평가한 가격 이하로 정할 수 있다.
⑤ 시행자는 지방자치단체에게 도시개발구역 전체 토지면적의 2분의 1 이내에서 원형지를 공급하여 개발하게 할 수 있다.

키워드 조성토지 공급가격

해설 ① 지방자치단체가 시행자인 경우 토지상환채권을 발행할 수 있다.
② 지방자치단체인 시행자가 토지를 수용하려면 사업대상 토지면적의 3분의 2 이상의 토지를 소유하지 않아도 된다.
③ 시행자는 조성토지를 공급받는 자로부터 해당 대금의 전부 또는 일부를 미리 받을 수 있다.
⑤ 시행자는 지방자치단체에게 도시개발구역 전체 토지면적의 3분의 1 이내에서 원형지를 공급하여 개발하게 할 수 있다.

06 도시개발법령상 수용 또는 사용의 방식에 따른 사업시행에 관한 설명으로 옳은 것은? 제30회

① 「지방공기업법」에 따라 설립된 지방공사가 시행자인 경우 토지소유자 전원의 동의 없이는 도시개발사업에 필요한 토지등을 수용하거나 사용할 수 없다.
② 지방자치단체가 시행자인 경우 지급보증 없이 토지상환채권을 발행할 수 있다.
③ 지정권자가 아닌 시행자는 조성토지등을 공급받거나 이용하려는 자로부터 지정권자의 승인 없이 해당 대금의 전부 또는 일부를 미리 받을 수 있다.
④ 원형지의 면적은 도시개발구역 전체 토지면적의 3분의 1을 초과하여 공급될 수 있다.
⑤ 공공용지가 아닌 조성토지등의 공급은 수의계약의 방법에 의하여야 한다.

키워드 토지상환채권의 발행자

해설 ① 「지방공기업법」에 따라 설립된 지방공사가 시행자인 경우 토지소유자 전원의 동의 없이도 도시개발사업에 필요한 토지등을 수용하거나 사용할 수 있다.
③ 지정권자가 아닌 시행자는 조성토지등을 공급받거나 이용하려는 자로부터 지정권자의 승인을 받아 해당 대금의 전부 또는 일부를 미리 받을 수 있다.
④ 원형지의 면적은 도시개발구역 전체 토지면적의 3분의 1을 초과하여 공급될 수 없다.
⑤ 공공용지인 조성토지등의 공급은 수의계약의 방법으로 공급할 수 있다.

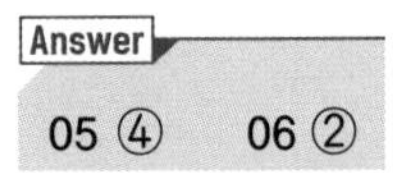
Answer
05 ④ 06 ②

07 도시개발법령상 원형지의 공급과 개발에 관한 설명으로 틀린 것은? 제23회

① 원형지는 도시개발구역 안에서 도시개발사업으로 조성되지 아니한 상태의 토지를 말한다.
② 공급될 수 있는 원형지의 면적은 해당 도시개발구역 전체 토지면적의 3분의 1 이내로 한정된다.
③ 원형지개발자인 지방자치단체는 10년의 범위에서 대통령령으로 정하는 기간 안에는 원형지를 매각할 수 없다.
④ 도시개발구역의 지정권자는 원형지 공급·개발의 승인을 할 때에는 교통처리계획 및 기반시설의 설치 등에 관한 이행조건을 붙일 수 있다.
⑤ 원형지를 공장부지로 직접 사용하는 자를 원형지개발자로 선정하는 경우 경쟁입찰의 방식으로 하며, 경쟁입찰이 2회 이상 유찰된 경우에는 수의계약의 방법으로 할 수 있다.

키워드 원형지의 매각금지

해설 원형지개발자(국가 및 지방자치단체는 제외)는 10년의 범위에서 대통령령으로 정하는 기간 안에는 원형지를 매각할 수 없다.

08 도시개발법령상 원형지의 공급과 개발에 관한 설명으로 틀린 것은? 제25회

① 원형지를 공장부지로 직접 사용하는 자는 원형지개발자가 될 수 있다.
② 원형지는 도시개발구역 전체 토지면적의 3분의 1 이내의 면적으로만 공급될 수 있다.
③ 원형지 공급 승인신청서에는 원형지 사용조건에 관한 서류가 첨부되어야 한다.
④ 원형지 공급가격은 개발계획이 반영된 원형지의 감정가격으로 한다.
⑤ 지방자치단체가 원형지개발자인 경우 원형지 공사완료공고일부터 5년이 경과하기 전에도 원형지를 매각할 수 있다.

키워드 원형지의 공급가격

해설 원형지 공급가격은 개발계획이 반영된 원형지의 감정가격에 시행자가 원형지에 설치한 기반시설 등의 공사비를 더한 금액을 기준으로 시행자와 원형지개발자가 협의하여 결정한다.

Answer
07 ③ 08 ④

09 **도시개발법령상 원형지의 공급과 개발에 관한 설명으로 옳은 것은?** 제34회

① 원형지를 공장 부지로 직접 사용하는 원형지개발자의 선정은 경쟁입찰의 방식으로 하며, 경쟁입찰이 2회 이상 유찰된 경우에는 수의계약의 방법으로 할 수 있다.

② 지정권자는 원형지의 공급을 승인할 때 용적률 등 개발밀도에 관한 이행조건을 붙일 수 없다.

③ 원형지 공급가격은 원형지의 감정가격과 원형지에 설치한 기반시설 공사비의 합산금액을 기준으로 시·도의 조례로 정한다.

④ 원형지개발자인 지방자치단체는 10년의 범위에서 대통령령으로 정하는 기간 안에는 원형지를 매각할 수 없다.

⑤ 원형지개발자가 공급받은 토지의 전부를 시행자의 동의 없이 제3자에게 매각하는 경우, 시행자는 원형지개발자에 대한 시정요구 없이 원형지 공급계약을 해제할 수 있다.

키워드 원형지의 공급방법

해설 ② 지정권자는 원형지의 공급을 승인할 때 용적률 등 개발밀도에 관한 이행조건을 붙일 수 있다.
③ 원형지 공급가격은 원형지의 감정가격과 원형지에 설치한 기반시설 공사비의 합산금액을 기준으로 시행자와 원형지 개발자가 협의하여 정한다.
④ 원형지개발자인 지방자치단체는 10년의 범위에서 대통령령으로 정하는 기간 안에도 원형지를 매각할 수 있다.
⑤ 원형지개발자가 공급받은 토지의 전부를 시행자의 동의 없이 제3자에게 매각하는 경우, 시행자는 원형지개발자에게 2회 이상 시정요구를 하여야 하고, 원형지개발자가 시정하지 아니하는 경우에는 원형지 공급계약을 해제할 수 있다.

10 **도시개발법령상 조성토지등의 공급에 관한 설명으로 틀린 것은?** 제22회 수정

① 도시개발사업 시행자는 「국토의 계획 및 이용에 관한 법률」에 따른 기반시설의 원활한 설치를 위하여 필요하면 공급대상자의 자격을 제한할 수 있다.

② 단독주택용지로서 330m^2 이하인 조성토지는 추첨의 방법으로 분양할 수 있다.

③ 일반에게 분양할 수 없는 공공용지를 지방자치단체에게 공급하는 경우에는 수의계약의 방법에 의할 수 있다.

④ 수의계약의 방법으로 조성토지를 공급하기로 하였으나 공급신청량이 공급 계획에서 계획된 면적을 초과하는 경우에는 경쟁입찰의 방법에 의한다.

⑤ 폐기물처리시설을 설치하기 위해 공급하는 조성토지등의 가격은 「감정평가 및 감정평가사에 관한 법률」에 따른 감정평가법인등이 감정평가한 가격 이하로 정할 수 있다.

키워드 조성토지등의 공급방법

해설 수의계약의 방법으로 조성토지를 공급하기로 하였으나 공급신청량이 공급 계획에서 계획된 면적을 초과하는 경우에는 추첨의 방법에 의한다.

Answer

09 ① 10 ④

11 **도시개발법령상 다음의 시설을 설치하기 위하여 조성토지등을 공급하는 경우 조합인 시행자가 「감정평가 및 감정평가사에 관한 법률」에 따른 감정평가법인등이 감정평가한 가격 이하로 해당 토지의 가격을 정할 수 없는 것은?** 제24회 수정

① 학교
② 임대주택
③ 공공청사
④ 행정청이 「국토의 계획 및 이용에 관한 법률」에 따라 직접 설치하는 시장
⑤ 「사회복지사업법」에 따른 사회복지법인이 설치하는 유료의 사회복지시설

키워드 조성토지등의 공급가격

해설 시행자는 사회복지시설을 설치하기 위한 조성토지등과 이주단지의 조성을 위한 토지를 공급하는 경우에는 해당 토지의 가격을 「감정평가 및 감정평가사에 관한 법률」에 따른 감정평가법인등이 감정평가한 가격 이하로 정할 수 있다. 다만, 「사회복지사업법」에 따른 사회복지시설의 경우에는 유료시설을 제외한 시설로서 관할 지방자치단체의 장의 추천을 받은 경우로 한정한다.

12 **도시개발법령상 조성토지등의 공급에 관한 설명으로 옳은 것은?** 제26회 수정

① 지정권자가 아닌 시행자가 조성토지등을 공급하려고 할 때에는 작성한 조성토지등의 공급계획에 대하여 지정권자의 승인을 받지 않아도 된다.
② 조성토지등을 공급하려고 할 때 「주택법」에 따른 공공택지의 공급은 추첨의 방법으로 분양할 수 없다.
③ 조성토지등의 가격 평가는 「감정평가 및 감정평가사에 관한 법률」에 따른 감정평가법인등이 평가한 금액을 산술평균한 금액으로 한다.
④ 공공청사용지를 지방자치단체에게 공급하는 경우에는 수의계약의 방법으로 할 수 없다.
⑤ 토지상환채권에 의하여 토지를 상환하는 경우에는 수의계약의 방법으로 할 수 없다.

키워드 조성토지등의 공급

해설 ① 지정권자가 아닌 시행자가 조성토지등을 공급하려고 할 때에는 조성토지등의 공급계획에 대하여 지정권자의 승인을 받아야 한다.
② 조성토지등을 공급하려고 할 때 「주택법」에 따른 공공택지의 공급은 추첨의 방법으로 분양할 수 있다.
④ 공공청사용지를 지방자치단체에게 공급하는 경우에는 수의계약의 방법으로 공급할 수 있다.
⑤ 토지상환채권에 의하여 토지를 상환하는 경우에는 수의계약의 방법으로 공급할 수 있다.

Answer

11 ⑤ 12 ③

제2절 환지방식에 의한 사업시행

대표기출 2 상중하 2021년 제32회 A형 55번 문제

도시개발법령상 환지방식에 의한 사업시행에 관한 설명으로 틀린 것은?

① 도시개발사업을 입체 환지방식으로 시행하는 경우에는 환지계획에 건축계획이 포함되어야 한다.

② 시행자는 토지면적의 규모를 조정할 특별한 필요가 있으면 면적이 넓은 토지는 그 면적을 줄여서 환지를 정하거나 환지대상에서 제외할 수 있다.

③ 도시개발구역 지정권자가 정한 기준일의 다음 날부터 단독주택이 다세대주택으로 전환되는 경우 시행자는 해당 건축물에 대하여 금전으로 청산하거나 환지 지정을 제한할 수 있다.

④ 시행자는 환지예정지를 지정한 경우에 해당 토지를 사용하거나 수익하는 데에 장애가 될 물건이 그 토지에 있으면 그 토지의 사용 또는 수익을 시작할 날을 따로 정할 수 있다.

⑤ 시행자는 환지를 정하지 아니하기로 결정된 토지소유자나 임차권자등에게 날짜를 정하여 그날부터 해당 토지 또는 해당 부분의 사용 또는 수익을 정지시킬 수 있다.

키워드 증환지 및 감환지

환지계획의 내용, 인가권자, 경미한 변경, 환지부지정, 환지예정지 지정의 효과, 환지처분에 관한 사항을 정확하게 숙지하여야 합니다. 25회, 26회, 27회, 28회, 29회, 30회, 31회, 32회, 33회, 34회, 35회

핵심포인트 환지지정 등의 제한

시행자는 주민 등의 의견청취를 위하여 공람 또는 공청회의 개최에 관한 사항을 공고한 날 또는 투기억제를 위하여 시행예정자(법 제3조 제3항 제2호 및 제4항에 따른 요청자 또는 법 제11조 제5항에 따른 제안자를 말함)의 요청에 따라 지정권자가 따로 정하는 날(이하 '기준일'이라 함)의 다음 날부터 다음의 어느 하나에 해당하는 경우에는 국토교통부령으로 정하는 바에 따라 해당 토지 또는 건축물에 대하여 금전으로 청산(건축물은 법 제65조에 따라 보상한다)하거나 환지지정을 제한할 수 있다.

1. 1필지의 토지가 여러 개의 필지로 분할되는 경우
2. 단독주택 또는 다가구주택이 다세대주택으로 전환되는 경우
3. 하나의 대지범위 안에 속하는 동일인 소유의 토지와 주택 등 건축물을 토지와 주택 등 건축물로 각각 분리하여 소유하는 경우
4. 나대지에 건축물을 새로 건축하거나 기존 건축물을 철거하고 다세대주택이나 그 밖의 「집합건물의 소유 및 관리에 관한 법률」에 따른 구분소유권의 대상이 되는 건물을 건축하여 토지 또는 건축물의 소유자가 증가되는 경우

A 정답 ②

13 **도시개발법령상 환지의 방식에 관한 내용이다. ( )에 들어갈 내용을 옳게 연결한 것은?** 제27회

> • (㉠): 환지 전 토지에 대한 권리를 도시개발사업으로 조성되는 토지에 이전하는 방식
> • (㉡): 환지 전 토지나 건축물(무허가 건축물은 제외)에 대한 권리를 도시개발사업으로 건설되는 구분건축물에 이전하는 방식

① ㉠: 평면환지, ㉡: 입체환지
② ㉠: 평가환지, ㉡: 입체환지
③ ㉠: 입체환지, ㉡: 평면환지
④ ㉠: 평면환지, ㉡: 유동환지
⑤ ㉠: 유동환지, ㉡: 평면환지

키워드 환지의 종류
해설 ㉠ 환지 전 토지에 대한 권리를 도시개발사업으로 조성되는 토지에 이전하는 방식은 평면환지에 해당한다.
㉡ 환지 전 토지나 건축물(무허가 건축물은 제외)에 대한 권리를 도시개발사업으로 건설되는 구분건축물에 이전하는 방식은 입체환지에 해당한다.

14 **도시개발법령상 도시개발사업의 시행방식에 관한 설명으로 옳은 것은?** 제30회

① 분할 혼용방식은 수용 또는 사용 방식이 적용되는 지역과 환지방식이 적용되는 지역을 사업시행지구별로 분할하여 시행하는 방식이다.
② 계획적이고 체계적인 도시개발 등 집단적인 조성과 공급이 필요한 경우에는 환지방식으로 정하여야 하며, 다른 시행방식에 의할 수 없다.
③ 도시개발구역지정 이후에는 도시개발사업의 시행방식을 변경할 수 없다.
④ 시행자는 도시개발사업의 시행방식을 토지등을 수용 또는 사용하는 방식, 환지방식 또는 이를 혼용하는 방식 중에서 정하여 국토교통부장관의 허가를 받아야 한다.
⑤ 지방자치단체가 도시개발사업의 전부를 환지방식으로 시행하려고 할 때에는 도시개발사업에 관한 규약을 정하여야 한다.

Answer
13 ① 14 ①

키워드 도시개발사업의 시행방식

해설 ② 계획적이고 체계적인 도시개발 등 집단적인 조성과 공급이 필요한 경우에는 수용 또는 사용 방식으로 사업시행방식을 정한다.
③ 도시개발구역지정 이후에도 도시개발사업의 시행방식을 변경할 수 있다.
④ 시행자는 도시개발사업의 시행방식을 토지등을 수용 또는 사용하는 방식, 환지방식 또는 이를 혼용하는 방식 중에서 정하며, 국토교통부장관의 허가를 받지는 않는다.
⑤ 지방자치단체가 도시개발사업의 전부를 환지방식으로 시행하려고 할 때에는 도시개발사업에 관한 시행규정을 작성하여야 한다.

15 **도시개발법령상 환지방식의 사업시행에 관한 설명으로 옳은 것은?** (단, 사업시행자는 행정청이 아님) 제25회

① 사업시행자가 환지계획을 작성한 경우에는 특별자치도지사, 시·도지사의 인가를 받아야 한다.
② 환지로 지정된 토지나 건축물을 금전으로 청산하는 내용으로 환지계획을 변경하는 경우에는 변경인가를 받아야 한다.
③ 토지소유자의 환지제외 신청이 있더라도 해당 토지에 관한 임차권자 등이 동의하지 않는 경우에는 해당 토지를 환지에서 제외할 수 없다.
④ 환지예정지의 지정이 있으면 종전의 토지에 대한 임차권 등은 종전의 토지에 대해서는 물론 환지예정지에 대해서도 소멸한다.
⑤ 환지계획에서 환지를 정하지 아니한 종전의 토지에 있던 권리는 환지처분이 공고된 날의 다음 날이 끝나는 때에 소멸한다.

키워드 환지부지정

해설 ① 사업시행자가 환지계획을 작성한 경우에는 특별자치도지사, 시장·군수 또는 구청장의 인가를 받아야 한다.
② 환지로 지정된 토지나 건축물을 금전으로 청산하는 내용으로 환지계획을 변경하는 경우에는 변경인가를 받지 않아도 된다.
④ 환지예정지의 지정이 있으면 종전의 토지에 대한 임차권 등은 종전의 토지에 대해서 사용하거나 수익할 수 없지만, 환지예정지에 대하여는 사용하거나 수익할 수 있다.
⑤ 환지계획에서 환지를 정하지 아니한 종전의 토지에 있던 권리는 환지처분의 공고일이 끝나는 때에 소멸한다.

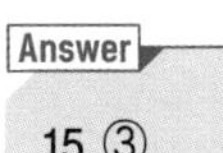
Answer
15 ③

16 도시개발법령상 환지방식에 의한 사업시행에 관한 설명으로 틀린 것은? 제29회

① 시행자는 환지방식이 적용되는 도시개발구역에 있는 조성토지 등의 가격을 평가할 때에는 토지평가협의회의 심의를 거쳐 결정하되, 그에 앞서 감정평가법인등이 평가하게 하여야 한다.
② 행정청이 아닌 시행자가 환지계획을 작성한 경우에는 특별자치도지사・시장・군수 또는 구청장의 인가를 받아야 한다.
③ 행정청인 시행자가 환지계획을 정하려고 하는 경우에 해당 토지의 임차권자는 공람기간에 시행자에게 의견서를 제출할 수 있다.
④ 환지계획에서 정하여진 환지는 그 환지처분이 공고된 날의 다음 날부터 종전의 토지로 본다.
⑤ 환지설계 시 적용되는 토지・건축물의 평가액은 최초 환지계획인가 신청 시를 기준으로 하여 정하되, 환지계획의 변경인가를 받아 변경할 수 있다.

키워드 환지설계 시 평가액 산정시점

해설 환지설계 시 적용되는 토지・건축물의 평가액은 최초 환지계획인가 시를 기준으로 하여 정하고 변경할 수 없으며, 환지 후 토지・건축물의 평가액은 실시계획의 변경으로 평가 요인이 변경된 경우에만 환지계획의 변경인가를 받아 변경할 수 있다.

17 도시개발법령상 환지계획 및 청산금에 관한 설명으로 옳은 것은? 제21회

① 시행자는 면적이 작은 토지라도 환지대상에서 제외할 수는 없다.
② 시행자는 사업 대상 토지의 소유자가 신청하거나 동의하면 해당 토지에 관한 임차권자의 동의가 없어도 그 토지의 전부 또는 일부에 대하여 환지를 정하지 않을 수 있다.
③ 환지계획에서 정하여진 환지는 그 환지처분이 공고된 날부터 종전의 토지로 본다.
④ 환지를 정한 경우 그 과부족분에 대한 청산금은 환지처분을 하는 때에 결정하여야 하고, 환지처분이 공고된 날의 다음 날에 확정된다.
⑤ 청산금은 이자를 붙여 분할징수하거나 분할교부할 수 없다.

키워드 환지계획 및 청산금

해설 ① 시행자는 토지면적의 규모를 조정할 특별한 필요가 있으면 면적이 작은 토지는 과소(過小)토지가 되지 아니하도록 면적을 늘려 환지를 정하거나 환지대상에서 제외할 수 있고, 면적이 넓은 토지는 그 면적을 줄여서 환지를 정할 수 있다.
② 토지소유자가 신청하거나 동의하면 해당 토지의 전부 또는 일부에 대하여 환지를 정하지 아니할 수 있다. 다만, 해당 토지에 관하여 임차권자 등이 있는 경우에는 그 동의를 받아야 한다.
③ 환지계획에서 정하여진 환지는 그 환지처분이 공고된 날의 다음 날부터 종전의 토지로 본다.
⑤ 청산금은 이자를 붙여 분할징수하거나 분할교부할 수 있다.

Answer
16 ⑤　17 ④

18 **도시개발법령상 다음 조건에서 환지계획구역의 평균 토지부담률은?** 제22회

- 환지계획구역 면적: 120만m^2
- 보류지 면적: 60만m^2
- 체비지 면적: 30만m^2
- 시행자에게 무상귀속되는 공공시설 면적: 20만m^2
- 청산 대상 토지면적: 10만m^2

① 10% ② 25% ③ 40%
④ 50% ⑤ 60%

키워드 평균 토지부담률 계산문제

해설 평균토지부담률 = (보류지 면적 − 무상귀속되는 공공시설 면적) ÷ (환지계획구역 면적 − 무상귀속되는 공공시설 면적) × 100%이다. 따라서 (60만m^2 − 20만m^2) ÷ (120만m^2 − 20만m^2) × 100% = 40%가 된다.

19 **도시개발법령상 조합인 시행자가 면적식으로 환지계획을 수립하여 환지방식에 의한 사업시행을 하는 경우, 환지계획구역의 평균 토지부담률(%)은 얼마인가?** (단, 다른 조건은 고려하지 않음) 제27회

- 환지계획구역 면적: 200,000m^2
- 공공시설의 설치로 시행자에게 무상귀속되는 토지면적: 20,000m^2
- 시행자가 소유하는 토지면적: 10,000m^2
- 보류지 면적: 106,500m^2

① 40 ② 45 ③ 50
④ 55 ⑤ 60

키워드 평균 토지부담률 계산문제

해설 조합인 시행자의 평균 토지부담률 = [보류지 면적 − (무상귀속되는 면적 + 시행자가 소유한 토지면적)] ÷ [환지계획구역 면적 − (무상귀속되는 면적 + 시행자가 소유한 토지면적)] × 100이다. 따라서 [106,500m^2 − (20,000m^2 + 10,000m^2)] ÷ [200,000m^2 − (20,000m^2 +10,000m^2)] × 100 = 45%가 된다.

Answer
18 ③ 19 ②

20 **도시개발법령상 환지설계를 평가식으로 하는 경우 다음 조건에서 비례율은?** (단, 제시된 조건 이외의 사항은 고려하지 않음) 제24회

> • 도시개발사업으로 조성되는 토지・건축물의 평가액 합계: 80억원
> • 환지 전 토지・건축물의 평가액 합계: 40억원
> • 총 사업비: 20억원

① 100%　② 125%　③ 150%
④ 200%　⑤ 250%

키워드 비례율 계산문제

해설 환지설계를 평가식으로 하는 경우의 비례율 = [도시개발사업으로 조성되는 토지・건축물의 평가액 합계(공공시설 또는 무상으로 공급되는 토지・건축물의 평가액 합계는 제외) − 총 사업비] ÷ 환지 전 토지・건축물의 평가액 합계(제27조 제5항에 해당하는 토지 및 같은 조 제7항에 해당하는 건축물의 평가액 합계는 제외)] × 100이다. 따라서 [(80억 − 20억) ÷ 40억] × 100 = 150%이다.

21 **도시개발법령상 환지설계를 평가식으로 하는 경우, 다음 조건에서 환지계획에 포함되어야 하는 비례율은?** (단, 제시된 조건 이외의 다른 조건은 고려하지 않음) 제34회

> • 총 사업비: 250억원
> • 환지 전 토지・건축물의 평가액 합계: 500억원
> • 도시개발사업으로 조성되는 토지・건축물의 평가액 합계: 1,000억원

① 100%　② 125%　③ 150%
④ 200%　⑤ 250%

키워드 비례율 계산문제

해설 환지설계를 평가식으로 하는 경우의 비례율 = [도시개발사업으로 조성되는 토지・건축물의 평가액 합계(공공시설 또는 무상으로 공급되는 토지・건축물의 평가액 합계는 제외) − 총 사업비] ÷ 환지 전 토지・건축물의 평가액 합계] × 100이다. 따라서 [(1,000억 −250억) ÷ 500억] × 100 = 150%이다.

Answer
20 ③　21 ③

22 **도시개발법령상 환지방식에 의한 사업시행에 관한 설명으로 틀린 것은?** 제31회

① 지정권자는 도시개발사업을 환지방식으로 시행하려고 개발계획을 수립할 때에 시행자가 지방자치단체이면 토지소유자의 동의를 받을 필요가 없다.
② 시행자는 체비지의 용도로 환지예정지가 지정된 경우에는 도시개발사업에 드는 비용을 충당하기 위하여 이를 처분할 수 있다.
③ 도시개발구역의 토지에 대한 지역권은 도시개발사업의 시행으로 행사할 이익이 없어지면 환지처분이 공고된 날이 끝나는 때에 소멸한다.
④ 지방자치단체가 도시개발사업의 전부를 환지방식으로 시행하려고 할 때에는 도시개발사업의 시행규정을 작성하여야 한다.
⑤ 행정청이 아닌 시행자가 인가받은 환지계획의 내용 중 종전 토지의 합필 또는 분필로 환지 명세가 변경되는 경우에는 변경인가를 받아야 한다.

키워드 환지계획의 경미한 변경
해설 행정청이 아닌 시행자가 인가받은 환지계획의 내용 중 종전 토지의 합필 또는 분필로 환지 명세가 변경되는 경우에는 변경인가를 받지 않아도 된다.

23 **도시개발법령상 환지방식에 의한 사업시행에 관한 설명으로 틀린 것은?** 제24회

① 시행자는 규약으로 정하는 목적을 위하여 일정한 토지를 환지로 정하지 아니하고 보류지로 정할 수 있다.
② 시행자는 도시개발사업의 시행을 위하여 필요하면 도시개발구역의 토지에 대하여 환지예정지를 지정할 수 있다.
③ 시행자는 체비지의 용도로 환지예정지가 지정된 경우에는 도시개발사업에 드는 비용을 충당하기 위하여 이를 처분할 수 있다.
④ 군수는 「주택법」에 따른 공동주택의 건설을 촉진하기 위하여 필요하다고 인정하면 체비지 중 일부를 같은 지역에 집단으로 정하게 할 수 있다.
⑤ 체비지는 환지계획에서 정한 자가 환지처분이 공고된 날에 해당 소유권을 취득한다.

키워드 체비지에 대한 소유권 취득 및 시기
해설 체비지는 시행자가 환지처분이 공고된 날의 다음 날에 해당 소유권을 취득한다.

Answer
22 ⑤ 23 ⑤

24 도시개발법령상 환지 방식에 의한 사업 시행에 관한 설명으로 틀린 것은? 제35회

① 행정청이 아닌 시행자가 환지 계획을 작성하여 인가를 신청하려는 경우 토지 소유자와 임차권자등에게 환지 계획의 기준 및 내용 등을 알려야 한다.

② 「집합건물의 소유 및 관리에 관한 법률」에 따른 대지사용권에 해당하는 토지지분은 분할환지할 수 없다.

③ 환지 예정지가 지정되면 종전의 토지의 소유자는 환지 예정지 지정의 효력발생일부터 환지처분이 공고되는 날까지 종전의 토지를 사용할 수 없다.

④ 도시개발사업으로 임차권의 목적인 토지의 이용이 방해를 받아 종전의 임대료가 불합리하게 된 경우라도, 환지처분이 공고된 날의 다음 날부터는 임대료 감액을 청구할 수 없다.

⑤ 도시개발사업의 시행으로 행사할 이익이 없어진 지역권은 환지처분이 공고된 날이 끝나는 때에 소멸한다.

키워드 환지 방식에 의한 사업 시행

해설 도시개발사업으로 임차권의 목적인 토지의 이용이 방해를 받아 종전의 임대료가 불합리하게 된 경우에는 환지처분이 공고된 날의 다음 날부터 임대료 감액을 청구할 수 있다.

25 도시개발법령상 환지처분에 관한 설명으로 틀린 것은? 제33회

① 도시개발구역의 토지소유자나 이해관계인은 환지방식에 의한 도시개발사업 공사 관계 서류의 공람기간에 시행자에게 의견서를 제출할 수 있다.

② 환지를 정하거나 그 대상에서 제외한 경우, 그 과부족분(過不足分)은 금전으로 청산하여야 한다.

③ 시행자는 지정권자에 의한 준공검사를 받은 경우에는 90일 이내에 환지처분을 하여야 한다.

④ 시행자가 환지처분을 하려는 경우에는 환지계획에서 정한 사항을 토지소유자에게 알리고, 관보 또는 공보에 의해 이를 공고하여야 한다.

⑤ 환지계획에서 정하여진 환지는 그 환지처분이 공고된 날의 다음 날부터 종전의 토지로 본다.

키워드 환지처분 시기

해설 시행자는 지정권자에 의한 준공검사를 받은 경우에는 60일 이내에 환지처분을 하여야 한다.

Answer

24 ④ 25 ③

26 **도시개발법령상 환지처분의 효과에 관한 설명으로 틀린 것은?** 제26회

① 환지계획에서 정하여진 환지는 그 환지처분이 공고된 날의 다음 날부터 종전의 토지로 본다.

② 환지처분은 행정상 처분으로서 종전의 토지에 전속(專屬)하는 것에 관하여 영향을 미친다.

③ 도시개발구역의 토지에 대한 지역권은 도시개발사업의 시행으로 행사할 이익이 없어진 경우 환지처분이 공고된 날이 끝나는 때에 소멸한다.

④ 보류지는 환지계획에서 정한 자가 환지처분이 공고된 날의 다음 날에 해당 소유권을 취득한다.

⑤ 청산금은 환지처분이 공고된 날의 다음 날에 확정한다.

키워드 환지처분의 효과

해설 환지처분은 행정상 처분이나 재판상 처분으로서 종전의 토지에 전속하는 것에 관하여는 영향을 미치지 아니한다.

27 **도시개발법령상 준공검사 등에 관한 설명으로 틀린 것은?** 제27회

① 도시개발사업의 준공검사 전에는 체비지를 사용할 수 없다.

② 지정권자는 효율적인 준공검사를 위하여 필요하면 관계 행정기관 등에 의뢰하여 준공검사를 할 수 있다.

③ 지정권자가 아닌 시행자는 도시개발사업에 관한 공사가 전부 끝나기 전이라도 공사가 끝난 부분에 관하여 준공검사를 받을 수 있다.

④ 지정권자가 아닌 시행자가 도시개발사업의 공사를 끝낸 때에는 공사완료보고서를 작성하여 지정권자의 준공검사를 받아야 한다.

⑤ 지정권자가 시행자인 경우 그 시행자는 도시개발사업의 공사를 완료한 때에는 공사완료 공고를 하여야 한다.

키워드 준공검사의 특례

해설 체비지는 도시개발사업의 준공검사 전에도 사용할 수 있다.

Answer

26 ② 27 ①

28 **도시개발법령상 환지방식으로 도시개발사업을 시행하는 경우, 환지처분에 관한 설명으로 틀린 것은?** 제28회

① 시행자는 도시개발사업에 관한 공사를 끝낸 경우에는 지체 없이 관보 또는 공보에 이를 공고하여야 한다.

② 지정권자가 시행자인 경우 법 제51조에 따른 공사완료 공고가 있는 때에는 60일 이내에 환지처분을 하여야 한다.

③ 환지계획에 따라 입체환지처분을 받은 자는 환지처분이 공고된 날의 다음 날에 환지계획으로 정하는 바에 따라 건축물의 일부와 해당 건축물이 있는 토지의 공유지분을 취득한다.

④ 체비지로 정해지지 않은 보류지는 환지계획에서 정한 자가 환지처분이 공고된 날의 다음 날에 해당 소유권을 취득한다.

⑤ 도시개발사업의 시행으로 행사할 이익이 없어진 지역권은 환지처분이 공고된 날의 다음 날이 끝나는 때에 소멸한다.

키워드 지역권의 소멸시기

해설 도시개발사업의 시행으로 행사할 이익이 없어진 지역권은 환지처분이 공고된 날이 끝나는 때에 소멸한다.

29 **도시개발법령상 환지방식에 의한 도시개발사업의 시행에 관한 설명으로 옳은 것은?** 제30회

① 시행자는 준공검사를 받은 후 60일 이내에 지정권자에게 환지처분을 신청하여야 한다.

② 도시개발구역이 2 이상의 환지계획구역으로 구분되는 경우에도 사업비와 보류지는 도시개발구역 전체를 대상으로 책정하여야 하며, 환지계획구역별로는 책정할 수 없다.

③ 도시개발구역에 있는 조성토지등의 가격은 개별공시지가로 한다.

④ 환지예정지가 지정되어도 종전 토지의 임차권자는 환지처분 공고일까지 종전 토지를 사용·수익할 수 있다.

⑤ 환지계획에는 필지별로 된 환지 명세와 필지별과 권리별로 된 청산 대상 토지 명세가 포함되어야 한다.

키워드 환지계획의 내용

해설 ① 시행자는 준공검사를 받은 후 60일 이내에 환지처분을 하여야 한다.
② 도시개발구역이 2 이상의 환지계획구역으로 구분되는 경우에는 환지계획구역별로 사업비 및 보류지를 책정하여야 한다.
③ 시행자는 환지방식이 적용되는 도시개발구역에 있는 조성토지등의 가격을 평가할 때에는 토지평가협의회의 심의를 거쳐 결정하되, 그에 앞서 감정평가법인등이 평가하게 하여야 한다.
④ 환지예정지가 지정되면 종전 토지의 임차권자는 환지처분 공고일까지 종전 토지를 사용·수익할 수 없다.

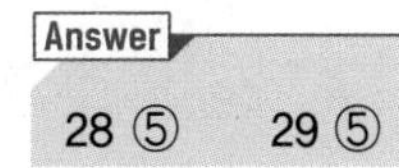
Answer
28 ⑤ 29 ⑤

30 **도시개발법령상 청산금 제도에 관한 설명으로 틀린 것은?** 제23회

① 환지를 정하거나 그 대상에서 제외한 경우 그 과부족분은 금전으로 청산하여야 한다.
② 과소토지여서 환지대상에서 제외한 토지에 대하여는 청산금을 교부하는 때에 청산금을 결정할 수 있다.
③ 토지면적의 규모를 조정할 특별한 필요가 있어 환지를 정하지 아니하는 토지에 대하여는 환지처분 전이라도 청산금을 교부할 수 있다.
④ 청산금은 이자를 붙이더라도 분할교부할 수 없다.
⑤ 청산금을 받을 권리나 징수할 권리를 5년간 행사하지 아니하면 시효로 소멸한다.

키워드 청산금 징수 및 교부방법
해설 청산금은 이자를 붙여 분할교부할 수 있다.

31 **도시개발법령상 환지방식에 의한 사업 시행에서의 청산금에 관한 설명으로 틀린 것은?** 제34회

① 시행자는 토지소유자의 동의에 따라 환지를 정하지 아니하는 토지에 대하여는 환지처분 전이라도 청산금을 교부할 수 있다.
② 토지소유자의 신청에 따라 환지대상에서 제외한 토지에 대하여는 청산금을 교부하는 때에 청산금을 결정할 수 없다.
③ 청산금을 받을 권리나 징수할 권리를 5년간 행사하지 아니하면 시효로 소멸한다.
④ 청산금은 대통령령으로 정하는 바에 따라 이자를 붙여 분할징수하거나 분할교부할 수 있다.
⑤ 행정청이 아닌 시행자가 군수에게 청산금의 징수를 위탁한 경우, 그 시행자는 군수가 징수한 금액의 100분의 4에 해당하는 금액을 해당 군에 지급하여야 한다.

키워드 청산금
해설 토지소유자의 신청에 따라 환지대상에서 제외한 토지에 대하여는 청산금을 교부하는 때에 청산금을 결정할 수 있다.

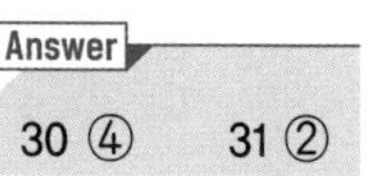
Answer
30 ④ 31 ②

Chapter 05

비용부담 등

대표기출 상중하 2018년 제29회 A형 58번 문제

도시개발법령상 도시개발채권에 관한 설명으로 옳은 것은?

① 도시개발채권의 매입의무자가 아닌 자가 착오로 도시개발채권을 매입한 경우에는 도시개발채권을 중도에 상환할 수 있다.

② 시·도지사는 도시개발채권을 발행하려는 경우 채권의 발행총액에 대하여 국토교통부장관의 승인을 받아야 한다.

③ 도시개발채권의 상환은 3년부터 10년까지의 범위에서 지방자치단체의 조례로 정한다.

④ 도시개발채권의 소멸시효는 상환일부터 기산하여 원금은 3년, 이자는 2년으로 한다.

⑤ 도시개발채권 매입필증을 제출받는 자는 매입필증을 3년간 보관하여야 한다.

키워드 도시개발채권의 중도상환

도시개발채권의 발행권자, 승인권자, 상환기간, 소멸시효, 중도상환사유 및 매입필증 보관기간을 정확하게 숙지하여야 합니다. 28회, 29회, 32회

핵심포인트 도시개발채권을 중도상환할 수 있는 경우

1. 도시개발채권의 매입사유가 된 허가 또는 인가가 매입자의 귀책사유 없이 취소된 경우
2. 수용 또는 사용방식으로 시행하는 도시개발사업의 경우 국가나 지방자치단체, 공공기관, 정부출연기관, 지방공사와 공사의 도급계약을 체결하는 자의 귀책사유 없이 해당 도급계약이 취소된 경우
3. 도시개발채권의 매입의무자가 아닌 자가 착오로 도시개발채권을 매입한 경우
4. 도시개발채권의 매입의무자가 매입하여야 할 금액을 초과하여 도시개발채권을 매입한 경우

Ⓐ 정답 ①

01 도시개발법령상 도시개발채권에 관한 설명으로 틀린 것은? 제28회

① 도시개발채권의 상환은 2년부터 10년까지의 범위에서 지방자치단체의 조례로 정한다.
② 도시개발채권의 소멸시효는 상환일부터 기산하여 원금은 5년, 이자는 2년으로 한다.
③ 수용 또는 사용방식으로 시행하는 도시개발사업의 경우 한국토지주택공사와 공사도급 계약을 체결하는 자는 도시개발채권을 매입하여야 한다.
④ 도시개발채권은 무기명으로 발행할 수 있다.
⑤ 도시개발채권의 매입의무자가 매입하여야 할 금액을 초과하여 도시개발채권을 매입한 경우 중도상환을 신청할 수 있다.

키워드 도시개발채권의 상환기간
해설 도시개발채권의 상환은 5년부터 10년까지의 범위에서 지방자치단체의 조례로 정한다.

02 도시개발법령상 토지상환채권 및 도시개발채권에 관한 설명으로 옳은 것은? 제24회 수정

① 도시개발조합은 도시・군계획시설사업에 필요한 자금을 조달하기 위하여 도시개발채권을 발행할 수 있다.
② 토지상환채권은 질권의 목적으로 할 수 없다.
③ 도시개발채권은 무기명으로 발행할 수 없다.
④ 시・도지사가 도시개발채권을 발행하는 경우 상환방법 및 절차에 대하여 행정안전부장관의 승인을 받아야 한다.
⑤ 도시개발채권의 소멸시효는 상환일부터 기산하여 원금은 3년, 이자는 2년으로 한다.

키워드 도시개발채권의 발행권자 및 승인권자
해설 ① 도시개발조합은 도시・군계획시설사업에 필요한 자금을 조달하기 위하여 도시개발채권을 발행할 수 없다.
② 토지상환채권은 질권의 목적으로 할 수 있다.
③ 도시개발채권은 「주식・사채 등의 전자등록에 관한 법률」에 따라 전자등록하여 발행하거나 무기명으로 발행할 수 있으며, 발행방법에 필요한 세부적인 사항은 시・도의 조례로 정한다.
⑤ 도시개발채권의 소멸시효는 상환일부터 기산하여 원금은 5년, 이자는 2년으로 한다.

Answer
01 ① 02 ④

03 도시개발법령상 도시개발채권에 관한 설명으로 옳은 것은? 제32회

① 「국토의 계획 및 이용에 관한 법률」에 따른 공작물의 설치허가를 받은 자는 도시개발채권을 매입하여야 한다.

② 도시개발채권의 이율은 기획재정부장관이 국채 · 공채 등의 금리와 특별회계의 상황 등을 고려하여 정한다.

③ 도시개발채권을 발행하려는 시 · 도지사는 기획재정부장관의 승인을 받은 후 채권의 발행총액 등을 공고하여야 한다.

④ 도시개발채권의 상환기간은 5년보다 짧게 정할 수는 없다.

⑤ 도시개발사업을 공공기관이 시행하는 경우 해당 공공기관의 장은 시 · 도지사의 승인을 받아 도시개발채권을 발행할 수 있다.

키워드 도시개발채권의 상환기간

해설 ① 「국토의 계획 및 이용에 관한 법률」에 따른 토지의 형질변경허가를 받은 자는 도시개발채권을 매입하여야 한다.
② 도시개발채권의 이율은 채권발행 당시의 국채 · 공채 등의 금리와 특별회계의 상황 등을 고려하여 시 · 도조례로 정한다.
③ 도시개발채권을 발행하려는 시 · 도지사는 행정안전부장관의 승인을 받아야 한다.
⑤ 도시개발채권은 공공기관의 장은 발행할 수 없고, 시 · 도지사가 발행할 수 있다.

04 도시개발법령상 도시개발사업의 비용부담에 관한 설명으로 틀린 것은? 제27회

① 도시개발사업에 필요한 비용은 「도시개발법」이나 다른 법률에 특별한 규정이 있는 경우를 제외하고는 시행자가 부담한다.

② 지방자치단체의 장이 발행하는 도시개발채권의 소멸시효는 상환일로부터 기산하여 원금은 5년, 이자는 2년으로 한다.

③ 시행자가 지방자치단체인 경우에는 공원 · 녹지의 조성비 전부를 국고에서 보조하거나 융자할 수 있다.

④ 시행자는 공동구를 설치하는 경우에는 다른 법률에 따라 그 공동구에 수용될 시설을 설치할 의무가 있는 자에게 공동구의 설치에 드는 비용을 부담시킬 수 있다.

⑤ 도시개발사업에 관한 비용부담에 대해 대도시 시장과 시 · 도지사 간의 협의가 성립되지 아니하는 경우에는 기획재정부장관의 결정에 따른다.

키워드 도시개발사업의 비용부담

해설 도시개발사업에 드는 비용부담에 대하여 협의가 성립되지 않으면 행정안전부장관의 결정에 따른다.

Answer
03 ④ 04 ⑤

05 **도시개발법령상 도시개발사업의 비용부담 등에 관한 설명으로 옳은 것을 모두 고른 것은?** 제31회

> ㉠ 지정권자가 시행자가 아닌 경우 도시개발구역의 통신시설의 설치는 특별한 사유가 없으면 준공검사 신청일까지 끝내야 한다.
> ㉡ 전부 환지방식으로 사업을 시행하는 경우 전기시설의 지중선로설치를 요청한 사업시행자와 전기공급자는 각각 2분의 1의 비율로 그 설치비용을 부담한다.
> ㉢ 지정권자인 시행자는 그가 시행한 사업으로 이익을 얻는 시·도에 비용의 전부 또는 일부를 부담시킬 수 있다.

① ㉠
② ㉡
③ ㉠, ㉢
④ ㉡, ㉢
⑤ ㉠, ㉡, ㉢

키워드 도시개발구역의 시설설치 및 비용부담

해설 ㉡ 전부 환지방식으로 사업을 시행하는 경우 전기시설의 지중선로설치를 요청하는 경우 전기시설을 공급하는 자가 3분의 2, 지중에 설치할 것을 요청하는 자가 3분의 1의 비율로 부담한다.
㉢ 지정권자가 시행자인 경우 그 시행자는 그가 시행한 도시개발사업으로 이익을 얻는 시·도가 있으면 그 도시개발사업에 소요된 비용의 2분의 1을 넘지 않는 범위 안에서 그 이익을 얻는 시·도에 부담시킬 수 있다.

Answer
05 ①

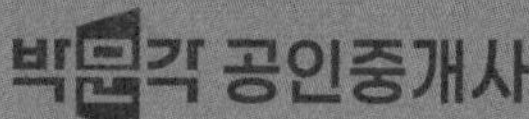

도시 및 주거환경정비법

Chapter 01

총 칙

제1절 용어의 정의

대표기출 상중하 2018년 제29회 A형 62번 문제

도시 및 주거환경정비법령상 주민이 공동으로 사용하는 시설로서 공동이용시설에 해당하지 않는 것은? (단, 조례는 고려하지 않으며, 각 시설은 단독주택, 공동주택 및 제1종 근린생활시설에 해당하지 않음)

① 유치원
② 경로당
③ 탁아소
④ 놀이터
⑤ 어린이집

키워드 공동이용시설의 종류

출제비중이 높은 정비기반시설의 종류와 공동이용시설의 종류를 정확하게 구별할 수 있도록 암기하여야 합니다. 29회, 32회, 34회, 35회

핵심포인트 공동이용시설

공동이용시설이란 주민이 공동으로 사용하는 놀이터 · 마을회관 · 공동작업장, 탁아소 · 어린이집 · 경로당 등 노유자시설을 말한다. 유치원은 노유자시설이 아닌 교육연구시설에 해당하기 때문에 공동이용시설에 해당하지 않는다.

Ⓐ 정답 ①

01 **도시 및 주거환경정비법령상 용어의 정의에 관한 설명으로 틀린 것은?** 제23회 수정

① 건축물이 훼손되거나 일부가 멸실되어 붕괴, 그 밖의 안전사고의 우려가 있는 건축물은 노후·불량건축물에 해당한다.

② 주거환경개선사업이라 함은 정비기반시설은 양호하나 노후·불량건축물에 해당하는 공동주택이 밀집한 지역에서 주거환경을 개선하기 위하여 시행하는 사업을 말한다.

③ 도로, 상하수도, 공원, 공용주차장은 정비기반시설에 해당한다.

④ 재개발사업의 정비구역에 위치한 토지의 지상권자는 토지등소유자에 해당한다.

⑤ 「건축법」에 따라 건축허가를 얻어 아파트 또는 연립주택을 건설한 일단의 토지는 주택단지에 해당한다.

키워드 정비사업의 종류

해설 주거환경개선사업이란 도시저소득 주민이 집단거주하는 지역으로서 정비기반시설이 극히 열악하고 노후·불량건축물이 과도하게 밀집한 지역의 주거환경을 개선하거나 단독주택 및 다세대주택이 밀집한 지역에서 정비기반시설과 공동이용시설 확충을 통하여 주거환경을 보전·정비·개량하기 위한 사업을 말한다. ②번 지문은 재건축사업에 해당한다.

02 **도시 및 주거환경정비법령상 정비기반시설에 해당하는 것은?** (단, 주거환경개선사업을 위하여 지정·고시된 정비구역이 아님) 제24회

① 광장 ② 놀이터 ③ 탁아소
④ 마을회관 ⑤ 공동으로 사용하는 구판장

키워드 정비기반시설의 종류

해설 공동이용시설이란 주민이 공동으로 사용하는 놀이터·마을회관·공동작업장, 그 밖에 대통령령으로 정하는 시설(공동으로 사용하는 구판장·세탁장·화장실 및 수도, 탁아소·어린이집·경로당 등 노유자시설)을 말하며, 광장은 정비기반시설에 해당한다.

03 **도시 및 주거환경정비법령상 정비기반시설에 해당하지 않는 것은?** (단, 주거환경개선사업을 위하여 지정·고시된 정비구역이 아님) 제34회

① 녹지 ② 공공공지 ③ 공용주차장
④ 소방용수시설 ⑤ 공동으로 사용하는 구판장

키워드 정비기반시설의 종류

해설 공동으로 사용하는 구판장은 공동이용시설에 해당한다.

Answer

01 ② 02 ① 03 ⑤

04 **도시 및 주거환경정비법령상 다음의 정의에 해당하는 정비사업은?** 제32회

> 도시저소득 주민이 집단거주하는 지역으로서 정비기반시설이 극히 열악하고 노후·불량건축물이 과도하게 밀집한 지역의 주거환경을 개선하거나 단독주택 및 다세대주택이 밀집한 지역에서 정비기반시설과 공동이용시설 확충을 통하여 주거환경을 보전·정비·개량하기 위한 사업

① 주거환경개선사업
② 재건축사업
③ 공공재건축사업
④ 재개발사업
⑤ 공공재개발사업

키워드 정비사업의 종류

해설 도시저소득 주민이 집단거주하는 지역으로서 정비기반시설이 극히 열악하고 노후·불량건축물이 과도하게 밀집한 지역의 주거환경을 개선하거나 단독주택 및 다세대주택이 밀집한 지역에서 정비기반시설과 공동이용시설 확충을 통하여 주거환경을 보전·정비·개량하기 위한 사업은 주거환경개선사업에 해당한다.

05 **도시 및 주거환경정비법령상 "토지등소유자"에 해당하지 않는 자는?** 제35회

① 주거환경개선사업 정비구역에 위치한 건축물의 소유자
② 재개발사업 정비구역에 위치한 토지의 지상권자
③ 재개발사업 정비구역에 위치한 건축물의 소유자
④ 재건축사업 정비구역에 위치한 건축물 및 그 부속토지의 소유자
⑤ 재건축사업 정비구역에 위치한 건축물 부속토지의 지상권자

키워드 토지등소유자

해설 재건축사업 정비구역에 위치한 건축물 부속토지의 지상권자는 토지등소유자가 될 수 없다.

Answer
04 ① 05 ⑤

Chapter
02 기본계획의 수립 및 정비구역의 지정

대표기출 상중하 2018년 제29회 A형 59번 문제

도시 및 주거환경정비법령상 도시·주거환경정비기본계획(이하 '기본계획'이라 함)**의 수립에 관한 설명으로 틀린 것은?**

① 도지사가 대도시가 아닌 시로서 기본계획을 수립할 필요가 없다고 인정하는 시에 대하여는 기본계획을 수립하지 아니할 수 있다.

② 국토교통부장관은 기본계획에 대하여 5년마다 타당성을 검토하여 그 결과를 기본계획에 반영하여야 한다.

③ 기본계획의 수립권자는 기본계획을 수립하려는 경우 14일 이상 주민에게 공람하여 의견을 들어야 한다.

④ 기본계획에는 사회복지시설 및 주민문화시설 등의 설치계획이 포함되어야 한다.

⑤ 대도시의 시장이 아닌 시장은 기본계획의 내용 중 정비사업의 계획기간을 단축하는 경우 도지사의 변경승인을 받지 아니할 수 있다.

키워드 기본계획의 수립권자

도시·주거환경정비기본계획의 수립권자, 수립단위, 타당성 검토, 수립절차 및 경미한 변경에 관한 내용을 정확하게 숙지하여야 합니다. 26회, 27회, 29회, 30회

핵심포인트 기본방침

국토교통부장관은 도시 및 주거환경을 개선하기 위하여 10년마다 다음의 사항을 포함한 기본방침을 정하고, 5년마다 타당성을 검토하여 그 결과를 기본방침에 반영하여야 한다.

1. 도시 및 주거환경 정비를 위한 국가 정책 방향
2. 도시·주거환경정비기본계획의 수립 방향
3. 노후·불량 주거지 조사 및 개선계획의 수립
4. 도시 및 주거환경 개선에 필요한 재정지원계획
5. 그 밖에 도시 및 주거환경 개선을 위하여 필요한 사항으로서 대통령령으로 정하는 사항

Ⓐ 정답 ②

01 **도시 및 주거환경정비법령상 도시 · 주거환경정비기본계획의 수립 및 정비구역의 지정에 관한 설명으로 틀린 것은?** 제30회

① 기본계획의 수립권자는 기본계획을 수립하려는 경우에는 14일 이상 주민에게 공람하여 의견을 들어야 한다.

② 기본계획의 수립권자는 기본계획을 수립한 때에는 지체 없이 이를 해당 지방자치단체의 공보에 고시하고 일반인이 열람할 수 있도록 하여야 한다.

③ 정비구역의 지정권자는 정비구역의 진입로 설치를 위하여 필요한 경우에는 진입로 지역과 그 인접지역을 포함하여 정비구역을 지정할 수 있다.

④ 정비구역에서는 「주택법」에 따른 지역주택조합의 조합원을 모집해서는 아니 된다.

⑤ 정비구역에서 이동이 쉽지 아니한 물건을 14일 동안 쌓아두기 위해서는 시장 · 군수등의 허가를 받아야 한다.

키워드 정비구역에서 허가대상

해설 정비구역에서 이동이 쉽지 아니한 물건을 1개월 이상 쌓아두기 위해서는 시장 · 군수등의 허가를 받아야 한다. 따라서 이동이 쉽지 아니한 물건을 14일 동안 쌓아두는 행위는 허가를 받지 않아도 된다.

02 **도시 및 주거환경정비법령상 도시 · 주거환경정비기본계획**(이하 '기본계획')**의 수립에 관한 설명으로 틀린 것은?** 제26회 수정

① 도지사가 대도시가 아닌 시로서 기본계획을 수립할 필요가 없다고 인정하는 시에 대하여는 기본계획을 수립하지 아니할 수 있다.

② 기본계획을 수립하고자 하는 때에는 14일 이상 주민에게 공람하고 지방의회의 의견을 들어야 한다.

③ 대도시의 시장이 아닌 시장이 기본계획을 수립한 때에는 도지사의 승인을 받아야 한다.

④ 기본계획을 수립한 때에는 지체 없이 해당 지방자치단체의 공보에 고시하여야 한다.

⑤ 기본계획에 대하여는 3년마다 그 타당성을 검토하여 그 결과를 기본계획에 반영하여야 한다.

키워드 기본계획의 타당성 검토

해설 기본계획에 대하여는 5년마다 그 타당성을 검토하여 그 결과를 기본계획에 반영하여야 한다.

Answer

01 ⑤ 02 ⑤

03 도시 및 주거환경정비법령상 도시 · 주거환경정비기본계획(이하 '기본계획')의 수립에 관한 설명으로 틀린 것은? 제27회

① 기본계획의 작성방법은 국토교통부장관이 정한다.
② 대도시의 시장이 아닌 시장은 기본계획의 내용 중 단계별 정비사업추진계획을 변경하는 때에는 도지사의 승인을 받지 않아도 된다.
③ 기본계획에 생활권별 기반시설 설치계획이 포함된 경우에는 기본계획에 포함되어야 할 사항 중 주거지 관리계획이 생략될 수 있다.
④ 대도시의 시장은 지방도시계획위원회의 심의를 거치기 전에 관계 행정기관의 장과 협의하여야 한다.
⑤ 도지사가 기본계획을 수립할 필요가 없다고 인정하는 대도시가 아닌 시는 기본계획을 수립하지 아니할 수 있다.

키워드 기본계획의 생략사유

해설 기본계획에 생활권별 기반시설 설치계획이 포함된 경우에는 기본계획에 포함되어야 할 사항 중 정비예정구역의 개략적 범위와 단계별 정비사업 추진계획(정비예정구역별 정비계획의 수립시기를 포함)을 생략할 수 있지만 주거지 관리계획은 생략될 수 없다.

04 도시 및 주거환경정비법령상 도시 · 주거환경정비기본계획을 변경할 때 지방의회의 의견청취를 생략할 수 있는 경우가 아닌 것은? 제30회

① 공동이용시설에 대한 설치계획을 변경하는 경우
② 정비사업의 계획기간을 단축하는 경우
③ 사회복지시설 및 주민문화시설 등에 대한 설치계획을 변경하는 경우
④ 구체적으로 명시된 정비예정구역 면적의 25%를 변경하는 경우
⑤ 정비사업의 시행을 위하여 필요한 재원조달에 관한 사항을 변경하는 경우

키워드 기본계획의 경미한 변경

해설 구체적으로 명시된 정비예정구역 면적의 25%를 변경하는 경우에는 지방의회의 의견청취를 생략할 수 없다.

Answer
03 ③ 04 ④

핵심포인트 **경미한 변경**

도시 · 주거환경정비기본계획을 변경할 때 주민 및 지방의회 의견청취를 생략할 수 있는 사유는 다음과 같다.

1. 정비기반시설(영 제3조 제9호에 해당하는 것은 제외한다.)의 규모를 확대하거나 그 면적의 10% 미만의 범위에서 축소하는 경우
2. 정비사업의 계획기간을 단축하는 경우(②)
3. 공동이용시설에 대한 설치계획을 변경하는 경우(①)
4. 사회복지시설 및 주민문화시설 등에 대한 설치계획을 변경하는 경우(③)
5. 정비구역으로 지정할 예정인 구역의 면적을 구체적으로 명시한 경우 해당 구역 면적의 20% 미만의 범위에서 변경하는 경우
6. 단계별 정비사업 추진계획을 변경하는 경우
7. 건폐율 및 용적률을 각 20% 미만의 범위에서 변경하는 경우
8. 정비사업의 시행을 위하여 필요한 재원조달에 관한 사항을 변경하는 경우(⑤)
9. 「국토의 계획 및 이용에 관한 법률」에 따른 도시 · 군기본계획의 변경에 따라 기본계획을 변경하는 경우

05 **도시 및 주거환경정비법령상 재건축진단에 관한 설명으로 옳은 것은?** 제22회 수정

① 재건축진단의 실시를 요청하려면 정비예정구역에 소재한 건축물 및 그 부속토지의 소유자 3분의 1 이상의 동의를 받아야 한다.

② 주택의 구조안전상 사용금지가 필요하다고 시장 · 군수 등이 인정할 때에는 재건축진단을 실시하여야 한다.

③ 「국토안전관리법」에 따른 국토안전관리원은 재건축진단을 할 수 있다.

④ 천재지변 등으로 주택이 붕괴되어 신속히 재건축을 추진할 필요가 있다고 시장 · 군수 등이 인정할 때에는 재건축진단을 실시하여야 한다.

⑤ 시장 · 군수 등은 재건축진단에 드는 비용을 해당 재건축진단을 요청하는 자에게 부담하게 할 수 없다.

키워드 재건축진단

해설 ① 재건축진단의 실시를 요청하려면 정비예정구역에 위치한 건축물 및 그 부속토지의 소유자 10분의 1 이상의 동의를 받아야 한다.
② 주택의 구조안전상 사용금지가 필요하다고 시장 · 군수 등이 인정할 때에는 재건축진단을 실시하지 아니할 수 있다.
④ 천재지변 등으로 주택이 붕괴되어 신속히 재건축을 추진할 필요가 있다고 시장 · 군수 등이 인정할 때에는 재건축진단을 실시하지 아니할 수 있다.
⑤ 시장 · 군수 등은 재건축진단에 드는 비용을 해당 재건축진단을 요청하는 자에게 부담하게 할 수 있다.

Answer
05 ③

06 도시 및 주거환경정비법령상 재건축진단에 관한 설명으로 틀린 것은? 제28회 수정

① 시장 · 군수 등은 정비예정구역별 정비계획의 수립시기가 도래한 때부터 사업시행계획 인가 전까지 재건축진단을 실시하여야 한다.

② 진입도로 등 기반시설 설치를 위하여 불가피하게 정비구역에 포함된 것으로 시장 · 군수 등이 인정하는 주택단지 내의 건축물은 재건축진단 대상에서 제외할 수 있다.

③ 시장 · 군수 등은 재건축진단의 결과와 도시계획 및 지역여건 등을 종합적으로 검토하여 사업시행계획 인가여부를 결정하여야 한다.

④ 시 · 도지사는 필요한 경우 국토안전관리원에 재건축진단결과의 적정성에 대한 검토를 의뢰할 수 있다.

⑤ 시장 · 군수 등(특별자치시장 및 특별자치도지사는 제외)은 재건축진단결과보고서를 제출받은 경우에는 지체 없이 국토교통부장관에게 재건축진단결과보고서를 제출하여야 한다.

키워드 재건축진단 결과 보고서 제출대상

해설 시장 · 군수 등(특별자치시장 및 특별자치도지사는 제외)은 재건축진단결과보고서를 제출받은 경우에는 지체 없이 특별시장 · 광역시장 · 도지사에게 결정내용과 재건축진단결과보고서를 제출하여야 한다.

07 도시 및 주거환경정비법령상 정비구역에서의 행위 중 시장 · 군수등의 허가를 받아야 하는 것을 모두 고른 것은? (단, 재해복구 또는 재난수습과 관련 없는 행위임) 제25회 수정

㉠ 가설건축물의 건축
㉡ 죽목의 벌채
㉢ 공유수면의 매립
㉣ 이동이 쉽지 아니한 물건을 1개월 이상 쌓아놓는 행위

① ㉠, ㉡
② ㉢, ㉣
③ ㉠, ㉡, ㉢
④ ㉡, ㉢, ㉣
⑤ ㉠, ㉡, ㉢, ㉣

키워드 정비구역에서 허가대상

해설 정비구역에서 ㉠ 가설건축물의 건축, ㉡ 죽목의 벌채, ㉢ 공유수면의 매립, ㉣ 이동이 쉽지 아니한 물건을 1개월 이상 쌓아놓는 행위는 시장 · 군수등에게 허가를 받아야 한다.

Answer
06 ⑤ 07 ⑤

Chapter 03

정비사업의 시행, 비용의 부담 등

제1절 정비사업의 시행

대표기출1 상중하 2018년 제29회 A형 64번 문제

도시 및 주거환경정비법령상 정비사업의 시행방법으로 옳은 것만을 모두 고른 것은?

㉠ 주거환경개선사업: 사업시행자가 환지로 공급하는 방법
㉡ 주거환경개선사업: 사업시행자가 정비구역에서 인가받은 관리처분계획에 따라 주택, 부대시설·복리시설 및 오피스텔을 건설하여 공급하는 방법
㉢ 재개발사업: 정비구역에서 인가받은 관리처분계획에 따라 건축물을 건설하여 공급하는 방법

① ㉠　② ㉡　③ ㉠, ㉢　④ ㉡, ㉢　⑤ ㉠, ㉡, ㉢

키워드 정비사업의 시행방법
정비사업의 시행방법을 전체적으로 숙지하고, 주거환경개선사업과 재건축사업의 시행방법을 집중적으로 정리하여야 합니다. 26회, 28회, 29회, 32회, 35회

핵심포인트 정비사업의 사업시행방법

1. 주거환경개선사업은 다음의 어느 하나에 해당하는 방법 또는 이를 혼용하는 방법으로 한다.
   (1) 사업시행자가 정비구역에서 정비기반시설 및 공동이용시설을 새로 설치하거나 확대하고 토지등소유자가 스스로 주택을 보전·정비하거나 개량하는 방법
   (2) 사업시행자가 정비구역의 전부 또는 일부를 수용하여 주택을 건설한 후 토지등소유자에게 우선 공급하거나 대지를 토지등소유자 또는 토지등소유자 외의 자에게 공급하는 방법
   (3) 사업시행자가 환지로 공급하는 방법
   (4) 사업시행자가 정비구역에서 인가받은 관리처분계획에 따라 주택 및 부대시설·복리시설을 건설하여 공급하는 방법
2. 재개발사업은 정비구역에서 인가받은 관리처분계획에 따라 건축물을 건설하여 공급하거나 환지로 공급하는 방법으로 한다.
3. 재건축사업은 정비구역에서 인가받은 관리처분계획에 따라 주택, 부대시설·복리시설 및 오피스텔을 건설하여 공급하는 방법으로 한다. 다만, 주택단지에 있지 아니하는 건축물의 경우에는 지형여건·주변의 환경으로 보아 사업시행상 불가피한 경우로서 정비구역으로 보는 사업에 한정한다.

Ⓐ 정답 ③

01 **도시 및 주거환경정비법령상 주거환경개선사업에 관한 설명으로 옳은 것만을 모두 고른 것은?**
제28회 수정

㉠ 정비구역의 전부 또는 일부를 수용하여 공급하는 방법으로 시행하는 경우 시장·군수등은 세입자의 세대수가 토지등소유자의 2분의 1인 경우에는 세입자의 동의 절차 없이 토지주택공사등을 사업시행자로 지정할 수 있다. ㉡ 사업시행자는 '정비구역에서 정비기반시설을 새로 설치하거나 확대하고 토지등소유자가 스스로 주택을 개량하는 방법' 및 '환지로 공급하는 방법'을 혼용할 수 있다. ㉢ 사업시행자는 사업의 시행으로 철거되는 주택의 소유자 또는 세입자에 대하여 해당 정비구역 안과 밖에 위치한 임대주택 등의 시설에 임시로 거주하게 하거나 주택자금의 융자를 알선하는 등 임시거주에 상응하는 조치를 하여야 한다.

① ㉠
② ㉠, ㉡
③ ㉠, ㉢
④ ㉡, ㉢
⑤ ㉠, ㉡, ㉢

키워드 주거환경개선사업
해설 ㉠, ㉡, ㉢ 옳은 내용이다.

02 **도시 및 주거환경정비법령상 군수가 직접 재개발사업을 시행할 수 있는 사유에 해당하지 않는 것은?**
제26회 수정

① 해당 정비구역의 토지면적 2분의 1 이상의 토지소유자와 토지등소유자의 3분의 2 이상에 해당하는 자가 군수의 직접 시행을 요청하는 때
② 해당 정비구역의 국공유지 면적이 전체 토지면적의 3분의 1 이상으로서 토지등소유자의 과반수가 군수의 직접 시행에 동의하는 때
③ 순환정비방식으로 정비사업을 시행할 필요가 있다고 인정하는 때
④ 천재지변으로 인하여 긴급하게 정비사업을 시행할 필요가 있다고 인정하는 때
⑤ 고시된 정비계획에서 정한 정비사업시행 예정일부터 2년 이내에 사업시행계획인가를 신청하지 아니한 때

키워드 재개발사업의 공공시행자
해설 해당 정비구역의 국공유지 면적 또는 국공유지와 토지주택공사등이 소유한 토지를 합한 면적이 전체 토지면적의 2분의 1 이상으로서 토지등소유자의 과반수가 시장·군수등 또는 토지주택공사등을 사업시행자로 동의하는 때에 군수가 직접 재개발사업을 시행할 수 있다.

Answer
01 ⑤　02 ②

03

03 도시 및 주거환경정비법령상 정비사업의 시행방법으로 허용되지 않는 것은? 제35회

① 주거환경개선사업: 환지로 공급하는 방법
② 주거환경개선사업: 인가받은 관리처분계획에 따라 주택 및 부대시설 · 복리시설을 건설하여 공급하는 방법
③ 재개발사업: 인가받은 관리처분계획에 따라 건축물을 건설하여 공급하는 방법
④ 재개발사업: 환지로 공급하는 방법
⑤ 재건축사업: 「국토의 계획 및 이용에 관한 법률」에 따른 일반주거지역인 정비구역에서 인가받은 관리처분계획에 따라 「건축법」에 따른 오피스텔을 건설하여 공급하는 방법

키워드 정비사업 시행방법

해설 재건축사업: 「국토의 계획 및 이용에 관한 법률」에 따른 준주거지역 및 상업지역인 정비구역에서 인가받은 관리처분계획에 따라 「건축법」에 따른 오피스텔을 건설하여 공급하는 방법으로 시행할 수 있다.

04 도시 및 주거환경정비법령상 정비사업의 시행에 관한 설명으로 옳은 것은? 제32회

① 세입자의 세대수가 토지등소유자의 3분의 1에 해당하는 경우 시장 · 군수등은 토지주택공사등을 주거환경개선사업 시행자로 지정하기 위해서는 세입자의 동의를 받아야 한다.
② 재개발사업은 토지등소유자가 30인인 경우에는 토지등소유자가 직접 시행할 수 있다.
③ 재건축사업 조합설립추진위원회가 구성승인을 받은 날부터 2년이 되었음에도 조합설립인가를 신청하지 아니한 경우 시장 · 군수등이 직접 시행할 수 있다.
④ 조합설립추진위원회는 토지등소유자의 수가 200인인 경우 5명 이상의 이사를 두어야 한다.
⑤ 주민대표회의는 토지등소유자의 과반수의 동의를 받아 구성하며, 위원장과 부위원장 각 1명과 1명 이상 3명 이하의 감사를 둔다.

키워드 정비사업의 시행

해설 ① 세입자의 세대수가 토지등소유자의 3분의 1에 해당하는 경우 시장 · 군수등은 세입자의 동의 없이 토지주택공사등을 주거환경개선사업 시행자로 지정할 수 있다.
② 재개발사업은 토지등소유자가 20인 미만인 경우에는 토지등소유자가 직접 시행할 수 있다.
③ 재건축사업 조합설립추진위원회가 구성승인을 받은 날부터 3년이 되었음에도 조합설립인가를 신청하지 아니한 경우 시장 · 군수등이 직접 시행할 수 있다.
④ 추진위원회가 아니라 조합은 토지등소유자의 수가 100명을 초과하는 경우 이사의 수를 5명 이상으로 한다.

Answer
03 ⑤ 04 ⑤

05 도시 및 주거환경정비법령상 재건축사업에 관한 설명으로 옳은 것은? 제25회 수정

① 재건축사업에 있어 '토지등소유자'는 정비구역에 위치한 토지 또는 건축물의 소유자와 지상권자를 말한다.
② 재건축사업은 토지등소유자가 시행하거나 토지등소유자가 토지등소유자의 과반수의 동의를 받아 시장·군수등, 토지주택공사등, 건설업자 또는 등록사업자와 공동으로 시행할 수 있다.
③ 재건축사업의 추진위원회가 조합을 설립하고자 하는 때에는 법령상 요구되는 토지등소유자의 동의를 얻어 정비구역 지정·고시 후 시장·군수등에게 신고하여야 한다.
④ 건축물의 매매로 인하여 조합원의 권리가 이전되어 조합원을 신규가입시키는 경우 총회의 의결없이 시장·군수등에게 신고하고 변경할 수 있다.
⑤ 재건축사업의 안전진단에 드는 비용은 시·도지사가 부담한다.

키워드 재건축사업

해설 ① 재건축사업에 있어 '토지등소유자'는 정비구역에 위치한 건축물 및 부속토지의 소유자를 말한다(지상권자×).
② 재건축사업은 토지등소유자가 사업을 시행할 수 없다.
③ 재건축사업의 추진위원회가 조합을 설립하고자 하는 때에는 법령상 요구되는 토지등소유자의 동의를 얻어 정비구역 지정·고시 후 시장·군수등에게 인가를 받아야 한다.
⑤ 재건축사업의 안전진단에 드는 비용은 정비계획의 입안권자가 부담한다.

03

06 도시 및 주거환경정비법령상 조합에 의한 재개발사업의 시행에 관한 설명으로 틀린 것은? 제25회 수정

① 사업을 시행하고자 하는 경우 시장·군수등에게 사업시행계획인가를 받아야 한다.
② 사업시행계획서에는 일부 건축물의 존치 또는 리모델링에 관한 내용이 포함될 수 있다.
③ 인가받은 사업시행계획 중 건축물이 아닌 부대·복리시설의 위치를 변경하고자 하는 경우에는 변경인가를 받아야 한다.
④ 사업시행으로 철거되는 주택의 소유자 또는 세입자를 위하여 사업시행자가 지방자치단체의 건축물을 임시거주시설로 사용하는 경우 사용료 또는 대부료는 면제된다.
⑤ 조합이 시·도지사 또는 토지주택공사등에게 재개발사업의 시행으로 건설된 임대주택의 인수를 요청하는 경우 토지주택공사등이 우선하여 인수하여야 한다.

키워드 임대주택의 우선인수자

해설 조합이 재개발사업의 시행으로 건설된 임대주택의 인수를 요청하는 경우 시·도지사 또는 시장·군수, 구청장이 우선하여 인수하여야 한다.

Answer
05 ④ 06 ⑤

제2절 조합설립추진위원회 및 조합의 설립

대표기출 2 상중하 2019년 제30회 A형 59번 문제

도시 및 주거환경정비법령상 정비사업의 시행에 관한 설명으로 옳은 것은?

① 조합의 정관에는 정비구역의 위치 및 면적이 포함되어야 한다.

② 조합설립인가 후 시장·군수등이 토지주택공사등을 사업시행자로 지정·고시한 때에는 그 고시일에 조합설립인가가 취소된 것으로 본다.

③ 조합은 명칭에 '정비사업조합'이라는 문자를 사용하지 않아도 된다.

④ 조합장이 자기를 위하여 조합과 소송을 할 때에는 이사가 조합을 대표한다.

⑤ 재건축사업을 하는 정비구역에서 오피스텔을 건설하여 공급하는 경우에는 「국토의 계획 및 이용에 관한 법률」에 따른 준주거지역 및 상업지역 이외의 지역에서 오피스텔을 건설할 수 있다.

키워드 정관에 포함되어야 할 사항

조합의 임원, 정관의 내용, 조합의 취소시기, 조합설립을 위한 동의요건을 정확하게 암기하여야 합니다.

25회, 26회, 29회, 30회, 31회, 32회, 33회, 34회, 35회

핵심포인트 조합 정관의 기재사항

1. 조합의 명칭 및 사무소의 소재지
2. 조합원의 자격
3. 조합원의 제명·탈퇴 및 교체
4. 정비구역의 위치 및 면적
5. 조합임원의 수 및 업무의 범위
6. 조합임원의 권리·의무·보수·선임방법·변경 및 해임
7. 대의원의 수, 선임방법, 선임절차 및 대의원회의 의결방법
8. 조합의 비용부담 및 조합의 회계
9. 정비사업의 시행연도 및 시행방법
10. 총회의 소집 절차·시기 및 의결방법
11. 총회의 개최 및 조합원의 총회소집 요구
12. 법 제73조 제3항(분양신청을 하지 아니한 자)에 따른 이자 지급
13. 정비사업비의 부담 시기 및 절차
14. 정비사업이 종결된 때의 청산절차
15. 청산금의 징수·지급의 방법 및 절차
16. 시공자·설계자의 선정 및 계약서에 포함될 내용
17. 정관의 변경절차

정답 ①

07 도시 및 주거환경정비법령상 조합설립추진위원회가 수행할 수 있는 업무가 아닌 것은? 제23회

① 조합정관의 초안 작성
② 조합의 설립을 위한 창립총회의 개최
③ 개략적인 정비사업시행 계획서의 작성
④ 토지등소유자의 동의서의 접수
⑤ 정비사업비의 조합원별 분담내역의 결정

키워드 조합설립추진위원회의 업무
해설 정비사업비의 조합원별 분담내역의 결정에 관한 업무는 총회의 의결을 거쳐야 하고, 추진위원회에서는 그 업무를 수행할 수 없다.

08 도시 및 주거환경정비법령상 조합설립인가를 받기 위한 동의에 관하여 ( )에 들어갈 내용을 바르게 나열한 것은? 제31회

- 재개발사업의 추진위원회가 조합을 설립하려면 토지등소유자의 (㉠) 이상 및 토지면적의 (㉡) 이상의 토지소유자의 동의를 받아야 한다.
- 재건축사업의 추진위원회가 조합을 설립하려는 경우 주택단지가 아닌 지역이 정비구역에 포함된 때에는 주택단지가 아닌 지역의 토지 또는 건축물 소유자의 (㉢) 이상 및 토지면적의 (㉣) 이상의 토지소유자의 동의를 받아야 한다.

① ㉠: 4분의 3, ㉡: 2분의 1, ㉢: 4분의 3, ㉣: 3분의 2
② ㉠: 4분의 3, ㉡: 3분의 1, ㉢: 4분의 3, ㉣: 2분의 1
③ ㉠: 4분의 3, ㉡: 2분의 1, ㉢: 3분의 2, ㉣: 2분의 1
④ ㉠: 2분의 1, ㉡: 3분의 1, ㉢: 2분의 1, ㉣: 3분의 2
⑤ ㉠: 2분의 1, ㉡: 3분의 1, ㉢: 4분의 3, ㉣: 2분의 1

키워드 조합설립을 위한 동의요건
해설
- 재개발사업의 추진위원회가 조합을 설립하려면 토지등소유자의 '4분의 3' 이상 및 토지면적의 '2분의 1' 이상의 토지소유자의 동의를 받아야 한다.
- 재건축사업의 추진위원회가 조합을 설립하려는 경우 주택단지가 아닌 지역이 정비구역에 포함된 때에는 주택단지가 아닌 지역의 토지 또는 건축물 소유자의 '4분의 3' 이상 및 토지면적의 '3분의 2' 이상의 토지소유자의 동의를 받아야 한다.

Answer
07 ⑤ 08 ①

09 도시 및 주거환경정비법령상 조합설립 등에 관하여 ( )에 들어갈 내용을 바르게 나열한 것은?

제29회

> • 재개발사업의 추진위원회가 조합을 설립하려면 토지등소유자의 (㉠) 이상 및 토지면적의 (㉡) 이상의 토지소유자의 동의를 받아 정비구역 지정・고시 후 시장・군수등의 인가를 받아야 한다.
> • 조합이 정관의 기재사항 중 조합원의 자격에 관한 사항을 변경하려는 경우에는 총회를 개최하여 조합원 (㉢) (이상)의 찬성으로 정비구역 지정・고시 후 시장・군수등의 인가를 받아야 한다.

① ㉠: 3분의 2, ㉡: 3분의 1, ㉢: 3분의 2
② ㉠: 3분의 2, ㉡: 2분의 1, ㉢: 과반수
③ ㉠: 4분의 3, ㉡: 3분의 1, ㉢: 과반수
④ ㉠: 4분의 3, ㉡: 2분의 1, ㉢: 3분의 2
⑤ ㉠: 4분의 3, ㉡: 3분의 2, ㉢: 과반수

키워드 조합설립을 위한 동의요건

해설 • 재개발사업의 추진위원회가 조합을 설립하려면 토지등소유자의 '4분의 3' 이상 및 토지면적의 '2분의 1' 이상의 토지소유자의 동의를 받아 시장・군수등의 인가를 받아야 한다.
• 조합이 정관의 기재사항 중 조합원의 자격에 관한 사항을 변경하려는 경우에는 총회를 개최하여 조합원 '3분의 2' (이상)의 찬성으로 시장・군수등의 인가를 받아야 한다.

10 도시 및 주거환경정비법령상 조합총회의 소집에 관한 규정 내용이다. ( )에 들어갈 숫자를 바르게 나열한 것은?

제30회

> • 정관의 기재사항 중 조합임원의 권리・의무・보수・선임방법・변경 및 해임에 관한 사항을 변경하기 위한 총회의 경우는 조합원 (㉠)분의 1 이상의 요구로 조합장이 소집한다.
> • 총회를 소집하려는 자는 총회가 개최되기 (㉡)일 전까지 회의 목적・안건・일시 및 장소를 정하여 조합원에게 통지하여야 한다.

① ㉠: 3, ㉡: 7
② ㉠: 5, ㉡: 7
③ ㉠: 5, ㉡: 10
④ ㉠: 10, ㉡: 7
⑤ ㉠: 10, ㉡: 10

키워드 총회의 소집요건

해설 조합총회의 소집에 관한 규정은 다음과 같다.

> • 정관의 기재사항 중 조합임원의 권리・의무・보수・선임방법・변경 및 해임에 관한 사항을 변경하기 위한 총회의 경우는 조합원 '10'분의 1 이상의 요구로 조합장이 소집한다.
> • 총회를 소집하려는 자는 총회가 개최되기 '7'일 전까지 회의 목적・안건・일시 및 장소를 정하여 조합원에게 통지하여야 한다.

Answer
09 ④ 10 ④

11 **도시 및 주거환경정비법령상 재개발사업조합에 관한 설명으로 틀린 것은?** 제23회

① 토지의 소유권이 여러 명의 공유에 속하는 때에는 그 여러 명을 대표하는 1명을 조합원으로 본다.
② 이사의 자기를 위한 조합과의 계약에 관하여는 감사가 조합을 대표한다.
③ 조합임원은 같은 목적의 정비사업을 하는 다른 조합의 임원 또는 직원을 겸할 수 없다.
④ 당연 퇴임된 조합임원이 퇴임 전에 관여한 행위는 그 효력을 잃지 않는다.
⑤ 조합의 이사는 해당 조합의 대의원이 될 수 있다.

키워드 대의원의 자격
해설 조합의 이사는 해당 조합의 대의원이 될 수 없다.

12 **도시 및 주거환경정비법령상 조합의 설립 등에 관한 설명으로 옳은 것은?** 제24회 수정

① 조합의 설립인가를 받기 위해서는 조합장의 인감증명서가 포함된 선임동의서를 시장·군수등에게 제출하여야 한다.
② 시장·군수등이 지정개발자를 사업시행자로 지정·고시한 때에는 그 고시일 다음 날에 추진위원회의 구성승인 또는 조합설립인가가 취소된 것으로 본다.
③ 조합의 임원이 선임 당시 결격사유가 있었음이 선임된 이후에 밝혀지면 당연 퇴임하고, 퇴임 전에 관여한 행위는 효력을 잃게 된다.
④ 조합설립추진위원회의 조합설립을 위한 토지등소유자의 동의는 구두로도 할 수 있다.
⑤ 관리처분계획의 수립 및 변경을 의결하는 총회의 경우에는 조합원의 100분의 10 이상이 직접 출석하여야 한다.

키워드 정비사업조합
해설 ① 조합의 설립인가를 받기 위해서 제출하는 서류에는 조합장의 인감증명서는 포함되지 않는다.
③ 조합의 임원이 선임 당시 결격사유가 있었음이 선임된 이후에 밝혀지면 당연 퇴임하고, 퇴임 전에 관여한 행위는 그 효력을 잃지 아니한다.
④ 조합설립추진위원회의 조합설립을 위한 토지등소유자의 동의는 서면동의서에 토지등소유자가 성명을 적고 지장을 날인하는 방법으로 하며, 주민등록증, 여권 등 신원을 확인할 수 있는 신분증명서의 사본을 첨부하여야 한다.
⑤ 관리처분계획의 수립 및 변경을 의결하는 총회의 경우에는 조합원의 100분의 20 이상이 직접 출석하여야 한다.

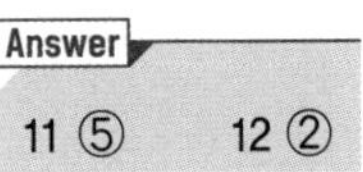
Answer
11 ⑤ 12 ②

13 도시 및 주거환경정비법령상 조합의 임원에 관한 설명으로 틀린 것은? 제33회

① 토지등소유자의 수가 100인을 초과하는 경우, 조합에 두는 이사의 수는 5명 이상으로 한다.
② 조합임원의 임기는 3년 이하의 범위에서 정관으로 정하되, 연임할 수 있다.
③ 조합장이 아닌 조합임원은 대의원이 될 수 있다.
④ 조합임원은 같은 목적의 정비사업을 하는 다른 조합의 임원 또는 직원을 겸할 수 없다.
⑤ 시장·군수등이 전문조합관리인을 선정한 경우, 전문조합관리인이 업무를 대행할 임원은 당연퇴임한다.

키워드 조합의 임원
해설 조합장이 아닌 조합임원은 대의원이 될 수 없다.

14 도시 및 주거환경정비법령상 조합의 임원에 관한 설명으로 틀린 것은? 제34회

① 조합임원의 임기만료 후 6개월 이상 조합임원이 선임되지 아니한 경우에는 시장·군수등이 조합임원 선출을 위한 총회를 소집할 수 있다.
② 조합임원이 결격사유에 해당하게 되어 당연 퇴임한 경우, 그가 퇴임 전에 관여한 행위는 그 효력을 잃는다.
③ 총회에서 요청하여 시장·군수 등이 전문조합관리인을 선정한 경우, 전문조합관리인이 업무를 대행할 임원은 당연 퇴임한다.
④ 조합장이 아닌 조합임원은 대의원이 될 수 없다.
⑤ 대의원회는 임기 중 궐위된 조합장을 보궐선임할 수 없다.

키워드 조합의 임원
해설 조합임원이 결격사유에 해당하게 되어 당연 퇴임한 경우, 그가 퇴임 전에 관여한 행위는 그 효력을 잃지 않는다.

Answer
13 ③ 14 ②

15 **도시 및 주거환경정비법령상 재개발사업조합의 설립을 위한 동의자 수 산정 시, 다음에서 산정되는 토지등소유자의 수는?** (단, 권리관계는 제시된 것만 고려하며, 토지는 정비구역에 소재함)

제25회 수정

- A, B, C 3인이 공유한 1필지 토지에 하나의 주택을 단독 소유한 D
- 3필지의 나대지를 단독 소유한 E
- 1필지의 나대지를 단독 소유한 F와 그 나대지에 대한 지상권자 G

① 3명 ② 4명
③ 5명 ④ 7명
⑤ 9명

키워드 동의자 수 산정방법

해설
- A, B, C 3인이 공유한 1필지 토지에 하나의 주택을 단독 소유한 D = 2명
- 3필지의 나대지를 단독 소유한 E = 1명
- 1필지의 나대지를 단독 소유한 F와 그 나대지에 대한 지상권자 G = 1명

16 **도시 및 주거환경정비법령상 재개발사업조합에 관한 설명으로 옳은 것은?** 제25회 수정

① 재개발사업 추진위원회가 조합을 설립하려면 시·도지사의 인가를 받아야 한다.
② 조합원의 수가 50명 이상인 조합은 대의원회를 두어야 한다.
③ 조합원의 자격에 관한 사항에 대하여 정관을 변경하고자 하는 경우 총회에서 조합원 3분의 2 이상의 찬성이 필요하다.
④ 조합의 이사는 대의원회에서 해임될 수 있다.
⑤ 조합의 이사는 조합의 대의원을 겸할 수 있다.

키워드 재개발사업조합

해설 ① 재개발사업 추진위원회가 조합을 설립하려면 시장·군수등의 인가를 받아야 한다.
② 조합원의 수가 100명 이상인 조합은 대의원회를 두어야 한다.
④ 조합의 이사는 대의원회에서 해임될 수 없고, 총회의 의결을 거쳐야 한다.
⑤ 조합의 이사는 조합의 대의원을 겸할 수 없다.

Answer
15 ② 16 ③

17 **도시 및 주거환경정비법령상 조합의 설립에 관한 설명으로 옳은 것은?** 제26회 수정

① 조합설립인가를 받은 경우에는 따로 등기를 하지 않아도 조합이 성립된다.
② 조합임원은 같은 목적의 정비사업을 하는 다른 조합의 임원을 겸할 수 있다.
③ 재건축사업은 조합을 설립하지 않고 토지등소유자가 직접 시행할 수 있다.
④ 재건축사업의 추진위원회가 주택단지가 아닌 지역이 정비구역에 포함된 때에는 주택단지가 아닌 지역 안의 토지 또는 건축물 소유자의 4분의 3 이상 및 토지면적의 3분의 2 이상의 토지소유자의 동의를 받아야 한다.
⑤ 조합임원이 결격사유에 해당하여 퇴임한 경우 그 임원이 퇴임 전에 관여한 행위는 효력을 잃는다.

키워드 조합설립을 위한 동의요건

해설 ① 조합은 조합설립의 인가를 받은 날부터 30일 이내에 주된 사무소 소재지에 등기함으로써 성립한다.
② 조합임원은 같은 목적의 정비사업을 하는 다른 조합의 임원을 겸할 수 없다.
③ 재건축사업은 토지등소유자가 사업을 시행할 수 없다.
⑤ 조합임원이 결격사유에 해당하여 퇴임한 경우 그 임원이 퇴임 전에 관여한 행위는 효력을 잃지 않는다.

18 **도시 및 주거환경정비법령상 조합설립 등에 관한 설명으로 옳은 것은?** 제35회

① 재개발조합이 조합설립인가를 받은 날부터 3년 이내에 사업시행계획인가를 신청하지 아니한 때에는 시장·군수등은 직접 정비사업을 시행할 수 있다.
② 재개발사업의 추진위원회가 조합을 설립하려면 토지등소유자의 3분의 2 이상 및 토지면적의 2분의 1 이상의 토지소유자의 동의를 받아야 한다.
③ 토지등소유자가 30인 미만인 경우 토지등소유자는 조합을 설립하지 아니하고 재개발사업을 시행할 수 있다.
④ 조합은 재개발조합설립인가를 받은 때에도 토지등소유자에게 그 내용을 통지하지 아니한다.
⑤ 추진위원회는 조합설립인가 후 지체 없이 추정분담금에 관한 정보를 토지등소유자에게 제공하여야 한다.

Answer
17 ④ 18 ①

키워드 재개발사업의 공공시행자

해설 ② 재개발사업의 추진위원회가 조합을 설립하려면 토지등소유자의 4분의 3 이상 및 토지면적의 2분의 1 이상의 토지소유자의 동의를 받아야 한다.
③ 토지등소유자가 20인 미만인 경우 토지등소유자는 조합을 설립하지 아니하고 재개발사업을 시행할 수 있다.
④ 조합은 재개발조합설립인가를 받은 때에도 토지등소유자에게 그 내용을 통지하여야 한다.
⑤ 추진위원회는 조합설립에 필요한 동의를 받기 전에 추정분담금에 관한 정보를 토지등소유자에게 제공하여야 한다.

19 **도시 및 주거환경정비법령상 조합의 정관을 변경하기 위하여 조합원 3분의 2 이상의 찬성이 필요한 사항이 아닌 것은?** 제26회 수정

① 대의원의 수 및 선임절차
② 조합원의 자격에 관한 사항
③ 정비구역의 위치 및 면적
④ 조합의 비용부담 및 조합의 회계
⑤ 시공자·설계자의 선정 및 계약서에 포함될 내용

키워드 정관변경을 위한 찬성요건

해설 조합이 대의원의 수 및 선임절차를 변경하려면 조합원 과반수의 찬성으로 한다.

20 **도시 및 주거환경정비법령상 조합의 정관을 변경하기 위하여 총회에서 조합원 3분의 2 이상의 찬성을 요하는 사항이 아닌 것은?** 제34회

① 정비구역의 위치 및 면적
② 조합의 비용부담 및 조합의 회계
③ 정비사업비의 부담시기 및 절차
④ 청산금의 징수·지급의 방법 및 절차
⑤ 시공자·설계자의 선정 및 계약서에 포함될 내용

키워드 정관변경을 위한 찬성요건

해설 청산금의 징수·지급의 방법 및 절차에 관한 사항은 총회에서 조합원 3분의 2 이상의 찬성이 필요한 사항에 해당하지 않는다.

Answer
19 ① 20 ④

21 도시 및 주거환경정비법령상 조합총회의 의결사항 중 대의원회가 대행할 수 없는 사항을 모두 고른 것은? 제32회

㉠ 조합임원의 해임
㉡ 사업완료로 인한 조합의 해산
㉢ 정비사업비의 변경
㉣ 정비사업전문관리업자의 선정 및 변경

① ㉠, ㉡, ㉢
② ㉠, ㉡, ㉣
③ ㉠, ㉢, ㉣
④ ㉡, ㉢, ㉣
⑤ ㉠, ㉡, ㉢, ㉣

키워드 대의원회의 대행사유

해설 조합총회의 의결사항 중 대의원회가 대행할 수 없는 사항은 다음과 같다.

1. 조합임원의 해임(㉠)
2. 조합의 해산. 다만, 사업완료로 인한 해산인 경우는 제외한다.
3. 정비사업비의 변경(㉢)
4. 정비사업전문관리업자의 선정 및 변경(㉣)

따라서 ㉠㉢㉣은 대의원회가 총회의 권한을 대행할 수 없다.

22 도시 및 주거환경정비법령상 주민대표회의 등에 관한 설명으로 틀린 것은? (단, 제26조 제4항에 따른 협약 등이 체결된 경우는 제외한다) 제31회

① 토지등소유자가 시장·군수등 또는 토지주택공사등의 사업시행을 원하는 경우에는 정비구역 지정·고시 후 주민대표회의를 구성하여야 한다.
② 주민대표회의는 위원장을 포함하여 5명 이상 25명 이하로 구성한다.
③ 주민대표회의는 토지등소유자의 과반수의 동의를 받아 구성한다.
④ 주민대표회의에는 위원장과 부위원장 각 1명과 1명 이상 3명 이하의 감사를 둔다.
⑤ 상가세입자는 사업시행자가 건축물의 철거의 사항에 관하여 시행규정을 정하는 때에 의견을 제시할 수 없다.

키워드 주민대표회의

해설 상가세입자는 사업시행자가 건축물의 철거의 사항에 관하여 시행규정을 정하는 때에 의견을 제시할 수 있다.

Answer
21 ③ 22 ⑤

제3절 사업시행계획

대표기출 3 상중하 2014년 제25회 A형 100번 문제 수정

도시 및 주거환경정비법령상 사업시행계획 등에 관한 설명으로 틀린 것은?

① 시장·군수등은 재개발사업의 사업시행계획인가를 하는 경우 해당 정비사업의 사업시행자가 지정개발자(지정개발자가 토지등소유자인 경우로 한정한다)인 때에는 정비사업비의 100분의 30의 범위에서 시·도조례로 정하는 금액을 예치하게 할 수 있다.
② 사업시행계획서에는 사업시행기간 동안의 정비구역 내 가로등 설치, 폐쇄회로 텔레비전 설치 등 범죄예방대책이 포함되어야 한다.
③ 시장·군수등은 사업시행계획인가를 하려는 경우 정비구역으로부터 200m 이내에 교육시설이 설치되어 있는 때에는 해당 지방자치단체의 교육감 또는 교육장과 협의하여야 한다.
④ 지정개발자가 정비사업을 시행하려는 경우에는 사업시행계획인가를 신청하기 전에 토지등소유자의 과반수의 동의 및 토지면적의 2분의 1 이상의 토지소유자의 동의를 받아야 한다.
⑤ 사업시행자가 사업시행계획인가를 받은 후 대지면적을 10%의 범위 안에서 변경하는 경우 시장·군수등에게 신고하여야 한다.

키워드 사업시행계획

사업시행계획의 내용, 경미한 변경, 지정개발자의 동의요건, 정비사업비의 예치금액, 교육감과의 협의에 관한 내용을 정확하게 숙지하여야 합니다. 25회, 31회, 33회

핵심포인트 정비사업비의 예치

1. 지정개발자의 예치: 시장·군수등은 재개발사업의 사업시행계획인가를 하는 경우 해당 정비사업의 사업시행자가 지정개발자(지정개발자가 토지등소유자인 경우로 한정)인 때에는 정비사업비의 100분의 20의 범위에서 시·도조례로 정하는 금액을 예치하게 할 수 있다.
2. 예치금 반환: 예치금은 청산금의 지급이 완료된 때에 이를 반환한다.

Ⓐ 정답 ①

23 **도시 및 주거환경정비법령상 재건축사업의 사업시행자가 작성하여야 하는 사업시행계획서에 포함되어야 하는 사항이 아닌 것은?** (단, 조례는 고려하지 않음) 제31회

① 토지이용계획(건축물 배치계획을 포함)
② 정비기반시설 및 공동이용시설의 설치계획
③ 「도시 및 주거환경정비법」 제10조(임대주택 및 주택규모별 건설비율)에 따른 임대주택의 건설계획
④ 세입자의 주거 및 이주 대책
⑤ 임시거주시설을 포함한 주민이주대책

키워드 사업시행계획서의 내용

해설 임대주택의 건설계획은 재건축사업의 경우에는 사업시행계획서의 내용에서 제외된다.

핵심포인트 **사업시행계획서에 포함되어야 하는 사항**

사업시행자는 정비계획에 따라 다음의 사항을 포함하는 사업시행계획서를 작성하여야 한다.

1. 토지이용계획(건축물 배치계획을 포함)(①)
2. 정비기반시설 및 공동이용시설의 설치계획(②)
3. 임시거주시설을 포함한 주민이주대책(⑤)
4. 세입자의 주거 및 이주 대책(④)
5. 사업시행기간 동안의 정비구역 내 가로등 설치, 폐쇄회로 텔레비전 설치 등 범죄예방대책
6. 임대주택의 건설계획(재건축사업의 경우는 제외)
7. 국민주택규모 주택의 건설계획(주거환경개선사업의 경우는 제외)
8. 공공지원민간임대주택 또는 임대관리 위탁주택의 건설계획(필요한 경우로 한정)
9. 건축물의 높이 및 용적률 등에 관한 건축계획
10. 정비사업의 시행과정에서 발생하는 폐기물의 처리계획
11. 교육시설의 교육환경보호에 관한 계획(정비구역부터 200m 이내에 교육시설이 설치되어 있는 경우로 한정)
12. 정비사업비

Answer

23 ③

24 **도시 및 주거환경정비법령상 사업시행자가 국민주택규모 주택을 건설하여야 하는 경우, 그 주택의 공급 및 인수에 관한 설명으로 틀린 것은?** 제33회

① 사업시행자는 건설한 국민주택규모 주택을 국토교통부장관, 시·도지사, 시장, 군수, 구청장 또는 토지주택공사 등에 공급하여야 한다.

② 사업시행자는 인수자에게 공급해야 하는 국민주택규모 주택을 공개추첨의 방법으로 선정해야 한다.

③ 선정된 국민주택규모 주택을 공급하는 경우에는 시·도지사, 시장·군수·구청장 순으로 우선하여 인수할 수 있다.

④ 인수자에게 공급하는 국민주택규모 주택의 부속토지는 인수자에게 기부채납한 것으로 본다.

⑤ 시·도지사 및 시장·군수·구청장이 국민주택규모 주택을 인수할 수 없는 경우, 한국토지주택공사가 인수하여야 한다.

키워드 국민주택규모 주택건설

해설 시·도지사 및 시장·군수·구청장이 국민주택규모 주택을 인수할 수 없는 경우, 시·도지사는 국토교통부장관에게 인수자 지정을 요청해야 한다.

03

Answer

24 ⑤

제4절 관리처분계획 등

대표기출 4 상중하 2016년 제27회 A형 102번 문제 수정

도시 및 주거환경정비법령상 관리처분계획 등에 관한 설명으로 옳은 것은?

① 재개발사업의 관리처분은 정비구역 안의 지상권자에 대한 분양을 포함하여야 한다.

② 재건축사업의 관리처분의 기준은 조합원 전원의 동의를 받더라도 법령상 정하여진 관리처분의 기준과 달리 정할 수 없다.

③ 사업시행자는 폐공가의 밀집으로 범죄 발생의 우려가 있는 경우 기존 건축물의 소유자의 동의 및 시장·군수등의 허가를 받아 해당 건축물을 철거할 수 있다.

④ 관리처분계획의 인가·고시가 있은 때에는 종전의 토지의 임차권자는 사업시행자의 동의를 받더라도 소유권의 이전고시가 있은 날까지 종전의 토지를 사용할 수 없다.

⑤ 주거환경개선사업의 사업시행자는 관리처분계획에 따라 공동이용시설을 새로 설치하여야 한다.

키워드 관리처분계획

관리처분의 기준, 기존 건축물의 철거시기, 관리처분계획 인가·고시의 효과에 관한 내용을 정확하게 정리하고 숙지하여야 합니다. 27회, 29회, 30회, 31회, 32회, 33회, 34회, 35회

핵심포인트 건축물의 철거

1. 원칙: 사업시행자는 관리처분계획의 인가를 받은 후 기존의 건축물을 철거하여야 한다.
2. 예외: 사업시행자는 다음의 어느 하나에 해당하는 경우에는 기존 건축물 소유자의 동의 및 시장·군수등의 허가를 받아 해당 건축물을 철거할 수 있다. 이 경우 건축물의 철거는 토지등소유자로서의 권리·의무에 영향을 주지 아니한다.

> ㉠ 「재난 및 안전관리 기본법」, 「주택법」, 「건축법」 등 관계 법령에서 정하는 기존 건축물의 붕괴 등 안전사고의 우려가 있는 경우
> ㉡ 폐공가(廢空家)의 밀집으로 범죄발생의 우려가 있는 경우

Ⓐ 정답 ③

25 **도시 및 주거환경정비법령상 분양공고에 포함되어야 할 사항으로 명시되지 <u>않은</u> 것은?** (단, 토지등소유자 1인이 시행하는 재개발사업은 제외하고, 조례는 고려하지 않음) 제30회

① 분양신청자격 ② 분양신청방법
③ 분양신청기간 및 장소 ④ 분양대상자별 분담금의 추산액
⑤ 분양대상 대지 또는 건축물의 내역

키워드 분양공고의 내용

해설 분양대상자별 분담금의 추산액은 분양공고에 포함되어야 할 사항이 아니다.

핵심포인트

분양공고에 포함되어야 하는 사항은 다음과 같다.

1. 사업시행인가의 내용
2. 정비사업의 종류 · 명칭 및 정비구역의 위치 · 면적
3. 분양신청기간 및 장소(③)
4. 분양대상 대지 또는 건축물의 내역(⑤)
5. 분양신청자격(①)
6. 분양신청방법(②)
7. 토지등소유자 외의 권리자의 권리신고방법
8. 분양을 신청하지 아니한 자에 대한 조치

26 **도시 및 주거환경정비법령상 분양신청을 하지 아니한 자 등에 대한 조치에 관한 설명이다. (   )에 들어갈 내용을 바르게 나열한 것은?** 제33회

- 분양신청을 하지 아니한 토지등소유자가 있는 경우, 사업시행자는 관리처분계획이 인가 · 고시된 다음 날부터 (㉠)일 이내에 그 자와 토지, 건축물 또는 그 밖의 권리의 손실보상에 관한 협의를 하여야 한다.
- 위 협의가 성립되지 아니하면 사업시행자는 그 기간의 만료일 다음 날부터 (㉡)일 이내에 수용재결을 신청하거나 매도청구소송을 제기하여야 한다.

① ㉠: 60, ㉡: 30 ② ㉠: 60, ㉡: 60 ③ ㉠: 60, ㉡: 90
④ ㉠: 90, ㉡: 60 ⑤ ㉠: 90, ㉡: 90

키워드 손실보상에 관한 협의

해설
- 분양신청을 하지 아니한 토지등소유자가 있는 경우, 사업시행자는 관리처분계획이 인가 · 고시된 다음 날부터 90일 이내에 그 자와 토지, 건축물 또는 그 밖의 권리의 손실보상에 관한 협의를 하여야 한다.
- 위 협의가 성립되지 아니하면 사업시행자는 그 기간의 만료일 다음 날부터 60일 이내에 수용재결을 신청하거나 매도청구소송을 제기하여야 한다.

Answer

25 ④ 26 ④

27 **도시 및 주거환경정비법령상 사업시행자가 관리처분계획이 인가·고시된 다음 날부터 90일 이내에 손실보상 협의를 하여야 하는 토지등소유자를 모두 고른 것은?** (단, 분양신청기간 종료일의 다음 날부터 협의를 시작할 수 있음) 제35회

㉠ 분양신청기간 내에 분양신청을 하지 아니한 자 ㉡ 인가된 관리처분계획에 따라 분양대상에서 제외된 자 ㉢ 분양신청기간 종료 후에 분양신청을 철회한 자

① ㉠ ② ㉠, ㉡ ③ ㉠, ㉢
④ ㉡, ㉢ ⑤ ㉠, ㉡, ㉢

키워드 손실보상에 관한 협의

해설 ㉠ 분양신청기간 내에 분양신청을 하지 아니한 자와 ㉡ 인가된 관리처분계획에 따라 분양대상에서 제외된 자는 손실보상을 하여야 하는 토지등소유자에 해당하지만, ㉢ 분양신청기간 종료 후에 분양신청을 철회한 자는 해당하지 않는다. 분양신청기간 종료 이전에 분양신청을 철회한 자가 손실보상의 대상이 되기 때문이다.

28 **도시 및 주거환경정비법령상 관리처분계획 및 관리처분에 관한 설명으로 옳은 것은?** 제22회 수정

① 관리처분계획의 인가·고시가 있은 때에는 종전 토지의 임차권자는 사업시행자의 동의를 받아도 종전의 토지를 사용할 수 없다.
② 재해 또는 위생상의 위해를 방지하기 위하여 토지의 규모를 조정할 특별한 필요가 있는 때에는 관리처분계획으로 건축물의 일부와 그 건축물이 있는 대지의 공유지분을 교부할 수 있다.
③ 재건축사업의 사업시행자는 관리처분계획을 수립하여 시장·군수등의 인가를 받아야 하며, 해당 관리처분계획을 중지하는 경우에는 시장·군수등에게 신고하여야 한다.
④ 재개발사업의 관리처분은 정비구역 안의 지상권자에 대한 분양을 포함한다.
⑤ 재건축사업의 경우 법령상 관리처분의 기준은 조합이 조합원 전원의 동의를 받아도 따로 정할 수 없다.

키워드 관리처분계획의 수립기준

해설 ① 관리처분계획의 인가·고시가 있은 때에도 종전 토지의 임차권자는 사업시행자의 동의를 받으면 종전의 토지를 사용할 수 있다.
③ 재건축사업의 사업시행자는 관리처분계획을 수립하여 시장·군수등의 인가를 받아야 하며, 해당 관리처분계획을 중지하는 경우에도 시장·군수등에게 인가를 받아야 한다.
④ 재개발사업의 관리처분은 정비구역 안의 지상권자에 대한 분양을 제외한다.
⑤ 재건축사업의 경우 법령상 관리처분의 기준은 조합이 조합원 전원의 동의를 받아 따로 정할 수 있다.

Answer
27 ② 28 ②

29 **도시 및 주거환경정비법령상 관리처분계획의 기준에 관한 설명으로 틀린 것은?** 제23회

① 같은 세대에 속하지 아니하는 2명 이상이 1주택을 공유한 경우에는 소유자 수만큼 주택을 공급하여야 한다.
② 지나치게 넓은 토지 또는 건축물에 대하여 필요한 경우에는 이를 감소시켜 대지 또는 건축물이 적정 규모가 되도록 한다.
③ 분양설계에 관한 계획은 분양신청기간이 만료되는 날을 기준으로 하여 수립한다.
④ 근로자숙소·기숙사 용도로 주택을 소유하고 있는 토지등소유자에게는 소유한 주택 수만큼 주택을 공급할 수 있다.
⑤ 너무 좁은 토지 또는 건축물이나 정비구역 지정 후 분할된 토지를 취득한 자에 대하여는 현금으로 청산할 수 있다.

키워드 관리처분계획의 수립기준
해설 같은 세대에 속하지 아니하는 2명 이상이 1주택을 공유한 경우에는 1주택만 공급한다.

30 **도시 및 주거환경정비법령상 관리처분계획에 따른 처분 등에 관한 설명으로 틀린 것은?** 제31회

① 정비사업의 시행으로 조성된 대지 및 건축물은 관리처분계획에 따라 처분 또는 관리하여야 한다.
② 사업시행자는 정비사업의 시행으로 건설된 건축물을 관리처분계획에 따라 토지등소유자에게 공급하여야 한다.
③ 환지를 공급하는 방법으로 시행하는 주거환경개선사업의 사업시행자가 정비구역에 주택을 건설하는 경우 주택의 공급방법에 관하여 「주택법」에도 불구하고 시장·군수등의 승인을 받아 따로 정할 수 있다.
④ 사업시행자는 분양신청을 받은 후 잔여분이 있는 경우에는 사업시행계획으로 정하는 목적을 위하여 그 잔여분을 조합원 또는 토지등소유자 이외의 자에게 분양할 수 있다.
⑤ 조합이 재개발임대주택의 인수를 요청하는 경우 국토교통부장관이 우선하여 인수하여야 한다.

키워드 관리처분계획에 따른 처분
해설 조합이 재개발임대주택의 인수를 요청하는 경우 시·도지사, 시장, 군수, 구청장이 우선하여 인수하여야 한다.

Answer
29 ① 30 ⑤

31

도시 및 주거환경정비법령상 사업시행자가 인가받은 관리처분계획을 변경하고자 할 때 시장·군수등에게 신고하여야 하는 경우가 아닌 것은? 제29회

① 사업시행자의 변동에 따른 권리·의무의 변동이 있는 경우로서 분양설계의 변경을 수반하지 아니하는 경우
② 재건축사업에서의 매도청구에 대한 판결에 따라 관리처분계획을 변경하는 경우
③ 주택분양에 관한 권리를 포기하는 토지등소유자에 대한 임대주택의 공급에 따라 관리처분계획을 변경하는 경우
④ 계산착오·오기·누락 등에 따른 조서의 단순정정인 경우로서 불이익을 받는 자가 있는 경우
⑤ 정관 및 사업시행계획인가의 변경에 따라 관리처분계획을 변경하는 경우

키워드 관리처분계획의 경미한 변경

해설 계산착오·오기·누락 등에 따른 조서의 단순정정인 경우로서 불이익을 받는 자가 있는 경우에는 시장·군수등의 인가를 받아야 한다.

32

도시 및 주거환경정비법령상 관리처분계획 등에 관한 설명으로 옳은 것은? (단, 조례는 고려하지 않음) 제32회

① 지분형주택의 규모는 주거전용면적 $60m^2$ 이하인 주택으로 한정한다.
② 분양신청기간의 연장은 30일의 범위에서 한 차례만 할 수 있다.
③ 같은 세대에 속하지 아니하는 3명이 1토지를 공유한 경우에는 3주택을 공급하여야 한다.
④ 조합원 10분의 1 이상이 관리처분계획인가 신청이 있은 날부터 30일 이내에 관리처분계획의 타당성 검증을 요청한 경우 시장·군수는 이에 따라야 한다.
⑤ 시장·군수는 정비구역에서 면적이 $100m^2$의 토지를 소유한 자로서 건축물을 소유하지 아니한 자의 요청이 있는 경우에는 인수한 임대주택의 일부를 「주택법」에 따른 토지임대부 분양주택으로 전환하여 공급하여야 한다.

키워드 지분형주택의 규모

해설 ② 분양신청기간의 연장은 20일의 범위에서 한 차례만 할 수 있다.
③ 같은 세대에 속하지 아니하는 3명이 1토지를 공유한 경우에는 1주택을 공급하여야 한다.
④ 조합원 5분의 1 이상이 관리처분계획인가 신청이 있은 날부터 15일 이내에 관리처분계획의 타당성 검증을 요청한 경우 시장·군수등은 대통령령으로 정하는 공공기관에 타당성 검증을 요청하여야 한다.
⑤ 시장·군수는 정비구역에서 면적이 $90m^2$ 미만의 토지를 소유한 자로서 건축물을 소유하지 아니한 자의 요청이 있는 경우에는 인수한 임대주택의 일부를 「주택법」에 따른 토지임대부 분양주택으로 전환하여 공급하여야 한다.

Answer
31 ④ 32 ①

33 **도시 및 주거환경정비법령상 소규모 토지 등의 소유자에 대한 토지임대부 분양주택 공급에 관한 내용이다. ( )에 들어갈 숫자로 옳은 것은?** (단, 조례는 고려하지 않음) 제34회

> 국토교통부장관, 시・도지사, 시장, 군수, 구청장 또는 토지주택공사 등은 정비구역에 세입자와 다음의 어느 하나에 해당하는 자의 요청이 있는 경우에는 인수한 재개발임대주택의 일부를 「주택법」에 따른 토지임대부 분양주택으로 전환하여 공급하여야 한다.
> 1. 면적이 (㉠)m^2 미만의 토지를 소유한 자로서 건축물을 소유하지 아니한 자
> 2. 바닥면적이 (㉡)m^2 미만의 사실상 주거를 위하여 사용하는 건축물을 소유한 자로서 토지를 소유하지 아니한 자

① ㉠: 90, ㉡: 40
② ㉠: 90, ㉡: 50
③ ㉠: 90, ㉡: 60
④ ㉡: 100, ㉡: 40
⑤ ㉠: 100, ㉡: 50

키워드 토지임대부 분양주택

해설 1. 면적이 90m^2 미만의 토지를 소유한 자로서 건축물을 소유하지 아니한 자
2. 바닥면적이 40m^2 미만의 사실상 주거를 위하여 사용하는 건축물을 소유한 자로서 토지를 소유하지 아니한 자

03

Answer
33 ①

제5절 공사완료에 따른 조치 등

대표기출 5 상중하 2018년 제29회 A형 63번 문제

도시 및 주거환경정비법령상 공사완료에 따른 조치 등에 관한 설명으로 틀린 것은?

① 사업시행자인 지방공사가 정비사업 공사를 완료한 때에는 시장·군수등의 준공인가를 받아야 한다.

② 시장·군수등은 준공인가 전 사용허가를 하는 때에는 동별·세대별 또는 구획별로 사용허가를 할 수 있다.

③ 관리처분계획을 수립하는 경우 정비구역의 지정은 이전고시가 있은 날의 다음 날에 해제된 것으로 본다.

④ 준공인가에 따른 정비구역의 해제가 있으면 조합은 해산된 것으로 본다.

⑤ 관리처분계획에 따라 소유권을 이전하는 경우 건축물을 분양받을 자는 이전고시가 있은 날의 다음 날에 그 건축물의 소유권을 취득한다.

키워드 공사완료에 따른 조치

준공인가, 사용허가, 정비구역의 해제시기 및 효과, 소유권 취득시기를 정확하게 정리하고 숙지하여야 합니다. 27회, 29회, 31회, 32회

핵심포인트 준공인가에 따른 정비구역의 해제

1. 정비구역의 지정은 준공인가의 고시가 있은 날(관리처분계획을 수립하는 경우에는 이전고시가 있은 때를 말한다)의 다음 날에 해제된 것으로 본다. 이 경우 지방자치단체는 해당 지역을 「국토의 계획 및 이용에 관한 법률」에 따른 지구단위계획으로 관리하여야 한다.
2. 위 1.에 따른 정비구역의 해제는 조합의 존속에 영향을 주지 아니한다.

Ⓐ 정답 ④

34 **도시 및 주거환경정비법령상 사업시행계획인가를 받은 정비사업의 공사완료에 따른 조치 등에 관한 다음 절차를 진행순서에 따라 옳게 나열한 것은?** (단, 관리처분계획 인가를 받은 사업이고, 공사의 전부 완료를 전제로 함) 제27회

> ㉠ 준공인가
> ㉡ 관리처분계획에서 정한 사항을 분양받을 자에게 통지
> ㉢ 토지의 분할절차
> ㉣ 대지 또는 건축물의 소유권 이전고시

① ㉠ – ㉢ – ㉡ – ㉣
② ㉠ – ㉣ – ㉢ – ㉡
③ ㉡ – ㉠ – ㉢ – ㉣
④ ㉡ – ㉢ – ㉣ – ㉠
⑤ ㉢ – ㉣ – ㉠ – ㉡

키워드 공사완료에 따른 절차

해설 사업시행자는 준공인가(㉠) 및 공사완료 고시가 있은 때에는 지체 없이 대지확정측량을 하고 토지의 분할절차(㉢)를 거쳐 관리처분계획에서 정한 사항을 분양받을 자에게 통지(㉡)하고 대지 또는 건축물의 소유권을 이전(㉣)하여야 한다.

35 **도시 및 주거환경정비법령상 공사완료에 따른 조치 등에 관한 설명으로 <u>틀린</u> 것을 모두 고른 것은?** 제31회

> ㉠ 정비사업의 효율적인 추진을 위하여 필요한 경우에는 해당 정비사업에 관한 공사가 전부 완료되기 전이라도 완공된 부분은 준공인가를 받아 대지 또는 건축물별로 분양받을 자에게 소유권을 이전할 수 있다.
> ㉡ 준공인가에 따라 정비구역의 지정이 해제되면 조합도 해산된 것으로 본다.
> ㉢ 정비사업에 관하여 소유권의 이전고시가 있은 날부터는 대지 및 건축물에 관한 등기가 없더라도 저당권 등의 다른 등기를 할 수 있다.

① ㉠
② ㉡
③ ㉠, ㉡
④ ㉠, ㉢
⑤ ㉡, ㉢

키워드 공사완료에 따른 조치

해설 ㉡ 정비구역의 해제는 조합의 존속에 영향을 주지 아니한다.
㉢ 정비사업에 관하여 소유권이전고시가 있은 날부터 소유권이전등기가 있을 때까지는 저당권 등의 다른 등기를 하지 못한다.

Answer
34 ① 35 ⑤

36 **도시 및 주거환경정비법령상 청산금에 관한 설명으로 틀린 것은?** 제26회

① 조합 총회의 의결을 거쳐 정한 경우에는 관리처분계획인가 후부터 소유권 이전의 고시일까지 청산금을 분할징수할 수 있다.

② 종전에 소유하고 있던 토지의 가격과 분양받은 대지의 가격은 그 토지의 규모·위치·용도·이용상황·정비사업비 등을 참작하여 평가하여야 한다.

③ 청산금을 납부할 자가 이를 납부하지 아니하는 경우에 시장·군수등이 아닌 사업시행자는 시장·군수등에게 청산금의 징수를 위탁할 수 있다.

④ 청산금을 징수할 권리는 소유권 이전의 고시일로부터 5년간 이를 행사하지 아니하면 소멸한다.

⑤ 정비사업의 시행지역 안에 있는 건축물에 저당권을 설정한 권리자는 그 건축물의 소유자가 지급받을 청산금에 대하여 청산금을 지급하기 전에 압류절차를 거쳐 저당권을 행사할 수 있다.

키워드 청산금의 소멸시효

해설 청산금을 징수할 권리는 소유권 이전고시일 다음 날부터 5년간 행사하지 아니하면 소멸한다.

37 **도시 및 주거환경정비법령상 청산금 및 비용부담 등에 관한 설명으로 옳은 것은?** 제32회

① 청산금을 징수할 권리는 소유권 이전고시일부터 3년간 행사하지 아니하면 소멸한다.

② 정비구역의 국유·공유재산은 정비사업 외의 목적으로 매각되거나 양도될 수 없다.

③ 청산금을 지급받을 자가 받기를 거부하더라도 사업시행자는 그 청산금을 공탁할 수는 없다.

④ 시장·군수등이 아닌 사업시행자는 부과금을 체납하는 자가 있는 때에는 지방세 체납처분의 예에 따라 부과·징수할 수 있다.

⑤ 국가 또는 지방자치단체는 토지임대부 분양주택을 공급받는 자에게 해당 공급비용의 전부를 융자할 수는 없다.

키워드 국공유지의 매각금지

해설 ① 청산금을 징수할 권리는 소유권 이전고시일의 다음 날부터 5년간 행사하지 아니하면 소멸한다.

③ 청산금을 지급받을 자가 받기를 거부한 때에는 사업시행자는 그 청산금을 공탁할 수 있다.

④ 시장·군수등이 아닌 사업시행자는 부과금을 체납하는 자가 있는 때에는 시장·군수등에게 그 부과·징수를 위탁할 수 있다. 시장·군수등은 부과·징수를 위탁받은 경우에는 지방세 체납처분의 예에 따라 부과·징수할 수 있다.

⑤ 국가 또는 지방자치단체는 토지임대부 분양주택을 공급받는 자에게 해당 공급비용의 전부 또는 일부를 보조 또는 융자할 수 있다.

Answer

36 ④ 37 ②

MEMO

박문각 공인중개사

PART

04

건축법

Chapter 01

총 칙

제1절 용어의 정의

대표기출 1 상중하 2020년 제31회 A형 74번 문제

건축법령상 용어에 관한 설명으로 옳은 것은?

① 건축물을 이전하는 것은 '건축'에 해당한다.
② '고층건축물'에 해당하려면 건축물의 층수가 30층 이상이고 높이가 120m 이상이어야 한다.
③ 건축물이 천재지변으로 멸실된 경우 그 대지에 종전 규모보다 연면적의 합계를 늘려 건축물을 다시 축조하는 것은 '재축'에 해당한다.
④ 건축물의 내력벽을 해체하여 같은 대지의 다른 위치로 옮기는 것은 '이전'에 해당한다.
⑤ 기존 건축물이 있는 대지에서 건축물의 내력벽을 증설하여 건축면적을 늘리는 것은 '대수선'에 해당한다.

키워드 건축의 정의

건축물의 건축(신축, 증축, 개축, 재축, 이전)과 대수선을 정확하게 구별할 수 있어야 하고, 고층건축물에 대한 정의를 숙지하여야 합니다. 26회, 27회, 28회, 29회, 31회, 32회

핵심포인트 용어의 정의

1. '지하층'이란 건축물의 바닥이 지표면 아래에 있는 층으로서 바닥에서 지표면까지 평균 높이가 해당 층 높이의 2분의 1 이상인 것을 말한다.
2. '주요구조부'란 내력벽(耐力壁), 기둥, 바닥, 보, 지붕틀 및 주계단(主階段)을 말한다. 다만, 사이 기둥, 최하층 바닥, 작은 보, 차양, 옥외 계단, 그 밖에 이와 유사한 것으로 건축물의 구조상 중요하지 아니한 부분은 제외한다.
3. '건축'이란 건축물을 신축·증축·개축·재축(再築)하거나 건축물을 이전하는 것을 말한다.
4. '리모델링'이란 건축물의 노후화를 억제하거나 기능 향상 등을 위하여 대수선하거나 일부 증축 또는 개축하는 행위를 말한다.
5. '고층건축물'이란 층수가 30층 이상이거나 높이가 120m 이상인 건축물을 말한다.
6. '초고층 건축물'이란 층수가 50층 이상이거나 높이가 200m 이상인 건축물을 말한다.

7. '다중이용 건축물'이란 다음의 어느 하나에 해당하는 건축물을 말한다.
㉠ 다음에 해당하는 용도로 쓰는 바닥면적의 합계가 5,000m^2 이상인 건축물

• 문화 및 집회시설(동물원 · 식물원은 제외)	• 종교시설
• 판매시설	• 운수시설 중 여객용 시설
• 의료시설 중 종합병원	• 숙박시설 중 관광숙박시설

㉡ 16층 이상인 건축물

Ⓐ 정답 ①

01 건축법령상 용어에 관한 설명으로 틀린 것은? 제28회

① 내력벽을 수선하더라도 수선되는 벽면적의 합계가 30m^2 미만인 경우에는 '대수선'에 포함되지 않는다.
② 지하의 공작물에 설치하는 점포는 '건축물'에 해당하지 않는다.
③ 구조 계산서와 시방서는 '설계도서'에 해당한다.
④ '막다른 도로'의 구조와 너비는 '막다른 도로'가 '도로'에 해당하는지 여부를 판단하는 기준이 된다.
⑤ '고층건축물'이란 층수가 30층 이상이거나 높이가 120m 이상인 건축물을 말한다.

키워드 용어의 정의
해설 지하의 공작물에 설치하는 점포는 '건축물'에 해당한다.

핵심포인트 건축물의 개념

건축물이란 토지에 정착(定着)하는 공작물 중 지붕과 기둥 또는 벽이 있는 것과 이에 딸린 시설물, 지하나 고가(高架)의 공작물에 설치하는 사무소 · 공연장 · 점포 · 차고 · 창고, 그 밖에 대통령령으로 정하는 것을 말한다. 따라서 지하의 공작물에 설치하는 점포는 건축물에 해당한다.

Answer
01 ②

02 건축법령상 '주요구조부'에 해당하지 않는 것만을 모두 고른 것은? 제27회

㉠ 지붕틀	㉡ 주계단
㉢ 사이 기둥	㉣ 최하층 바닥

① ㉡ ② ㉠, ㉢ ③ ㉢, ㉣
④ ㉠, ㉡, ㉣ ⑤ ㉠, ㉡, ㉢, ㉣

키워드 주요구조부

해설 사이 기둥과 최하층 바닥은 주요구조부에 해당하지 않는다.

03 건축법령상 다중이용 건축물에 해당하는 것은? 제26회 수정

① 종교시설로 사용하는 바닥면적의 합계가 4,000m^2인 5층의 성당
② 문화 및 집회시설로 사용하는 바닥면적의 합계가 5,000m^2인 10층의 식물원
③ 숙박시설로 사용하는 바닥면적의 합계가 4,000m^2인 16층의 관광호텔
④ 교육연구시설로 사용하는 바닥면적의 합계가 5,000m^2인 15층의 연구소
⑤ 문화 및 집회시설로 사용하는 바닥면적의 합계가 5,000m^2인 2층의 동물원

키워드 다중이용 건축물

해설 다중이용 건축물은 바닥면적의 합계가 5,000m^2 이상이거나 16층 이상에 해당하여야 하므로 16층의 관광호텔은 다중이용 건축물에 해당한다.
① 5,000m^2 이하이고 16층 이하이므로 해당하지 않는다.
② 식물원은 다중이용 건축물에서 제외한다.
③ 16층의 관광호텔은 숙박시설 중 관광숙박시설이므로 다중이용 건축물에 해당한다.
④ 교육연구시설은 다중이용 건축물에 해당하지 않는다.
⑤ 동물원은 다중이용 건축물에서 제외한다.

핵심포인트 다중이용 건축물

다중이용 건축물이란 다음 중 어느 하나에 해당하는 건축물을 말한다.

1. 다음의 어느 하나에 해당하는 용도로 쓰는 바닥면적의 합계가 5,000m^2 이상인 건축물
   ㉠ 문화 및 집회시설(동물원·식물원은 제외)
   ㉡ 종교시설
   ㉢ 판매시설
   ㉣ 운수시설 중 여객용 시설
   ㉤ 의료시설 중 종합병원
   ㉥ 숙박시설 중 관광숙박시설
2. 16층 이상인 건축물

Answer
02 ③ 03 ③

04

건축법령상 다중이용 건축물에 해당하는 용도가 아닌 것은? (단, 16층 이상의 건축물은 제외하고, 해당 용도로 쓰는 바닥면적의 합계는 5,000m^2 이상임) 제29회

① 관광 휴게시설
② 판매시설
③ 운수시설 중 여객용 시설
④ 종교시설
⑤ 의료시설 중 종합병원

키워드 다중이용 건축물

해설 다중이용 건축물은 문화 및 집회시설(동물원 · 식물원은 제외), 종교시설, 판매시설, 운수시설 중 여객용 시설, 의료시설 중 종합병원, 숙박시설 중 관광숙박시설 중 하나에 해당하는 용도로 쓰는 바닥면적의 합계가 5,000m^2 이상인 건축물을 말한다. 따라서 관광 휴게시설은 다중이용 건축물에 해당하지 않는다.

05

건축법령상 특수구조 건축물의 특례에 관한 설명으로 옳은 것은? (단, 건축법령상 다른 특례 및 조례는 고려하지 않음) 제32회

① 건축 공사현장 안전관리 예치금에 관한 규정을 강화하여 적용할 수 있다.
② 대지의 조경에 관한 규정을 변경하여 적용할 수 있다.
③ 한쪽 끝은 고정되고 다른 끝은 지지되지 아니한 구조로 된 차양이 외벽(외벽이 없는 경우에는 외곽 기둥을 말함)의 중심선으로부터 3m 이상 돌출된 건축물은 특수구조 건축물에 해당한다.
④ 기둥과 기둥 사이의 거리(기둥의 중심선 사이의 거리를 말함)가 15m인 건축물은 특수구조 건축물로서 건축물 내진등급의 설정에 관한 규정을 강화하여 적용할 수 있다.
⑤ 특수구조 건축물을 건축하려는 건축주는 건축허가 신청 전에 허가권자에게 해당 건축물의 구조 안전에 관하여 지방건축위원회의 심의를 신청하여야 한다.

키워드 특수구조 건축물

해설 ① 건축 공사현장 안전관리 예치금에 관한 규정을 강화하여 적용할 수 없다.
② 대지의 조경에 관한 규정을 변경하여 적용할 수 없다.
④ 기둥과 기둥 사이의 거리(기둥의 중심선 사이의 거리를 말함)가 20m 이상인 건축물은 특수구조 건축물로서 건축물 내진등급의 설정에 관한 규정을 강화하여 적용할 수 있다.
⑤ 특수구조 건축물을 건축하려는 건축주는 착공신고를 하기 전에 허가권자에게 해당 건축물의 구조 안전에 관하여 지방건축위원회의 심의를 신청하여야 한다.

Answer
04 ① 05 ③

제2절 건축법의 적용범위

대표기출 2 상중하 2019년 제30회 B형 76번 문제

건축법령상 철도의 선로 부지(敷地)에 있는 시설로서 건축법의 적용을 받지 않는 건축물만을 모두 고른 것은? (단, 건축법령 이외의 특례는 고려하지 않음)

> ㉠ 플랫폼
> ㉡ 운전보안시설
> ㉢ 철도 선로의 아래를 가로지르는 보행시설
> ㉣ 해당 철도사업용 급수(給水)·급탄(給炭) 및 급유(給油) 시설

① ㉠, ㉡, ㉢　② ㉠, ㉡, ㉣　③ ㉠, ㉢, ㉣
④ ㉡, ㉢, ㉣　⑤ ㉠, ㉡, ㉢, ㉣

키워드 건축법 적용대상

건축법 적용대상에서 제외되는 건축물을 정확하게 암기하여야 합니다.

26회, 28회, 30회, 31회, 33회, 34회, 35회

핵심포인트 「건축법」의 적용대상에서 제외되는 건축물

1. 「문화유산의 보존 및 활용에 관한 법률」에 따른 지정문화유산이나 임시지정문화유산 또는 「자연유산의 보존 및 활용에 관한 법률」에 따라 지정된 천연기념물 등이나 임시지정천연기념물, 임시지정명승, 임시지정시·도자연유산, 임시자연유산자료
2. 철도나 궤도의 선로 부지에 있는 다음의 시설
   ① 운전보안시설
   ② 철도선로의 위나 아래를 가로지르는 보행시설
   ③ 플랫폼
   ④ 철도 또는 궤도사업용 급수·급탄 및 급유시설
3. 고속도로 통행료 징수시설
4. 컨테이너를 이용한 간이창고(공장의 용도로만 사용되는 건축물의 대지 안에 설치하는 것으로서 이동이 쉬운 것에 한함)
5. 「하천법」에 따른 하천구역 내의 수문조작실

A 정답 ⑤

06 **다음 건축물 중 건축법의 적용을 받는 것은?** 제28회

① 대지에 정착된 컨테이너를 이용한 주택
② 철도의 선로 부지에 있는 운전보안시설
③ 「문화유산의 보존 및 활용에 관한 법률」에 따른 임시지정 문화유산
④ 고속도로 통행료 징수시설
⑤ 「하천법」에 따른 하천구역 내의 수문조작실

키워드 건축법 적용대상 건축물
해설 대지에 정착된 컨테이너를 이용한 주택은 건축법의 적용을 받는 건축물에 해당한다.

07 **건축법령상 건축법의 적용에 관한 설명으로 틀린 것은?** 제22회 수정

① 철도의 선로 부지에 있는 플랫폼을 건축하는 경우에는 「건축법」상 건폐율 규정이 적용되지 않는다.
② 고속도로 통행료 징수시설을 건축하는 경우에는 「건축법」상 대지의 분할제한 규정이 적용되지 않는다.
③ 지구단위계획구역이 아닌 계획관리지역으로서 동이나 읍이 아닌 지역에서는 「건축법」상 대지의 분할제한 규정이 적용되지 않는다.
④ 지구단위계획구역이 아닌 계획관리지역으로서 동이나 읍이 아닌 지역에서는 「건축법」상 건축선에 따른 건축제한 규정이 적용되지 않는다.
⑤ 지구단위계획구역이 아닌 계획관리지역으로서 동이나 읍이 아닌 지역에서는 「건축법」상 용적률 규정이 적용되지 않는다.

키워드 건축법 적용대상
해설 지구단위계획구역이 아닌 계획관리지역으로서 동이나 읍이 아닌 지역에서는 「건축법」상 용적률 규정이 적용된다.

핵심포인트 **「건축법」의 일부규정을 적용하지 않는 지역에서 적용하지 않는 규정**

「국토의 계획 및 이용에 관한 법률」에 따른 도시지역 및 비도시지역 안의 지구단위계획구역 외의 지역으로서 동이나 읍(동이나 읍에 속하는 섬의 경우에는 인구가 500명 이상인 경우만 해당)이 아닌 지역은 다음의 규정을 적용하지 아니한다.

1. 대지와 도로의 관계
2. 도로의 지정·폐지 또는 변경
3. 건축선의 지정
4. 건축선에 따른 건축제한
5. 방화지구 안의 건축물
6. 대지의 분할 제한

Answer
06 ① 07 ⑤

08 **건축법령상 특별자치시장 · 특별자치도지사 또는 시장 · 군수 · 구청장에게 신고하고 축조하여야 하는 공작물에 해당하는 것은?** (단, 건축물과 분리하여 축조하는 경우이며, 공용건축물에 대한 특례는 고려하지 않음) 제27회 수정

① 높이 3m의 기념탑
② 높이 7m의 고가수조(高架水槽)
③ 높이 3m의 광고탑
④ 높이 3m의 담장
⑤ 바닥면적 $25m^2$의 지하대피호

키워드 신고대상 공작물

해설 ① 기념탑은 높이가 4m를 넘어야 한다.
② 고가수조는 높이가 8m를 넘어야 한다.
③ 광고탑은 높이가 4m를 넘어야 한다.
④ 담장은 높이가 2m를 넘어야 한다.
⑤ 지하대피호는 바닥면적이 $30m^2$를 넘어야 한다.

핵심포인트 신고대상 공작물

「건축법」상 신고대상 공작물은 다음과 같다.

1. 높이 2m를 넘는 옹벽 또는 담장
2. 높이 4m를 넘는 장식장, 기념탑, 첨탑, 광고탑, 광고판, 그 밖에 이와 비슷한 것
3. 높이 6m를 넘는 굴뚝
4. 높이 6m를 넘는 골프연습장 등의 운동시설을 위한 철탑, 주거지역 · 상업지역에 설치하는 통신용 철탑, 그 밖에 이와 비슷한 것
5. 높이 8m를 넘는 고가수조나 그 밖에 이와 비슷한 것
6. 높이 8m(위험을 방지하기 위한 난간의 높이는 제외) 이하의 기계식 주차장 및 철골 조립식 주차장(바닥면이 조립식이 아닌 것을 포함)으로서 외벽이 없는 것
7. 바닥면적 $30m^2$를 넘는 지하대피호
8. 높이 5m를 넘는 태양에너지를 이용한 발전설비와 그 밖에 이와 비슷한 것

Answer
08 ④

09 **건축법령상 대지를 조성하기 위하여 건축물과 분리하여 공작물을 축조하려는 경우, 특별자치시장 · 특별자치도지사 또는 시장 · 군수 · 구청장에게 신고하여야 하는 공작물에 해당하지 <u>않는</u> 것은?** (단, 공용건축물에 대한 특례는 고려하지 않음) 제30회 수정

① 상업지역에 설치하는 높이 8m의 통신용 철탑
② 높이 4m의 옹벽
③ 높이 8m의 굴뚝
④ 바닥면적 40m^{2}의 지하대피호
⑤ 높이 3m의 장식탑

키워드 신고대상 공작물

해설 높이 4m를 넘는 장식탑이 신고대상이다. 따라서 높이 3m의 장식탑은 신고대상 공작물에 해당하지 않는다.

10 **건축법령상 건축물과 관련된 설명으로 옳은 것을 모두 고른 것은?** 제23회 수정

> ㉠ 지하층은 건축물의 바닥이 지표면 아래에 있는 층으로서 바닥에서 지표면까지 평균높이가 해당 층높이의 3분의 1 이상인 것을 말한다.
> ㉡ 개축은 건축물이 천재지변이나 그 밖의 재해로 멸실된 경우 그 대지에 종전과 같은 규모의 범위에서 다시 축조하는 것을 말한다.
> ㉢ 방화구획을 위한 바닥 또는 벽을 변경하는 것으로서 증축 · 개축 또는 재축에 해당하지 않는 것은 대수선에 해당한다.
> ㉣ 연면적은 하나의 건축물 각 층의 바닥면적의 합계를 말하는 것으로서, 용적률을 산정할 때 층수가 50층 이상인 건축물에 설치하는 피난안전구역의 면적은 연면적에 산입하지 않는다.

① ㉠, ㉡
② ㉠, ㉢
③ ㉡, ㉢
④ ㉡, ㉣
⑤ ㉢, ㉣

키워드 지하층 및 개축의 개념

해설 ㉠ 지하층은 건축물의 바닥이 지표면 아래에 있는 층으로서 바닥에서 지표면까지 평균높이가 해당 층높이의 2분의 1 이상인 것을 말한다.
㉡ 개축은 기존 건축물의 전부 또는 일부(내력벽 · 기둥 · 보 · 지붕틀 중 셋 이상이 포함되는 경우를 말한다)를 해체하고 그 대지에 종전과 같은 규모의 범위에서 건축물을 다시 축조하는 것을 말한다.

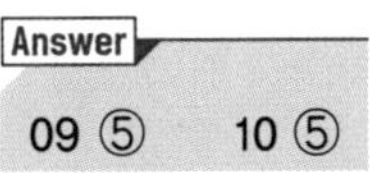

11 건축법령상 '건축'에 해당하는 것을 모두 고른 것은? 제25회 수정

> ㉠ 건축물이 없던 나대지에 새로 건축물을 축조하는 것
> ㉡ 기존 5층의 건축물이 있는 대지에서 건축물의 층수를 7층으로 늘리는 것
> ㉢ 태풍으로 멸실된 건축물을 그 대지에 연면적 합계, 동수, 층수, 높이가 모두 종전 규모 이하로 축조하는 것
> ㉣ 건축물의 주요구조부를 해체하지 아니하고 같은 대지에서 옆으로 5m 옮기는 것

① ㉠, ㉡
② ㉢, ㉣
③ ㉠, ㉡, ㉢
④ ㉡, ㉢, ㉣
⑤ ㉠, ㉡, ㉢, ㉣

키워드 건축물의 건축

해설 '건축'이란 건축물을 신축 · 증축 · 개축 · 재축하거나 건축물을 이전하는 것을 말한다.
㉠ 건축물이 없던 나대지에 새로 건축물을 축조하는 것은 신축에 해당한다.
㉡ 기존 5층의 건축물이 있는 대지에서 건축물의 층수를 7층으로 늘리는 것은 증축에 해당한다.
㉢ 태풍으로 멸실된 건축물을 그 대지에 연면적 합계, 동수, 층수, 높이가 모두 종전 규모 이하로 축조하는 것은 재축에 해당한다.
㉣ 건축물의 주요구조부를 해체하지 아니하고 같은 대지에서 옆으로 5m 옮기는 것은 이전에 해당한다.

12 건축법령상 건축물의 "대수선"에 해당하지 <u>않는</u> 것은? (단, 건축물의 증축 · 개축 또는 재축에 해당하지 않음) 제35회

① 보를 두 개 변경하는 것
② 기둥을 세 개 수선하는 것
③ 내력벽의 벽면적을 30제곱미터 수선하는 것
④ 특별피난계단을 변경하는 것
⑤ 다세대주택의 세대 간 경계벽을 증설하는 것

키워드 건축물의 대수선

해설 보를 두 개 변경하는 것은 대수선에 해당하지 않는다.

Answer
11 ⑤　　12 ①

13 **건축법령상 제1종 근린생활시설에 해당하는 것은?** (단, 동일한 건축물 안에서 당해 용도에 쓰이는 바닥면적의 합계는 1,000m^2임) 제33회

① 극장
② 서점
③ 탁구장
④ 파출소
⑤ 산후조리원

키워드 제1종 근린생활시설의 종류

해설 ① 극장(공연장)이 500m^2 미만인 경우에는 제2종 근린생활시설에 해당하고, 500m^2 이상인 경우에는 문화 및 집회시설에 해당한다.
② 서점은 1,000m^2 미만인 경우에는 제1종 근린생활시설에 해당한다.
③ 탁구장은 500m^2 미만인 경우에 제1종 근린생활시설에 해당한다.
④ 파출소는 1,000m^2 미만인 경우에 제1종 근린생활시설에 해당한다.

04

14 **건축법령상 사용승인을 받은 건축물의 용도변경에 관한 설명으로 틀린 것은?** 제24회

① 단독주택을 다가구주택으로 변경하는 경우에는 건축물대장 기재내용의 변경을 신청하지 않아도 된다.
② 제1종 근린생활시설을 의료시설로 변경하는 경우에는 허가를 받아야 한다.
③ 숙박시설을 수련시설로 변경하는 경우에는 신고를 하여야 한다.
④ 교육연구시설을 판매시설로 변경하는 경우에는 허가를 받아야 한다.
⑤ 공장을 자동차 관련 시설로 변경하는 경우에는 신고를 하여야 한다.

키워드 건축물의 용도변경

해설 공장을 자동차 관련 시설로 변경하는 경우에는 상위시설군으로의 용도변경에 해당하므로 허가를 받아야 한다.

Answer

13 ⑤ 14 ⑤

15 甲은 A도 B군에서 숙박시설로 사용승인을 받은 바닥면적의 합계가 3천m^2인 건축물의 용도를 변경하려고 한다. 건축법령상 이에 관한 설명으로 틀린 것은? 제31회

① 의료시설로 용도를 변경하려는 경우에는 용도변경 신고를 하여야 한다.
② 종교시설로 용도를 변경하려는 경우에는 용도변경 허가를 받아야 한다.
③ 甲이 바닥면적의 합계 1천m^2의 부분에 대해서만 업무시설로 용도를 변경하는 경우에는 사용승인을 받지 않아도 된다.
④ A도지사는 도시·군계획에 특히 필요하다고 인정하면 B군수의 용도변경 허가를 제한할 수 있다.
⑤ B군수는 甲이 판매시설과 위락시설의 복수 용도로 용도변경신청을 한 경우 지방건축위원회의 심의를 거쳐 이를 허용할 수 있다.

키워드 건축물의 용도변경

해설 甲이 바닥면적의 합계 1천m^2의 부분에 대해서만 업무시설로 용도를 변경하는 경우에도 사용승인을 받아야 한다. 허가나 신고대상인 경우로서 용도변경하려는 부분의 바닥면적의 합계가 100m^2 이상인 경우에는 사용승인에 관한 규정을 준용하기 때문이다.

16 건축법령상 사용승인을 받은 건축물의 용도변경이 신고대상인 경우만을 모두 고른 것은? 제25회

	용도변경 전	용도변경 후
㉠	판매시설	창고시설
㉡	숙박시설	위락시설
㉢	장례시설	종교시설
㉣	의료시설	교육연구시설
㉤	제1종 근린생활시설	업무시설

① ㉠, ㉡ ② ㉠, ㉢ ③ ㉡, ㉣
④ ㉢, ㉤ ⑤ ㉣, ㉤

키워드 건축물의 용도변경

해설 ㉠ 판매시설을 창고시설로의 용도변경은 허가대상이다.
㉡ 숙박시설을 위락시설로의 용도변경은 허가대상이다.
㉢ 장례시설을 종교시설로의 용도변경은 신고대상이다.
㉣ 의료시설을 교육연구시설로의 용도변경은 기재내용변경신청대상이다.
㉤ 제1종 근린생활시설을 업무시설로의 용도변경은 신고대상이다.

Answer
15 ③ 16 ④

17 **건축주인 甲은 4층 건축물을 병원으로 사용하던 중 이를 서점으로 용도변경하고자 한다. 건축법령상 이에 관한 설명으로 옳은 것은?** (단, 다른 조건은 고려하지 않음) 제29회

① 甲이 용도변경을 위하여 건축물을 대수선할 경우 그 설계는 건축사가 아니어도 할 수 있다.
② 甲은 건축물의 용도를 서점으로 변경하려면 용도변경을 신고하여야 한다.
③ 甲은 서점에 다른 용도를 추가하여 복수용도로 용도변경 신청을 할 수 없다.
④ 甲의 병원이 준주거지역에 위치하고 있다면 서점으로 용도변경을 할 수 없다.
⑤ 甲은 서점으로 용도변경을 할 경우 피난 용도로 쓸 수 있는 광장을 옥상에 설치하여야 한다.

키워드 건축물의 용도변경

해설 ① 甲이 용도변경을 위하여 건축물을 대수선할 경우 4층인 건축물이기 때문에 그 설계는 건축사가 설계하여야 한다.
③ 甲은 서점에 다른 용도를 추가하여 복수용도로 용도변경 신청을 할 수 있다.
④ 甲의 병원이 준주거지역에 위치하고 있다면 서점으로 용도변경을 할 수 있다.
⑤ 甲은 서점으로 용도변경을 할 경우 피난 용도로 쓸 수 있는 광장을 옥상에 설치하지 않아도 된다.

Answer
17 ②

Chapter 02

건축물의 건축 등

대표기출 | 상중하 2018년 제29회 A형 74번 문제

건축법령상 건축신고를 하면 건축허가를 받은 것으로 볼 수 있는 경우에 해당하지 않는 것은?

① 연면적 150m^{2}인 3층 건축물의 피난계단 증설
② 연면적 180m^{2}인 2층 건축물의 대수선
③ 연면적 270m^{2}인 3층 건축물의 방화벽 수선
④ 1층의 바닥면적 50m^2, 2층의 바닥면적 30m^{2}인 2층 건축물의 신축
⑤ 바닥면적 100m^{2}인 단층 건축물의 신축

키워드 신고대상 건축물

허가대상 건축물과 신고대상 건축물을 정확하게 구별해 정리하여야 합니다. 특히, 신고대상 건축물에 대한 암기와 이해가 병행되어야 합니다. 25회, 29회, 31회, 32회

핵심포인트 신고대상 건축물

1. 연면적이 200m^2 미만이고 3층 미만인 건축물의 대수선
2. 주요구조부의 해체가 없는 등 대통령령으로 정하는 다음의 대수선은 신고대상이다.

㉠ 내력벽의 면적을 30m^2 이상 수선하는 것
㉡ 기둥을 세 개 이상 수선하는 것
㉢ 보를 세 개 이상 수선하는 것
㉣ 지붕틀을 세 개 이상 수선하는 것
㉤ 방화벽 또는 방화구획을 위한 바닥 또는 벽을 수선하는 것
㉥ 주계단·피난계단 또는 특별피난계단을 수선하는 것

따라서 연면적 150m^{2}인 3층 건축물의 피난계단을 증설하는 대수선은 신고대상에 해당하지 않는다.

Ⓐ 정답 ①

01 **건축법령상 건축허가의 사전결정에 관한 설명으로 틀린 것은?** 제28회

① 사전결정을 할 수 있는 자는 건축허가권자이다.
② 사전결정 신청사항에는 건축허가를 받기 위하여 신청자가 고려하여야 할 사항이 포함될 수 있다.
③ 사전결정의 통지로써 「국토의 계획 및 이용에 관한 법률」에 따른 개발행위허가가 의제되는 경우 허가권자는 사전결정을 하기에 앞서 관계 행정기관의 장과 협의하여야 한다.
④ 사전결정신청자는 건축위원회 심의와 「도시교통정비 촉진법」에 따른 교통영향평가서의 검토를 동시에 신청할 수 있다.
⑤ 사전결정신청자는 사전결정을 통지받은 날부터 2년 이내에 착공신고를 하여야 하며, 이 기간에 착공신고를 하지 아니하면 사전결정의 효력이 상실된다.

키워드 사전결정 신청

해설 사전결정신청자는 사전결정을 통지받은 날부터 2년 이내에 건축허가를 신청하여야 하며, 이 기간에 건축허가를 신청하지 아니하면 사전결정의 효력이 상실된다.

02 **건축법령상 건축허가 대상 건축물을 건축하려는 자가 허가권자의 사전결정통지를 받은 경우 그 허가를 받은 것으로 볼 수 있는 것만을 모두 고른 것은?** 제30회

> ㉠ 「국토의 계획 및 이용에 관한 법률」 제56조에 따른 개발행위허가
> ㉡ 「산지관리법」 제15조의2에 따른 도시지역 안의 보전산지에 대한 산지일시사용허가
> ㉢ 「산지관리법」 제14조에 따른 농림지역 안의 보전산지에 대한 산지전용허가
> ㉣ 「농지법」 제34조에 따른 농지전용허가

① ㉠, ㉡
② ㉠, ㉡, ㉣
③ ㉠, ㉢, ㉣
④ ㉡, ㉢, ㉣
⑤ ㉠, ㉡, ㉢, ㉣

키워드 사전결정통지의 효과

해설 ㉢ 「산지관리법」 제14조에 따른 농림지역 안의 보전산지에 대한 산지전용허가는 의제되는 대상이 아니다. 보전산지의 경우에는 도시지역에 한하여 의제가 되기 때문이다.

Answer
01 ⑤ 02 ②

03 **건축법령상 건축허가대상 건축물을 건축하려는 자가 건축관련 입지와 규모의 사전결정 통지를 받은 경우에 허가를 받은 것으로 볼 수 있는 것을 모두 고른 것은?** (단, 미리 관계 행정기관의 장과 사전결정에 관하여 협의한 것을 전제로 함) 제33회

> ㉠「농지법」 제34조에 따른 농지전용허가
> ㉡「하천법」 제33조에 따른 하천점용허가
> ㉢「국토의 계획 및 이용에 관한 법률」 제56조에 따른 개발행위허가
> ㉣ 도시지역 외의 지역에서「산지관리법」 제14조에 따른 보전산지에 대한 산지전용허가

① ㉠, ㉡　② ㉢, ㉣　③ ㉠, ㉡, ㉢
④ ㉡, ㉢, ㉣　⑤ ㉠, ㉡, ㉢, ㉣

키워드 사전결정통지의 효과
해설 ㉣ 도시지역 외의 지역에서「산지관리법」 제14조에 따른 보전산지에 대한 산지전용허가는 의제대상이 아니다. 보전산지의 경우에는 도시지역에 한하여 의제가 되기 때문이다.

04 **건축법령상 건축허가를 받으려는 자가 해당 대지의 소유권을 확보하지 <u>않아도</u> 되는 경우만을 모두 고른 것은?** 제28회

> ㉠ 분양을 목적으로 하는 공동주택의 건축주가 그 대지를 사용할 수 있는 권원을 확보한 경우
> ㉡ 건축주가 집합건물의 공용부분을 변경하기 위하여「집합건물의 소유 및 관리에 관한 법률」 제15조 제1항에 따른 결의가 있었음을 증명한 경우
> ㉢ 건축하려는 대지에 포함된 국유지에 대하여 허가권자가 해당 토지의 관리청이 해당 토지를 건축주에게 매각할 것을 확인한 경우

① ㉠　② ㉡　③ ㉠, ㉢
④ ㉡, ㉢　⑤ ㉠, ㉡, ㉢

키워드 대지의 소유권 확보
해설 건축허가를 받으려는 자가 해당 대지의 소유권을 확보하지 않아도 되는 경우는 다음과 같다.

> 1. 건축주가 대지의 소유권을 확보하지 못하였으나 그 대지를 사용할 수 있는 권원을 확보한 경우. 다만, 분양을 목적으로 하는 공동주택은 제외한다.
> 2. 건축주가 집합건물의 공용부분을 변경하기 위하여「집합건물의 소유 및 관리에 관한 법률」 제15조 제1항에 따른 결의가 있었음을 증명한 경우(㉡)
> 3. 건축하려는 대지에 포함된 국유지에 대하여 허가권자가 해당 토지의 관리청이 해당 토지를 건축주에게 매각할 것을 확인한 경우(㉢)

Answer
03 ③　04 ④

05 **甲은 A광역시 B구에서 20층의 연면적 합계가 5만m^2인 허가대상 건축물을 신축하려고 한다. 건축법령상 이에 관한 설명으로 틀린 것은?** (단, 건축법령상 특례규정은 고려하지 않음) 제31회

① 甲은 B구청장에게 건축허가를 받아야 한다.

② 甲이 건축허가를 받은 경우에도 해당 대지를 조성하기 위해 높이 5m의 옹벽을 축조하려면 따로 공작물 축조신고를 하여야 한다.

③ 甲이 건축허가를 받은 이후에 공사시공자를 변경하는 경우에는 B구청장에게 신고하여야 한다.

④ 甲이 건축허가를 받은 경우에도 A광역시장은 지역계획에 특히 필요하다고 인정하면 甲의 건축물의 착공을 제한할 수 있다.

⑤ 공사감리자는 필요하다고 인정하면 공사시공자에게 상세시공도면을 작성하도록 요청할 수 있다.

04

키워드 허가대상 건축물

해설 甲이 건축허가를 받은 경우에는 해당 대지를 조성하기 위해 높이 5m의 옹벽을 축조하려면 따로 공작물 축조신고를 하지 않아도 된다. 건축허가를 받으면 공작물의 축조신고를 한 것으로 의제되기 때문이다.

06 **건축법령상 건축허가의 제한에 관한 설명으로 틀린 것은?** 제26회

① 국방부장관이 국방을 위하여 특히 필요하다고 인정하여 요청하면 국토교통부장관은 허가권자의 건축허가를 제한할 수 있다.

② 교육감이 교육환경의 개선을 위하여 특히 필요하다고 인정하여 요청하면 국토교통부장관은 허가를 받은 건축물의 착공을 제한할 수 있다.

③ 특별시장은 지역계획에 특히 필요하다고 인정하면 관할 구청장의 건축허가를 제한할 수 있다.

④ 건축물의 착공을 제한하는 경우 제한기간은 2년 이내로 하되, 1회에 한하여 1년 이내의 범위에서 제한기간을 연장할 수 있다.

⑤ 도지사가 관할 군수의 건축허가를 제한한 경우, 국토교통부장관은 제한내용이 지나치다고 인정하면 해제를 명할 수 있다.

키워드 건축허가의 제한

해설 교육감이 교육환경의 개선을 위하여 특히 필요하다고 인정하여 요청하는 경우는 국토교통부장관이 허가권자의 건축허가나 착공을 제한할 수 있는 사유에 해당하지 않는다.

Answer
05 ② 06 ②

07 건축법령상 건축허가 제한 등에 관한 설명으로 옳은 것은? 제35회

① 도지사는 지역계획에 특히 필요하다고 인정하더라도 허가 받은 건축물의 착공을 제한할 수 없다.

② 시장·군수·구청장이 건축허가를 제한하려는 경우에는 주민의견을 청취한 후 도시계획위원회의 심의를 거쳐야 한다.

③ 건축허가를 제한하는 경우 제한기간은 2년 이내로 하며, 1회에 한하여 1년 이내의 범위에서 제한기간을 연장할 수 있다.

④ 건축허가를 제한하는 경우 국토교통부장관은 제한 목적·기간 등을 상세하게 정하여 지체 없이 공고하여야 한다.

⑤ 건축허가를 제한한 경우 허가권자는 즉시 국토교통부장관에게 보고하여야 하며, 보고를 받은 국토교통부장관은 제한 내용이 지나치다고 인정하면 직권으로 이를 해제하여야 한다.

키워드 건축허가의 제한

해설 ① 도지사는 지역계획에 특히 필요하다고 인정하면 허가 받은 건축물의 착공을 제한할 수 있다.
② 시장·군수·구청장은 건축허가를 제한할 수 없다.
④ 건축허가를 제한하는 경우 국토교통부장관은 제한 목적·기간 등을 상세하게 정하여 허가권자에게 통보하여야 하며, 통보를 받은 허가권자는 지체 없이 이를 공고하여야 한다.
⑤ 특별시장·광역시장·도지사는 건축허가를 제한한 경우 즉시 국토교통부장관에게 보고하여야 하며, 보고를 받은 국토교통부장관은 제한 내용이 지나치다고 인정하면 해제를 명할 수 있다.

08 건축법령상 건축허가 제한에 관한 설명으로 옳은 것은? 제32회

① 국방, 국가유산의 보존 또는 국민경제를 위하여 특히 필요한 경우 주무부장관은 허가권자의 건축허가를 제한할 수 있다.

② 지역계획을 위하여 특히 필요한 경우 도지사는 특별자치시장의 건축허가를 제한할 수 있다.

③ 건축허가를 제한하는 경우 건축허가 제한기간은 2년 이내로 하며, 1회에 한하여 1년 이내의 범위에서 제한기간을 연장할 수 있다.

④ 시·도지사가 건축허가를 제한하는 경우에는 「토지이용규제 기본법」에 따라 주민의견을 청취하거나 건축위원회의 심의를 거쳐야 한다.

⑤ 국토교통부장관은 건축허가를 제한하는 경우 제한 목적·기간, 대상 건축물의 용도와 대상 구역의 위치·면적·경계를 지체 없이 공고하여야 한다.

Answer
07 ③ 08 ③

키워드 건축허가의 제한

해설 ① 국방, 국가유산의 보존 또는 국민경제를 위하여 특히 필요한 경우 주무부장관은 허가권자의 건축허가를 제한할 수 없고, 국토교통부장관에게 건축허가의 제한을 요청할 수 있다.
② 지역계획을 위하여 특히 필요한 경우 도지사는 특별자치시장의 건축허가를 제한할 수 없고, 시장·군수의 건축허가를 제한할 수 있다.
④ 시·도지사가 건축허가를 제한하는 경우에는 「토지이용규제 기본법」에 따라 주민의견을 청취한 후 건축위원회의 심의를 거쳐야 한다.
⑤ 국토교통부장관은 건축허가를 제한하는 경우 제한 목적·기간, 대상 건축물의 용도와 대상 구역의 위치·면적·경계를 허가권자에게 통보하여야 하며, 통보를 받은 허가권자는 지체 없이 이를 공고하여야 한다.

09 건축법령상 건축신고에 관한 설명으로 틀린 것은? 제23회

① 바닥면적의 합계가 85m^2 이내인 단층의 건축물의 신축은 신고의 대상이다.
② 신고대상 건축물에 대하여 건축신고를 하면 건축허가를 받은 것으로 본다.
③ 건축허가를 받은 건축물의 건축주를 변경하는 경우에는 신고를 하여야 한다.
④ 건축신고를 하였더라도 공사에 필요한 규모로 공사용 가설건축물의 축조가 필요한 경우에는 별도로 가설건축물 축조신고를 하여야 한다.
⑤ 건축신고를 한 건축물을 주요구조부를 해체하지 아니하고 같은 대지의 다른 위치로 옮기는 경우에는 변경신고를 하여야 한다.

키워드 건축신고

해설 건축신고를 한 경우에는 공사용 가설건축물의 축조신고를 한 것으로 의제되기 때문에 공사에 필요한 규모로 공사용 가설건축물의 축조가 필요한 경우에는 별도로 가설건축물의 축조신고를 하지 않아도 된다.

Answer
09 ④

10 **건축주 甲은 A도 B시에서 연면적이 100m^{2}이고 2층인 건축물을 대수선하고자 「건축법」 제14조에 따른 신고(이하 '건축신고')를 하려고 한다. 건축법령상 이에 관한 설명으로 옳은 것은?** (단, 건축법령상 특례 및 조례는 고려하지 않음) 제32회

① 甲이 대수선을 하기 전에 B시장에게 건축신고를 하면 건축허가를 받은 것으로 본다.
② 건축신고를 한 甲이 공사시공자를 변경하려면 B시장에게 허가를 받아야 한다.
③ B시장은 건축신고의 수리 전에 건축물 안전영향평가를 실시하여야 한다.
④ 건축신고를 한 甲이 신고일부터 6개월 이내에 공사에 착수하지 아니하면 그 신고의 효력은 없어진다.
⑤ 건축신고를 한 甲은 건축물의 공사가 끝난 후 사용승인 신청 없이 건축물을 사용할 수 있다.

키워드 건축신고

해설 ② 건축신고를 한 甲이 공사시공자를 변경하려면 B시장에게 신고하여야 한다.
③ B시장은 초고층 건축물 등 대통령령으로 정하는 주요 건축물에 대하여 건축허가를 하기 전에 안전영향평가를 안전영향평가기관에 의뢰하여 실시하여야 한다.
④ 건축신고를 한 甲이 신고일부터 1년 이내에 공사에 착수하지 아니하면 그 신고의 효력은 없어진다.
⑤ 건축신고를 한 甲은 건축물의 공사가 끝난 후 사용승인을 받은 후에 건축물을 사용할 수 있다.

11 **건축법령상 건축허가와 건축신고에 관한 설명으로 <u>틀린</u> 것은?** 제22회 수정

① 허가대상 건축물이라 하더라도 바닥면적의 합계가 85m^2 이내의 증축인 경우에는 건축신고를 하면 건축허가를 받은 것으로 본다.
② 시장 · 군수는 연면적의 합계가 10만m^2 이상인 공장의 건축을 허가하려면 미리 도지사의 승인을 얻어야 한다.
③ 국가가 건축물을 건축하기 위하여 미리 건축물의 소재지를 관할하는 허가권자와 협의한 경우에는 건축허가를 받았거나 신고한 것으로 본다.
④ 건축신고를 한 자가 신고일부터 1년 이내에 공사에 착수하지 아니하면 그 신고의 효력은 없어진다.
⑤ 특별시장 · 광역시장 · 도지사가 시장 · 군수 · 구청장의 건축허가를 제한하는 경우 제한기간은 2년 이내로 하되, 1회에 한하여 1년 이내의 범위에서 연장할 수 있다.

키워드 도지사의 사전승인 대상

해설 연면적의 합계가 10만m^2 이상인 공장은 도지사의 사전승인 대상에서 제외한다.

Answer
10 ① 11 ②

12 **건축법령상 건축허가 및 건축신고에 관한 설명으로 틀린 것은?** 제24회 수정

① 수질을 보호하기 위하여 도지사가 지정·공고한 구역에 시장·군수가 3층의 관광호텔의 건축을 허가하기 위해서는 도지사의 사전승인을 받아야 한다.

② 숙박시설에 해당하는 건축물의 건축을 허가하는 경우 건축물의 용도·규모 또는 형태가 주거환경이나 교육환경 등 주변환경을 고려할 때 부적합하다고 인정되면 건축위원회의 심의를 거쳐 건축허가를 하지 않을 수 있다.

③ 특별시장·광역시장·도지사는 시장·군수·구청장의 건축허가를 제한한 경우 즉시 국토교통부장관에게 보고하여야 한다.

④ 연면적이 180m^{2}이고 2층인 건축물의 대수선은 건축신고의 대상이다.

⑤ 건축신고를 한 자가 신고일부터 6개월 이내에 공사에 착수하지 아니하면 그 신고의 효력은 없어진다.

키워드 건축허가 및 건축신고

해설 건축신고를 한 자가 신고일부터 1년 이내에 공사에 착수하지 아니하면 그 신고의 효력은 없어진다.

13 **건축법령상 건축허가 및 건축신고 등에 관한 설명으로 틀린 것은?** (단, 조례는 고려하지 않음) 제25회

① 바닥면적이 각 80m^{2}인 3층의 건축물을 신축하고자 하는 자는 건축허가의 신청 전에 허가권자에게 그 건축의 허용성에 대한 사전결정을 신청할 수 있다.

② 연면적의 10분의 3을 증축하여 연면적의 합계가 10만m^{2}가 되는 창고를 광역시에 건축하고자 하는 자는 광역시장의 허가를 받아야 한다.

③ 건축물의 건축허가를 받으면 「국토의 계획 및 이용에 관한 법률」에 따른 개발행위허가를 받은 것으로 본다.

④ 연면적의 합계가 200m^{2}인 건축물의 높이를 2m 증축할 경우 건축신고를 하면 건축허가를 받은 것으로 본다.

⑤ 건축신고를 한 자가 신고일부터 1년 이내에 공사에 착수하지 아니하면 그 신고의 효력은 없어진다.

키워드 건축허가 및 건축신고

해설 연면적의 10분의 3을 증축하여 연면적의 합계가 10만m^{2}가 되는 창고는 광역시장의 허가대상에서 제외된다.

Answer

12 ⑤ 13 ②

14 **건축법령상 건축공사현장 안전관리예치금에 관한 조문의 내용이다. (   )에 들어갈 내용을 바르게 나열한 것은?** (단, 적용 제외는 고려하지 않음) **제30회**

> 허가권자는 연면적이 (㉠)m^2 이상인 건축물로서 해당 지방자치단체의 조례로 정하는 건축물에 대하여는 착공신고를 하는 건축주에게 장기간 건축물의 공사현장이 방치되는 것에 대비하여 미리 미관 개선과 안전관리에 필요한 비용을 건축공사비의 (㉡)%의 범위에서 예치하게 할 수 있다.

① ㉠: 1천, ㉡: 1
② ㉠: 1천, ㉡: 3
③ ㉠: 1천, ㉡: 5
④ ㉠: 3천, ㉡: 3
⑤ ㉠: 3천, ㉡: 5

키워드 안전관리예치금

해설 공사현장 안전관리예치금의 예치대상은 다음과 같다.

> 허가권자는 연면적이 '1천'm^2 이상인 건축물로서 해당 지방자치단체의 조례로 정하는 건축물에 대하여는 착공신고를 하는 건축주에게 장기간 건축물의 공사현장이 방치되는 것에 대비하여 미리 미관 개선과 안전관리에 필요한 비용을 건축공사비의 '1'%의 범위에서 예치하게 할 수 있다.

Answer
14 ①

Chapter 03

건축물의 대지와 도로

대표기출 상중하 2014년 제25회 A형 114번 문제

건축법령상 대지의 조경 및 공개공지등의 설치에 관한 설명으로 옳은 것은? (단, 건축법 제73조에 따른 적용 특례 및 조례는 고려하지 않음)

① 도시·군계획시설에서 건축하는 연면적의 합계가 1,500m^2 이상인 가설건축물에 대하여는 조경 등의 조치를 하여야 한다.

② 면적 5,000m^2 미만인 대지에 건축하는 공장에 대하여는 조경 등의 조치를 하지 아니할 수 있다.

③ 녹지지역에 건축하는 창고에 대해서는 조경 등의 조치를 하여야 한다.

④ 상업지역의 건축물에 설치하는 공개공지등의 면적은 대지면적의 100분의 10을 넘어야 한다.

⑤ 공개공지등을 설치하는 경우 건축물의 건폐율은 완화하여 적용할 수 있으나 건축물의 높이 제한은 완화하여 적용할 수 없다.

키워드 대지의 조경 및 공개공지등

대지의 조경의무대상에서 제외되는 건축물과 공개공지등의 확보면적과 완화규정에 관한 규정을 정확하게 정리하고 숙지하여야 합니다. 25회, 27회, 31회, 34회, 35회

핵심포인트 조경 등의 조치를 하지 아니할 수 있는 건축물

1. 녹지지역에 건축하는 건축물
2. 면적 5,000m^2 미만인 대지에 건축하는 공장
3. 연면적의 합계가 1,500m^2 미만인 공장
4. 「산업집적활성화 및 공장설립에 관한 법률」에 따른 산업단지의 공장
5. 대지에 염분이 함유되어 있는 경우 또는 건축물 용도의 특성상 조경 등의 조치를 하기가 곤란하거나 조경 등의 조치를 하는 것이 불합리한 경우로서 건축조례로 정하는 건축물
6. 축사
7. 도시·군계획시설 및 도시·군계획시설예정지에서 건축하는 가설건축물
8. 연면적의 합계가 1,500m^2 미만인 물류시설(주거지역 또는 상업지역에 건축하는 것은 제외)로서 국토교통부령으로 정하는 것
9. 「국토의 계획 및 이용에 관한 법률」에 따라 지정된 자연환경보전지역·농림지역 또는 관리지역(지구단위계획구역으로 지정된 지역은 제외) 안의 건축물

Ⓐ 정답 ②

01 **건축법령상 대지면적이 2천m^2인 대지에 건축하는 경우 조경 등의 조치를 하여야 하는 건축물은?**
(단, 건축법령상 특례규정 및 조례는 고려하지 않음) 제31회

① 상업지역에 건축하는 물류시설
② 2층의 공장
③ 도시·군계획시설에서 허가를 받아 건축하는 가설건축물
④ 녹지지역에 건축하는 기숙사
⑤ 연면적의 합계가 1천m^2인 축사

키워드 대지의 조경
해설 상업지역에 건축하는 물류시설은 조경 등의 조치를 하여야 한다.

02 **건축법령상 건축물의 대지에 조경을 하지 <u>않아도</u> 되는 건축물에 해당하는 것을 모두 고른 것은?**
(단, 건축협정은 고려하지 않음) 제27회

㉠ 면적 5,000m^2 미만인 대지에 건축하는 공장 ㉡ 연면적의 합계가 1,500m^2 미만인 공장 ㉢ 「산업집적활성화 및 공장설립에 관한 법률」에 따른 산업단지의 공장

① ㉠
② ㉢
③ ㉠, ㉡
④ ㉡, ㉢
⑤ ㉠, ㉡, ㉢

키워드 대지의 조경
해설 면적 5,000m^2 미만인 대지에 건축하는 공장(㉠), 연면적의 합계가 1,500m^2 미만인 공장(㉡), 「산업집적활성화 및 공장설립에 관한 법률」에 따른 산업단지의 공장(㉢)은 조경 등의 조치를 하지 아니할 수 있다.

Answer
01 ① 02 ⑤

03 건축법령상 대지의 조경 등의 조치를 하지 아니할 수 있는 건축물이 아닌 것은? (단, 가설건축물은 제외하고, 건축법령상 특례, 기타 강화·완화조건 및 조례는 고려하지 않음) 제35회

① 녹지지역에 건축하는 건축물
② 면적 4천 제곱미터인 대지에 건축하는 공장
③ 연면적의 합계가 1천 제곱미터인 공장
④ 「국토의 계획 및 이용에 관한 법률」에 따라 지정된 관리지역(지구단위계획구역으로 지정된 지역이 아님)의 건축물
⑤ 주거지역에 건축하는 연면적의 합계가 1천500제곱미터인 물류시설

키워드 대지의 조경
해설 주거지역에 건축하는 연면적의 합계가 1천500제곱미터인 물류시설은 조경 등의 조치를 하여야 한다.

04 건축법령상 건축물의 대지와 도로에 관한 설명으로 옳은 것은? (단, 건축법 제3조에 따른 적용제외 및 조례는 고려하지 않음) 제23회 수정

① 손궤의 우려가 있는 토지에 대지를 조성하면서 설치한 옹벽의 외벽면에는 옹벽의 지지 또는 배수를 위한 시설물이 밖으로 튀어 나오게 하여서는 아니 된다.
② 건축물의 대지는 6m 이상이 보행과 자동차의 통행이 가능한 도로에 접하여야 한다.
③ 도시·군계획시설에서 건축하는 가설건축물의 경우에는 대지에 대한 조경의무가 있다.
④ 바닥면적의 합계가 5,000m^2 이상인 「농수산물 유통 및 가격안정에 관한 법률」에 따른 농수산물유통시설의 경우에는 공개공지를 설치하여야 한다.
⑤ 건축물의 지표 아래 부분은 건축선의 수직면을 넘을 수 있다.

키워드 대지와 도로
해설 ① 손궤의 우려가 있는 토지에 대지를 조성하면서 설치한 옹벽의 외벽면에는 이의 지지 또는 배수를 위한 시설 외의 구조물이 밖으로 튀어 나오지 아니하게 하여야 한다.
② 건축물의 대지는 2m 이상이 보행과 자동차의 통행이 가능한 도로에 접하여야 한다.
③ 도시·군계획시설에서 건축하는 가설건축물의 경우에는 대지에 대한 조경의무가 없다.
④ 바닥면적의 합계가 5,000m^2 이상인 「농수산물 유통 및 가격안정에 관한 법률」에 따른 농수산물유통시설의 경우에는 공개공지를 설치하지 않아도 된다.

05 **건축법령상 공개공지등을 확보하여야 하는 건축물의 공개공지등에 관한 설명으로 (　　)에 알맞은 것을 바르게 나열한 것은?** 제24회

- 공개공지등의 면적은 대지면적의 (㉠) 이하의 범위에서 건축조례로 정한다.
- 대지에 공개공지등을 확보하여야 하는 건축물의 경우 공개공지등을 설치하는 때에는 해당 지역에 적용하는 용적률의 (㉡) 이하의 범위에서 용적률을 완화하여 적용한다.

① ㉠: 100분의 10, ㉡: 1.1배
② ㉠: 100분의 10, ㉡: 1.2배
③ ㉠: 100분의 10, ㉡: 1.5배
④ ㉠: 100분의 20, ㉡: 1.1배
⑤ ㉠: 100분의 20, ㉡: 1.2배

키워드 공개공지등

해설
- 공개공지등의 면적은 대지면적의 '100분의 10' 이하의 범위에서 건축조례로 정한다.
- 대지에 공개공지등을 확보하여야 하는 건축물의 경우 공개공지등을 설치하는 때에는 해당 지역에 적용하는 용적률의 '1.2배' 이하의 범위에서 건축조례로 정하는 바에 따라 용적률을 완화하여 적용할 수 있다.

06 **건축법령상 건축물에 공개공지 또는 공개공간을 설치하여야 하는 대상지역에 해당하는 것은?** (단, 지방자치단체장이 별도로 지정·공고하는 지역은 고려하지 않음) 제27회

① 전용주거지역
② 일반주거지역
③ 전용공업지역
④ 일반공업지역
⑤ 보전녹지지역

키워드 공개공지등 설치 대상지역

해설 공개공지등의 설치 대상지역은 일반주거지역, 준주거지역, 상업지역, 준공업지역이다.

핵심포인트 공개공지 확보 대상지역

1. 일반주거지역, 준주거지역
2. 상업지역
3. 준공업지역
4. 특별자치시장·특별자치도지사 또는 시장·군수·구청장이 도시화의 가능성이 크거나 노후 산업단지의 정비가 필요하다고 인정하여 지정·공고하는 지역

Answer
05 ②　06 ②

07 **건축법령상 공개공지 또는 공개공간을 설치하여야 하는 건축물에 해당하지 않는 것은?** (단, 건축물은 해당 용도로 쓰는 바닥면적의 합계가 5,000m^2 이상이며, 조례는 고려하지 않음) 제26회

① 일반공업지역에 있는 종합병원
② 일반주거지역에 있는 교회
③ 준주거지역에 있는 예식장
④ 일반상업지역에 있는 생활숙박시설
⑤ 유통상업지역에 있는 여객자동차터미널

키워드 공개공지등 설치대상건축물

해설 일반공업지역에 있는 종합병원은 공개공지 또는 공개공간을 설치하여야 하는 건축물에 해당하지 않는다.

04

08 **건축법령상 대지에 공개공지 또는 공개공간을 설치하여야 하는 건축물은?** (단, 건축물의 용도로 쓰는 바닥면적의 합계는 5천m^2 이상이며, 건축법령상 특례 및 조례는 고려하지 않음) 제34회

① 일반주거지역에 있는 초등학교
② 준주거지역에 있는 「농수산물 유통 및 가격안정에 관한 법률」에 따른 농수산물유통시설
③ 일반상업지역에 있는 관망탑
④ 자연녹지지역에 있는 「청소년활동진흥법」에 따른 유스호스텔
⑤ 준공업지역에 있는 여객용 운수시설

키워드 공개공지등 설치대상건축물

해설 준공업지역에 있는 여객용 운수시설은 대지에 공개공지 또는 공개공간을 설치하여야 하는 건축물에 해당한다.

Answer
07 ① 08 ⑤

09 **건축법령상 공개공지등에 관한 설명으로 옳은 것은?** (단, 건축법령상 특례, 기타 강화·완화조건은 고려하지 않음) 제35회

① 노후 산업단지의 정비가 필요하다고 인정되어 지정·공고된 지역에는 공개공지등을 설치할 수 없다.

② 공개 공지는 필로티의 구조로 설치할 수 없다.

③ 공개공지등을 설치할 때에는 모든 사람들이 환경친화적으로 편리하게 이용할 수 있도록 긴 의자 또는 조경시설 등 건축조례로 정하는 시설을 설치해야 한다.

④ 공개공지등에는 건축조례로 정하는 바에 따라 연간 최장 90일의 기간 동안 주민들을 위한 문화행사를 열거나 판촉활동을 할 수 있다.

⑤ 울타리나 담장 등 시설의 설치 또는 출입구의 폐쇄 등을 통하여 공개공지등의 출입을 제한한 경우 지체 없이 관할 시장·군수·구청장에게 신고하여야 한다.

키워드 공개공지등

해설 ① 노후 산업단지의 정비가 필요하다고 인정되어 지정·공고된 지역에는 공개공지등을 설치할 수 있다.
② 공개 공지는 필로티의 구조로 설치할 수 있다.
④ 공개공지등에는 건축조례로 정하는 바에 따라 연간 최장 60일의 기간 동안 주민들을 위한 문화행사를 열거나 판촉활동을 할 수 있다.
⑤ 누구든지 울타리나 담장 등 시설의 설치 또는 출입구의 폐쇄 등을 통하여 공개공지등의 출입을 제한하는 행위를 하여서는 아니 된다.

10 **건축법령상 도시지역에 건축하는 건축물의 대지와 도로 등에 관한 설명으로 틀린 것은?** 제25회

① 연면적의 합계가 2,000m^2인 공장의 대지는 너비 6m 이상의 도로에 4m 이상 접하여야 한다.

② 쓰레기로 매립된 토지에 건축물을 건축하는 경우 성토, 지반개량 등 필요한 조치를 하여야 한다.

③ 군수는 건축물의 위치나 환경을 정비하기 위하여 필요하다고 인정하면 4m 이하의 범위에서 건축선을 따로 지정할 수 있다.

④ 담장의 지표 위 부분은 건축선의 수직면을 넘어서는 아니 된다.

⑤ 공장의 주변에 허가권자가 인정한 공지인 광장이 있는 경우 연면적의 합계가 1,000m^2인 공장의 대지는 도로에 2m 이상 접하지 않아도 된다.

키워드 대지와 도로

해설 연면적의 합계가 3,000m^2 이상인 공장의 대지는 너비 6m 이상의 도로에 4m 이상 접하여야 한다.

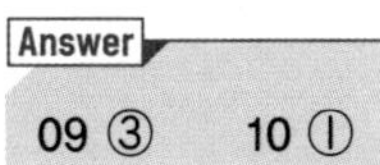
Answer
09 ③ 10 ①

11 **건축법령상 건축선과 대지의 면적에 관한 설명이다. (   )에 들어갈 내용으로 옳은 것은?** (단, 허가권자의 건축선의 별도지정, 「건축법」 제3조에 따른 적용제외, 건축법령상 특례 및 조례는 고려하지 않음) 제34회

> 「건축법」 제2조 제1항 제11호에 따른 소요 너비에 못 미치는 너비의 도로인 경우에는 그 중심선으로부터 그 (㉠)을 건축선으로 하되, 그 도로의 반대쪽에 하천이 있는 경우에는 그 하천이 있는 쪽의 도로경계선에서 (㉡)을 건축선으로 하며, 그 건축선과 도로 사이의 대지면적은 건축물의 대지면적 산정시 (㉢)한다.

① ㉠: 소요 너비에 해당하는 수평거리만큼 물러난 선,
㉡: 소요 너비에 해당하는 수평거리의 선,
㉢: 제외

② ㉠: 소요 너비의 2분의 1의 수평거리만큼 물러난 선,
㉡: 소요 너비의 2분의 1의 수평거리의 선,
㉢: 제외

③ ㉠: 소요 너비의 2분의 1의 수평거리만큼 물러난 선,
㉡: 소요 너비에 해당하는 수평거리의 선,
㉢: 제외

④ ㉠: 소요 너비의 2분의 1의 수평거리만큼 물러난 선,
㉡: 소요 너비에 해당하는 수평거리의 선,
㉢: 포함

⑤ ㉠: 소요 너비에 해당하는 수평거리만큼 물러난 선,
㉡: 소요 너비의 2분의 1의 수평거리의 선,
㉢: 포함

키워드 건축선의 지정

해설 「건축법」 제2조 제1항 제11호에 따른 소요 너비에 못 미치는 너비의 도로인 경우에는 그 중심선으로부터 그 소요 너비의 2분의 1의 수평거리만큼 물러난 선을 건축선으로 하되, 그 도로의 반대쪽에 하천이 있는 경우에는 그 하천이 있는 쪽의 도로경계선에서 소요 너비에 해당하는 수평거리의 선을 건축선으로 하며, 그 건축선과 도로 사이의 대지면적은 건축물의 대지면적 산정시 제외한다.

Answer
11 ③

Chapter 04

건축물의 구조 및 재료

대표기출 상중하 2018년 제29회 A형 73번 문제

건축법령상 구조안전 확인 건축물 중 건축주가 착공신고 시 구조안전 확인서류를 제출하여야 하는 건축물이 아닌 것은? (단, 건축법상 적용 제외 및 특례는 고려하지 않음)

① 단독주택
② 처마높이가 10m인 건축물
③ 기둥과 기둥 사이의 거리가 10m인 건축물
④ 연면적이 330m^{2}인 2층의 목구조 건축물
⑤ 다세대주택

키워드 구조안전 확인서류 제출대상

구조안전 확인서류를 제출해야 하는 대상건축물을 정확하게 암기하여야 합니다. 29회, 34회, 35회

핵심포인트 구조안전 확인서류 제출대상 건축물

건축주가 착공신고 시 구조안전 확인서류를 제출하여야 하는 건축물은 다음과 같다. 다만, 표준설계도서에 따라 건축하는 건축물은 제외한다.

1. 층수가 2층(목구조 건축물의 경우에는 3층) 이상인 건축물
2. 연면적이 200m^2(목구조 건축물의 경우에는 500m^2) 이상인 건축물. 다만, 창고, 축사, 작물 재배사는 제외한다.
3. 높이가 13m 이상인 건축물
4. 처마높이가 9m 이상인 건축물
5. 기둥과 기둥 사이의 거리가 10m 이상인 건축물
6. 건축물의 용도 및 규모를 고려한 중요도가 높은 건축물로서 국토교통부령으로 정하는 건축물
7. 국가적 문화유산으로 보존할 가치가 있는 건축물로서 국토교통부령으로 정하는 것
8. 단독주택 및 공동주택
9. ㉠ 한쪽 끝은 고정되고 다른 끝은 지지되지 아니한 구조로 보·차양 등이 외벽(외벽이 없는 경우에는 외곽기둥을 말함)의 중심선으로부터 3m 이상 돌출된 건축물
   ㉡ 특수한 설계·시공·공법이 필요한 건축물로서 국토교통부장관이 고시하는 구조로 된 건축물

Ⓐ 정답 ④

01 **건축법령상 건축허가를 받은 건축물의 착공신고시 허가권자에 대하여 구조안전 확인서류의 제출이 필요한 대상 건축물의 기준으로 옳은 것을 모두 고른 것은?** (단, 표준설계도서에 따라 건축하는 건축물이 아니며, 건축법령상 특례는 고려하지 않음) 제34회

㉠ 건축물의 높이: 13m 이상 ㉡ 건축물의 처마높이: 7m 이상 ㉢ 건축물의 기둥과 기둥 사이의 거리: 10m 이상

① ㉠ ② ㉡ ③ ㉠, ㉢
④ ㉡, ㉢ ⑤ ㉠, ㉡, ㉢

키워드 구조안전 확인서류 제출대상

해설 ㉠ 건축물의 높이: 13m 이상, ㉡ 건축물의 처마높이: 9m 이상, ㉢ 건축물의 기둥과 기둥 사이의 거리: 10m 이상인 건축물이 구조안전확인서류의 제출대상이 된다.

02 **건축법령상 건축허가 대상 건축물로서 내진능력을 공개하여야 하는 건축물에 해당하지 않는 것은?** (단, 소규모건축구조기준을 적용한 건축물이 아님) 제35회

① 높이가 13미터인 건축물
② 처마높이가 9미터인 건축물
③ 기둥과 기둥 사이의 거리가 10미터인 건축물
④ 건축물의 용도 및 규모를 고려한 중요도가 높은 건축물로서 국토교통부령으로 정하는 건축물
⑤ 국가적 문화유산으로 보존할 가치가 있는 것으로 문화체육관광부령으로 정하는 건축물

키워드 내진능력 공개대상 건축물

해설 국가적 문화유산으로 보존할 가치가 있는 것으로 문화체육관광부령으로 정하는 건축물이 아니라 국토교통부령으로 정하는 건축물이 내진능력을 공개하여야 하는 건축물에 해당한다.

Answer
01 ③ 02 ⑤

03 건축법령상 건축물의 피난시설에 관한 설명으로 옳은 것은? 제22회

① 건축물의 3층에 있는 출입 가능한 노대(露臺)의 주위에는 높이 1.2m 이상의 난간을 설치하여야 한다.

② 건축물의 5층이 전시장의 용도로 쓰이는 경우에는 피난 용도로 쓸 수 있는 광장을 옥상에 설치하여야 한다.

③ 층수가 12층인 건축물로서 10층 이상인 층의 바닥면적의 합계가 9,000m^2인 건축물의 옥상에는 헬리포트를 설치하여야 한다.

④ 바닥면적의 합계가 2,000m^2인 전시장을 지하층에 설치하는 경우에는 지하층과 피난층 사이에 천장이 개방된 외부공간을 설치하여야 한다.

⑤ 건축물의 5층이 판매시설의 용도로 쓰이는 층으로서 그 층 거실의 바닥면적의 합계가 1,000m^2인 경우에는 그 층으로부터 지상으로 통하는 옥외피난계단을 따로 설치하여야 한다.

키워드 건축물의 피난시설

해설 ② 전시장은 옥상광장 설치대상에서 제외한다.

③ 층수가 11층 이상인 건축물로서 11층 이상인 층의 바닥면적의 합계가 1만m^2 이상인 건축물의 옥상에는 헬리포트를 설치하여야 한다.

④ 바닥면적의 합계가 3,000m^2 이상인 전시장을 지하층에 설치하는 경우에는 지하층과 피난층 사이에 천장이 개방된 외부공간을 설치하여야 한다.

⑤ 건축물의 3층 이상의 집회장 용도로 쓰이는 층으로서 그 층 거실의 바닥면적의 합계가 1,000m^2 이상인 경우에는 그 층으로부터 지상으로 통하는 옥외피난계단을 따로 설치하여야 한다.

04 건축법령상 건축물의 가구 · 세대 등 간 소음방지를 위한 경계벽을 설치하여야 하는 경우가 <u>아닌</u> 것은? 제26회

① 숙박시설의 객실 간

② 공동주택 중 기숙사의 침실 간

③ 판매시설 중 상점 간

④ 교육연구시설 중 학교의 교실 간

⑤ 의료시설의 병실 간

키워드 소음방지를 위한 경계벽 설치대상

해설 판매시설 중 상점 간에는 건축물의 가구 · 세대 등 간 소음방지를 위한 경계벽을 설치하여야 하는 경우에 해당하지 않는다.

Answer

03 ① 04 ③

05 **건축법령상 국토교통부장관이 정하여 고시하는 건축물, 건축설비 및 대지에 관한 범죄예방 기준에 따라 건축하여야 하는 건축물에 해당하지 않는 것은?** 제29회 수정

① 교육연구시설 중 학교
② 제1종 근린생활시설 중 일용품을 판매하는 소매점
③ 제2종 근린생활시설 중 다중생활시설
④ 숙박시설 중 다중생활시설
⑤ 공동주택 중 기숙사

키워드 범죄예방 기준에 따른 건축물
해설 공동주택 중 기숙사는 범죄예방 기준에 따라 건축하여야 하는 건축물에 해당하지 않는다.

핵심포인트 **범죄예방 기준**

국토교통부장관이 정하여 고시하는 건축물, 건축설비 및 대지에 관한 범죄예방 기준에 따라 건축하여야 하는 건축물은 다음과 같다.

1. 다가구주택, 아파트, 연립주택 및 다세대주택
2. 제1종 근린생활시설 중 일용품을 판매하는 소매점
3. 제2종 근린생활시설 중 다중생활시설
4. 문화 및 집회시설(동·식물원은 제외)
5. 교육연구시설(연구소 및 도서관은 제외)
6. 노유자시설
7. 수련시설
8. 업무시설 중 오피스텔
9. 숙박시설 중 다중생활시설

04

Answer
05 ⑤

06 **건축법령상 고층건축물의 피난시설에 관한 내용으로 (   )에 들어갈 것을 옳게 연결한 것은?** 제27회

> 층수가 63층이고 높이가 190m인 (㉠) 건축물에는 피난층 또는 지상으로 통하는 직통계단과 직접 연결되는 피난안전구역을 지상층으로부터 최대 (㉡)개 층마다 (㉢)개소 이상 설치하여야 한다.

① ㉠: 준고층, ㉡: 20, ㉢: 1
② ㉠: 준고층, ㉡: 30, ㉢: 2
③ ㉠: 초고층, ㉡: 20, ㉢: 1
④ ㉠: 초고층, ㉡: 30, ㉢: 1
⑤ ㉠: 초고층, ㉡: 30, ㉢: 2

키워드 피난안전구역의 설치

해설 '초고층' 건축물(층수가 50층 이상이거나 높이가 200m 이상인 건축물)에는 피난층 또는 지상으로 통하는 직통계단과 직접 연결되는 피난안전구역을 지상층으로부터 최대 '30'개 층마다 '1'개소 이상 설치하여야 한다.

Answer

06 ④

Chapter 05

지역 및 지구 안의 건축물

제1절 지역 및 지구 안의 건축물

01 **건축법령상 건폐율 및 용적률에 관한 설명으로 옳은 것은?** 제23회

① 건폐율은 대지면적에 대한 건축물의 바닥면적의 비율이다.
② 용적률을 산정할 경우 연면적에는 지하층의 면적은 포함되지 않는다.
③ 건축법의 규정을 통하여 국토의 계획 및 이용에 관한 법률상 건폐율의 최대한도를 강화하여 적용할 수 있으나, 이를 완화하여 적용할 수는 없다.
④ 하나의 대지에 건축물이 둘 이상 있는 경우 용적률의 제한은 건축물별로 각각 적용한다.
⑤ 도시지역에서 건축물이 있는 대지를 분할하는 경우에는 건폐율 기준에 못 미치게 분할하는 것도 가능하다.

키워드 건폐율 및 용적률

해설 ① 건폐율은 대지면적에 대한 건축물의 건축면적의 비율이다.
③ 건축법의 규정을 통하여 국토의 계획 및 이용에 관한 법률상 건폐율의 최대한도를 강화하여 적용하거나 완화하여 적용할 수 있다.
④ 하나의 대지에 건축물이 둘 이상 있는 경우 용적률의 제한은 건축물별로 각각 적용하는 것이 아니라, 건축물의 연면적의 합계로 산정하여 적용한다.
⑤ 도시지역에서 건축물이 있는 대지를 분할하는 경우에는 건폐율 기준에 못 미치게 분할할 수 없다.

Answer
01 ②

02 **건축법령상 건축물이 있는 대지는 조례로 정하는 면적에 못 미치게 분할할 수 없다. 다음 중 조례로 정할 수 있는 최소 분할면적 기준이 가장 작은 용도지역은?** (단, 건축법 제3조에 따른 적용 제외는 고려하지 않음) 제24회

① 제2종 전용주거지역
② 일반상업지역
③ 근린상업지역
④ 준공업지역
⑤ 생산녹지지역

키워드 대지의 분할제한

해설 건축물이 있는 대지는 다음의 어느 하나에 해당하는 규모 이상의 범위에서 해당 지방자치단체의 조례로 정하는 면적에 못 미치게 분할할 수 없다.

1. 주거지역: $60m^2$
2. 상업지역: $150m^2$
3. 공업지역: $150m^2$
4. 녹지지역: $200m^2$
5. 위 1.부터 4.까지의 규정에 해당하지 아니하는 지역: $60m^2$

03 **건축법령상 $1,000m^2$의 대지에 건축한 다음 건축물의 용적률은 얼마인가?** (단, 제시된 조건 외에 다른 조건은 고려하지 않음) 제24회

- 하나의 건축물로서 지하 2개 층, 지상 5개 층으로 구성되어 있으며, 지붕은 평지붕임
- 건축면적은 $500m^2$이고, 지하층 포함 각 층의 바닥면적은 $480m^2$로 동일함
- 지하 2층은 전부 주차장, 지하 1층은 전부 제1종 근린생활시설로 사용됨
- 지상 5개 층은 전부 업무시설로 사용됨

① 240%
② 250%
③ 288%
④ 300%
⑤ 480%

키워드 건축물의 용적률

해설 용적률 = 연면적 ÷ 대지면적 × 100이다. 따라서 용적률 = $2,400m^2 \div 1,000m^2 \times 100$ = 240%가 된다.

Answer
02 ① 03 ①

04 **건축법령상 지상 11층 지하 3층인 하나의 건축물이 다음 조건을 갖추고 있는 경우, 건축물의 용적률은?** (단, 제시된 조건 이외의 다른 조건이나 제한 및 건축법령상 특례는 고려하지 않음)

제34회

- 대지면적은 1,500m^2임
- 각 층의 바닥면적은 1,000m^2로 동일함
- 지상 1층 중 500m^2는 건축물의 부속용도인 주차장으로, 나머지 500m^2는 제2종 근린생활시설로 사용함
- 지상 2층에서 11층까지는 업무시설로 사용함
- 지하 1층은 제1종 근린생활시설로, 지하 2층과 지하 3층은 주차장으로 사용함

① 660%
② 700%
③ 800%
④ 900%
⑤ 1,100%

키워드 건축물의 용적률

해설 용적률 = 연면적 ÷ 대지면적 × 100이다. 따라서 용적률 = 10,500m^2 ÷ 1,500m^2 × 100 = 700%가 된다.

Answer
04 ②

제2절 건축물의 면적 및 높이 등의 산정방법

대표기출 상중하 2018년 제29회 A형 76번 문제

건축법령상 건축물 바닥면적의 산정방법에 관한 설명으로 틀린 것은?

① 벽·기둥의 구획이 없는 건축물은 그 지붕 끝부분으로부터 수평거리 1m를 후퇴한 선으로 둘러싸인 수평투영면적으로 한다.

② 승강기탑은 바닥면적에 산입하지 아니한다.

③ 필로티 부분은 공동주택의 경우에는 바닥면적에 산입한다.

④ 공동주택으로서 지상층에 설치한 조경시설은 바닥면적에 산입하지 아니한다.

⑤ 건축물의 노대의 바닥은 난간 등의 설치 여부에 관계없이 노대의 면적에서 노대가 접한 가장 긴 외벽에 접한 길이에 1.5m를 곱한 값을 뺀 면적을 바닥면적에 산입한다.

키워드 바닥면적의 산정방법

건축물 바닥면적의 산정에서 제외되는 경우를 정확하게 숙지하여야 합니다. 25회, 29회, 31회, 33회

핵심포인트 바닥면적

필로티나 그 밖에 이와 비슷한 구조(벽면적의 2분의 1 이상이 그 층의 바닥면에서 위층 바닥 아래면까지 공간으로 된 것만 해당)의 부분은 그 부분이 공중의 통행이나 차량의 통행 또는 주차에 전용되는 경우와 공동주택의 경우에는 바닥면적에 산입하지 아니한다.

Ⓐ 정답 ③

05 건축법령상 건축물의 면적 등의 산정방법에 관한 설명으로 틀린 것은? (단, 건축법령상 특례는 고려하지 않음) 제33회

① 공동주택으로서 지상층에 설치한 조경시설의 면적은 바닥면적에 산입하지 않는다.

② 지하주차장의 경사로의 면적은 건축면적에 산입한다.

③ 태양열을 주된 에너지원으로 이용하는 주택의 건축면적은 건축물의 외벽 중 내측 내력벽의 중심선을 기준으로 한다.

④ 용적률을 산정할 때에는 지하층의 면적은 연면적에 산입하지 않는다.

⑤ 층의 구분이 명확하지 아니한 건축물의 높이는 4m마다 하나의 층으로 보고 그 층수를 산정한다.

키워드 건축물의 면적 등의 산정방법

해설 지하주차장의 경사로의 면적은 건축면적에 산입하지 아니한다.

Answer

05 ②

06

건축법령상 건축물의 면적 등의 산정방법으로 옳은 것은? 제31회 수정

① 공동주택으로서 지상층에 설치한 생활폐기물 보관시설의 면적은 바닥면적에 산입한다.
② 지하층에 설치한 기계실, 전기실의 면적은 용적률을 산정할 때 연면적에 산입한다.
③ 「건축법」상 건축물의 높이 제한 규정을 적용할 때, 건축물의 1층 전체에 필로티가 설치되어 있는 경우 건축물의 높이는 필로티의 층고를 제외하고 산정한다.
④ 건축물의 층고는 방의 바닥구조체 윗면으로부터 위층 바닥구조체의 아랫면까지의 높이로 한다.
⑤ 건축물이 부분에 따라 그 층수가 다른 경우에는 그중 가장 많은 층수와 가장 적은 층수를 평균하여 반올림한 수를 그 건축물의 층수로 본다.

키워드 건축물의 면적 등의 산정방법

해설 ① 공동주택으로서 지상층에 설치한 생활폐기물 보관시설의 면적은 바닥면적에 산입하지 아니한다.
② 지하층에 설치한 기계실, 전기실의 면적은 용적률을 산정할 때 연면적에서 제외한다.
④ 건축물의 층고는 방의 바닥구조체 윗면으로부터 위층 바닥구조체의 윗면까지의 높이로 한다.
⑤ 건축물이 부분에 따라 그 층수가 다른 경우에는 그중 가장 많은 층수를 그 건축물의 층수로 본다.

07

지하층이 2개 층이고 지상층은 전체가 층의 구분이 명확하지 아니한 건축물로서, 건축물의 바닥면적은 600m^{2}이며 바닥면적의 300m^{2}에 해당하는 부분은 그 높이가 12m이고 나머지 300m^{2}에 해당하는 부분의 높이는 16m이다. 이러한 건축물의 건축법령상 층수는? (단, 건축물의 높이는 건축법령에 의하여 산정한 것이고, 지표면의 고저차는 없으며, 건축물의 옥상에는 별도의 설치물이 없음) 제23회

① 1층 ② 3층
③ 4층 ④ 5층
⑤ 6층

키워드 층수 산정방법

해설 층의 구분이 명확하지 아니한 건축물은 그 건축물의 높이 4m마다 하나의 층으로 보기 때문에 높이가 12m인 경우에는 3층이 되고, 높이가 16m인 경우에는 4층의 건축물이 되는데, 건축물의 부분에 따라 층수가 다른 경우에는 가장 많은 층수로 보기 때문에 해당 건축물의 층수는 4층이 된다.

Answer
06 ③ 07 ③

08 **건축법령상 건축물의 면적 및 층수의 산정방법에 관한 설명으로 옳은 것을 모두 고른 것은?** 제24회

ㄱ 공동주택으로서 지상층에 설치한 전기실의 면적은 바닥면적에 산입하지 아니한다.
ㄴ 용적률을 산정할 때에는 해당 건축물의 부속용도로서 지상층의 주차용으로 쓰는 면적은 연면적에 포함한다.
ㄷ 건축물이 부분에 따라 그 층수가 다른 경우에는 그중 가장 많은 층수를 그 건축물의 층수로 본다.
ㄹ 사용승인을 받은 후 15년 이상이 된 건축물을 리모델링하는 경우로서 열의 손실방지를 위하여 외벽에 부가하여 마감재를 설치하는 부분은 바닥면적에 산입한다.

① ㄱ, ㄴ ② ㄱ, ㄷ ③ ㄴ, ㄷ
④ ㄴ, ㄹ ⑤ ㄷ, ㄹ

키워드 면적 및 층수 산정방법

해설 ㄴ 용적률을 산정할 때에는 해당 건축물의 부속용도로서 지상층의 주차용으로 쓰는 면적은 연면적에서 제외한다.
ㄹ 사용승인을 받은 후 15년 이상이 된 건축물을 리모델링하는 경우로서 열의 손실방지를 위하여 외벽에 부가하여 마감재를 설치하는 부분은 바닥면적에 산입하지 아니한다.

09 **건축법령상 건축물의 높이 제한에 관한 설명으로 <u>틀린</u> 것은?** (단, 건축법 제73조에 따른 적용 특례 및 조례는 고려하지 않음) 제25회 수정

① 전용주거지역과 일반주거지역 안에서 건축하는 건축물에 대하여는 일조의 확보를 위한 높이 제한이 적용된다.
② 일반상업지역에 건축하는 공동주택으로서 하나의 대지에 두 동(棟) 이상을 건축하는 경우에는 채광의 확보를 위한 높이 제한이 적용된다.
③ 2층 이하로서 높이가 8m 이하인 건축물에는 해당 지방자치단체의 조례로 정하는 바에 따라 일조 등의 확보를 위한 건축물의 높이 제한을 적용하지 아니할 수 있다.
④ 허가권자는 같은 가로구역에서 건축물의 용도 및 형태에 따라 건축물의 높이를 다르게 정할 수 있다.
⑤ 허가권자는 가로구역별 건축물의 높이를 지정하려면 지방건축위원회의 심의를 거쳐야 한다.

키워드 건축물의 높이 제한

해설 일반상업지역과 중심상업지역에 건축하는 공동주택의 경우에는 채광의 확보를 위한 높이 제한이 적용되지 않는다.

Answer
08 ② 09 ②

10 **건축법령상 대지면적이 160m^{2}인 대지에 건축되어 있고, 각 층의 바닥면적이 동일한 지하 1층 · 지상 3층인 하나의 평지붕 건축물로서 용적률이 150%라고 할 때, 이 건축물의 바닥면적은 얼마인가?** (단, 제시된 조건 이외의 다른 조건이나 제한은 고려하지 않음) 제25회

① 60m^2
② 70m^2
③ 80m^2
④ 100m^2
⑤ 120m^2

키워드 바닥면적 산정방법

해설 용적률 = 연면적 ÷ 대지면적 × 100이다. 현재 용적률은 150%이고, 대지면적이 160m^{2}이다. 이 경우 대지면적(160m^2)의 1.5배가 연면적이 된다. 따라서 이 건축물의 연면적은 240m^{2}이다. 여기에서 지하층은 용적률 산정 시 연면적에서 제외되기 때문에 지상 3층만 계산하면, 이 건축물의 바닥면적은 80m^{2}가 된다.

04

Answer
10 ③

Chapter 06

특별건축구역, 건축협정 등, 보칙 및 벌칙

대표기출 | 상중하 2016년 제27회 A형 116번 문제

건축법령상 건축협정에 관한 설명으로 틀린 것은?

① 건축물의 소유자 등은 과반수의 동의로 건축물의 리모델링에 관한 건축협정을 체결할 수 있다.

② 협정체결자 또는 건축협정운영회의 대표자는 건축협정서를 작성하여 해당 건축협정인가권자의 인가를 받아야 한다.

③ 건축협정인가권자가 건축협정을 인가하였을 때에는 해당 지방자치단체의 공보에 그 내용을 공고하여야 한다.

④ 건축협정 체결 대상 토지가 둘 이상의 특별자치시 또는 시 · 군 · 구에 걸치는 경우 건축협정 체결 대상 토지면적의 과반이 속하는 건축협정인가권자에게 인가를 신청할 수 있다.

⑤ 협정체결자 또는 건축협정운영회의 대표자는 건축협정을 폐지하려는 경우 협정체결자 과반수의 동의를 받아 건축협정인가권자의 인가를 받아야 한다.

키워드 건축협정

건축협정에 대한 전반적인 내용을 정확하게 숙지하여야 합니다. 27회, 28회, 30회, 31회, 32회, 34회

핵심포인트 건축협정 체결 대상지역

토지 또는 건축물의 소유자, 지상권자 등 대통령령으로 정하는 자(이하 '소유자등'이라 한다)는 전원의 합의로 다음의 어느 하나에 해당하는 지역 또는 구역에서 건축물의 건축 · 대수선 또는 리모델링에 관한 협정(이하 '건축협정'이라 한다)을 체결할 수 있다.

1. 「국토의 계획 및 이용에 관한 법률」에 따라 지정된 지구단위계획구역
2. 「도시 및 주거환경정비법」에 따른 주거환경개선사업을 시행하기 위하여 지정 · 고시된 정비구역
3. 「도시재정비 촉진을 위한 특별법」에 따른 존치지역
4. 「도시재생 활성화 및 지원에 관한 특별법」에 따른 도시재생활성화지역
5. 그 밖에 시 · 도지사 및 시장 · 군수 · 구청장(이하 '건축협정인가권자'라 한다)이 도시 및 주거환경개선이 필요하다고 인정하여 해당 지방자치단체의 조례로 정하는 구역

Ⓐ 정답 ①

01 건축법령상 특별건축구역에 관한 설명으로 옳은 것은? 제32회

① 국토교통부장관은 지방자치단체가 국제행사 등을 개최하는 지역의 사업구역을 특별건축구역으로 지정할 수 있다.
② 「도로법」에 따른 접도구역은 특별건축구역으로 지정될 수 없다.
③ 특별건축구역에서의 건축기준의 특례사항은 지방자치단체가 건축하는 건축물에는 적용되지 않는다.
④ 특별건축구역에서 「주차장법」에 따른 부설주차장의 설치에 관한 규정은 개별 건축물마다 적용하여야 한다.
⑤ 특별건축구역을 지정한 경우에는 「국토의 계획 및 이용에 관한 법률」에 따른 용도지역・지구・구역의 지정이 있는 것으로 본다.

키워드 특별건축구역

해설 ① 시・도지사는 지방자치단체가 국제행사 등을 개최하는 지역의 사업구역을 특별건축구역으로 지정할 수 있다.
③ 특별건축구역에서 국가 또는 지방자치단체가 건축하는 건축물에는 건축기준의 특례사항을 적용하여 건축할 수 있다.
④ 특별건축구역에서 「주차장법」에 따른 부설주차장의 설치에 관한 규정은 개별 건축물마다 적용하지 아니하고 특별건축구역의 전부 또는 일부를 대상으로 통합하여 적용할 수 있다.
⑤ 특별건축구역을 지정한 경우에는 「국토의 계획 및 이용에 관한 법률」에 따른 용도지역・지구・구역의 지정이 있는 것으로 보지 않는다.

02 건축법령상 특별건축구역에서 국가가 건축하는 건축물에 적용하지 아니할 수 있는 사항을 모두 고른 것은? (단, 건축법령상 특례 및 조례는 고려하지 않음) 제33회

㉠ 「건축법」 제42조 대지의 조경에 관한 사항 ㉡ 「건축법」 제44조 대지와 도로의 관계에 관한 사항 ㉢ 「건축법」 제57조 대지의 분할제한에 관한 사항 ㉣ 「건축법」 제58조 대지 안의 공지에 관한 사항

① ㉠, ㉡ ② ㉠, ㉢ ③ ㉠, ㉣
④ ㉡, ㉢ ⑤ ㉢, ㉣

키워드 특별건축구역에서 적용배제

해설 특별건축구역에서 건폐율, 용적률, 건축물의 높이제한, 대지의 조경, 대지 안의 공지에 관한 규정을 적용하지 아니할 수 있다.

Answer
01 ② 02 ③

03 **건축법령상 건축협정에 관한 설명으로 옳은 것은?** (단, 조례는 고려하지 않음) 제31회

① 해당 지역의 토지 또는 건축물의 소유자 전원이 합의하면 지상권자가 반대하는 경우에도 건축협정을 체결할 수 있다.

② 건축협정 체결 대상 토지가 둘 이상의 시・군・구에 걸치는 경우에는 관할 시・도지사에게 건축협정의 인가를 받아야 한다.

③ 협정체결자는 인가받은 건축협정을 변경하려면 협정체결자 과반수의 동의를 받아 건축협정인가권자에게 신고하여야 한다.

④ 건축협정을 폐지하려면 협정체결자 전원의 동의를 받아 건축협정인가권자의 인가를 받아야 한다.

⑤ 건축협정에서 달리 정하지 않는 한, 건축협정이 공고된 후에 건축협정구역에 있는 토지에 관한 권리를 협정체결자로부터 이전받은 자도 건축협정에 따라야 한다.

키워드 건축협정

해설 ① 해당 지역의 토지 또는 건축물의 소유자 전원이 합의하더라도 지상권자가 반대하는 경우에는 건축협정을 체결할 수 없다.
② 건축협정 체결 대상 토지가 둘 이상의 시・군・구에 걸치는 경우에는 건축협정 체결 대상 토지면적의 과반(過半)이 속하는 건축협정인가권자에게 인가를 신청할 수 있다.
③ 협정체결자는 인가받은 건축협정을 변경하려면 협정체결자 전원의 합의로 건축협정인가권자에게 인가를 받아야 한다.
④ 건축협정을 폐지하려면 협정체결자 과반수의 동의를 받아 건축협정인가권자의 인가를 받아야 한다.

04 **건축법령상 건축협정의 인가를 받은 건축협정구역에서 연접한 대지에 대하여 관계 법령의 규정을 개별 건축물마다 적용하지 아니하고 건축협정구역을 대상으로 통합하여 적용할 수 있는 것만을 모두 고른 것은?** 제28회

> ㉠ 건폐율
> ㉡ 계단의 설치
> ㉢ 지하층의 설치
> ㉣ 「주차장법」 제19조에 따른 부설주차장의 설치
> ㉤ 「하수도법」 제34조에 따른 개인하수처리시설의 설치

① ㉠, ㉡, ㉣
② ㉠, ㉡, ㉢, ㉤
③ ㉠, ㉢, ㉣, ㉤
④ ㉡, ㉢, ㉣, ㉤
⑤ ㉠, ㉡, ㉢, ㉣, ㉤

Answer
03 ⑤ 04 ③

키워드 건축협정구역에서 통합적용대상

해설 건축협정의 인가를 받은 건축협정구역에서 연접한 대지에 대하여는 다음의 관계 법령의 규정을 개별 건축물마다 적용하지 아니하고 건축협정구역의 전부 또는 일부를 대상으로 통합하여 적용할 수 있다.

> 1. 대지의 조경
> 2. 대지와 도로와의 관계
> 3. 지하층의 설치
> 4. 건폐율
> 5. 「주차장법」 제19조에 따른 부설주차장의 설치
> 6. 「하수도법」 제34조에 따른 개인하수처리시설의 설치

05 건축법령상 이행강제금을 산정하기 위하여 위반 내용에 따라 곱하는 비율을 높은 순서대로 나열한 것은? (단, 조례는 고려하지 않음) 제29회

> ㉠ 용적률을 초과하여 건축한 경우
> ㉡ 건폐율을 초과하여 건축한 경우
> ㉢ 신고를 하지 아니하고 건축한 경우
> ㉣ 허가를 받지 아니하고 건축한 경우

① ㉠ - ㉡ - ㉣ - ㉢
② ㉠ - ㉣ - ㉢ - ㉡
③ ㉡ - ㉠ - ㉣ - ㉢
④ ㉣ - ㉠ - ㉡ - ㉢
⑤ ㉣ - ㉢ - ㉡ - ㉠

키워드 이행강제금 부과비율

해설 이행강제금을 산정하기 위하여 위반 내용에 따라 곱하는 비율은 다음과 같다.
㉠ 용적률을 초과하여 건축한 경우: 100분의 90
㉡ 건폐율을 초과하여 건축한 경우: 100분의 80
㉢ 신고를 하지 아니하고 건축한 경우: 100분의 70
㉣ 허가를 받지 아니하고 건축한 경우: 100분의 100

Answer
05 ④

06 **건축법령상 건축 등과 관련된 분쟁으로서 건축분쟁전문위원회의 조정 및 재정의 대상이 되지 않는 것은?** (단, 건설산업기본법 제69조에 따른 조정의 대상이 되는 분쟁은 제외함) 제28회

① '공사시공자'와 '해당 건축물의 건축으로 피해를 입은 인근주민' 간의 분쟁
② '관계전문기술자'와 '해당 건축물의 건축으로 피해를 입은 인근주민' 간의 분쟁
③ '해당 건축물의 건축으로 피해를 입은 인근주민' 간의 분쟁
④ '건축허가권자'와 '건축허가신청자' 간의 분쟁
⑤ '건축주'와 '공사감리자' 간의 분쟁

키워드 건축분쟁전문위원회의 조정대상

해설 건축분쟁전문위원회의 조정 및 재정의 대상은 다음과 같다.

> 1. 건축관계자와 해당 건축물의 건축 등으로 피해를 입은 인근주민(이하 '인근주민'이라 한다) 간의 분쟁
> 2. 관계전문기술자와 인근주민 간의 분쟁
> 3. 건축관계자와 관계전문기술자 간의 분쟁
> 4. 건축관계자 간의 분쟁
> 5. 인근주민 간의 분쟁
> 6. 관계전문기술자 간의 분쟁

07 **건축법령상 건축 등과 관련된 분쟁으로서 건축분쟁전문위원회의 조정 및 재정의 대상이 되는 것은?** (단, 건설산업기본법 제69조에 따른 조정의 대상이 되는 분쟁은 고려하지 않음) 제32회

① '건축주'와 '건축신고수리자' 간의 분쟁
② '공사시공자'와 '건축지도원' 간의 분쟁
③ '건축허가권자'와 '공사감리자' 간의 분쟁
④ '관계전문기술자'와 '해당 건축물의 건축 등으로 피해를 입은 인근주민' 간의 분쟁
⑤ '건축허가권자'와 '해당 건축물의 건축 등으로 피해를 입은 인근주민' 간의 분쟁

키워드 건축분쟁전문위원회의 조정대상

해설 건축분쟁전문위원회의 조정 및 재정의 대상은 다음과 같다.

> 1. 건축관계자와 해당 건축물의 건축 등으로 피해를 입은 인근주민 간의 분쟁
> 2. 관계전문기술자와 인근주민 간의 분쟁
> 3. 건축관계자와 관계전문기술자 간의 분쟁
> 4. 건축관계자 간의 분쟁
> 5. 인근주민 간의 분쟁
> 6. 관계전문기술자 간의 분쟁

따라서 정답은 ④ '관계전문기술자'와 '해당 건축물의 건축 등으로 피해를 입은 인근주민' 간의 분쟁이 된다.

Answer
06 ④ 07 ④

MEMO

주택법

Chapter 01

총 칙

제1절 용어의 정의

대표기출 상중하 2020년 제31회 A형 67번 문제

주택법령상 용어에 관한 설명으로 옳은 것은?

① 「건축법 시행령」에 따른 다중생활시설은 '준주택'에 해당하지 않는다.

② 주택도시기금으로부터 자금을 지원받아 건설되는 1세대당 주거전용면적 $84m^2$인 주택은 '국민주택'에 해당한다.

③ '간선시설'이란 도로・상하수도・전기시설・가스시설・통신시설・지역난방시설 등을 말한다.

④ 방범설비는 '복리시설'에 해당한다.

⑤ 주민공동시설은 '부대시설'에 해당한다.

키워드 주택의 범위

준주택의 종류, 국민주택의 개념, 간선시설, 부대시설 및 복리시설에 대한 내용을 정확하게 정리하고 숙지하여야 합니다.

27회, 28회, 29회, 30회, 31회, 32회, 34회, 35회

핵심포인트 준주택의 종류

준주택이란 주택 외의 건축물과 그 부속토지로서 주거시설로 이용가능한 시설 등을 말하며, 그 범위와 종류는 다음과 같다.

1. 「건축법 시행령」에 따른 기숙사
2. 「건축법 시행령」에 따른 다중생활시설
3. 「건축법 시행령」에 따른 노인복지시설 중 「노인복지법」의 노인복지주택
4. 「건축법 시행령」에 따른 오피스텔

Ⓐ 정답 ②

01

주택법령상 용어의 정의에 따를 때 '주택'에 해당하지 <u>않는</u> 것을 모두 고른 것은? 제29회

㉠ 3층의 다가구주택	㉡ 2층의 공관
㉢ 4층의 다세대주택	㉣ 3층의 기숙사
㉤ 7층의 오피스텔	

① ㉠, ㉡, ㉢
② ㉠, ㉣, ㉤
③ ㉡, ㉢, ㉣
④ ㉡, ㉣, ㉤
⑤ ㉢, ㉣, ㉤

키워드 주택의 종류

해설 공관, 기숙사, 오피스텔은 「주택법」상 주택에 해당하지 않는다.

02

주택법령상 「공동주택관리법」에 따른 행위의 허가를 받거나 신고를 하고 설치하는 세대구분형 공동주택이 충족하여야 하는 요건에 해당하는 것을 모두 고른 것은?(단, 조례는 고려하지 않음) 제34회

㉠ 하나의 세대가 통합하여 사용할 수 있도록 세대 간에 연결문 또는 경량구조의 경계벽 등을 설치할 것
㉡ 구분된 공간의 세대수는 기존 세대를 포함하여 2세대 이하일 것
㉢ 세대별로 구분된 각각의 공간마다 별도의 욕실, 부엌과 구분 출입문을 설치할 것
㉣ 구조, 화재, 소방 및 피난안전 등 관계 법령에서 정하는 안전 기준을 충족할 것

① ㉠, ㉡, ㉢
② ㉠, ㉡, ㉣
③ ㉠, ㉢, ㉣
④ ㉡, ㉢, ㉣
⑤ ㉠, ㉡, ㉢, ㉣

키워드 세대구분형 공동주택

해설 ㉡, ㉢, ㉣이 「공동주택관리법」에 따른 행위의 허가를 받거나 신고를 하고 설치하는 세대구분형 공동주택이 충족하여야 하는 요건에 해당한다.

Answer
01 ④ 02 ④

03 주택법령상 국민주택 등에 관한 설명으로 옳은 것은? 제29회

① 민영주택이라도 국민주택규모 이하로 건축되는 경우 국민주택에 해당한다.
② 한국토지주택공사가 수도권에 건설한 주거전용면적이 1세대당 80m^2인 아파트는 국민주택에 해당한다.
③ 지방자치단체의 재정으로부터 자금을 지원받아 건설되는 주택이 국민주택에 해당하려면 자금의 50% 이상을 지방자치단체로부터 지원받아야 한다.
④ 다세대주택의 경우 주거전용면적은 건축물의 바닥면적에서 지하층 면적을 제외한 면적으로 한다.
⑤ 아파트의 경우 복도, 계단 등 아파트의 지상층에 있는 공용면적은 주거전용면적에 포함한다.

키워드 국민주택의 개념

해설 ① 민영주택은 국민주택을 제외한 주택을 말한다.
③ 지방자치단체의 재정으로부터 자금을 지원받아 건설되는 주택은 지원받는 비율에 관계없이 국민주택규모 이하로 건설하게 되면 국민주택에 해당한다.
④ 다세대주택의 경우 주거전용면적은 외벽의 내부선을 기준으로 산정한 바닥면적에서 공용면적으로 사용하는 지하층 면적을 제외한 면적으로 한다.
⑤ 아파트의 경우 복도, 계단 등 아파트의 지상층에 있는 공용면적은 주거전용면적에서 제외한다.

04 주택법령상 용어에 관한 설명으로 옳은 것은? 제30회

① '주택단지'에 해당하는 토지가 폭 8m 이상인 도시계획예정도로로 분리된 경우, 분리된 토지를 각각 별개의 주택단지로 본다.
② '단독주택'에는 「건축법 시행령」에 따른 다가구주택이 포함되지 않는다.
③ '공동주택'에는 「건축법 시행령」에 따른 아파트, 연립주택, 기숙사 등이 포함된다.
④ '주택'이란 세대의 구성원이 장기간 독립된 주거생활을 할 수 있는 구조로 된 건축물의 전부 또는 일부를 말하며, 그 부속토지는 제외한다.
⑤ 주택단지에 딸린 어린이놀이터, 근린생활시설, 유치원, 주민운동시설, 지역난방공급시설 등은 '부대시설'에 포함된다.

키워드 별개의 주택단지

해설 ② 단독주택에는 「건축법 시행령」에 따른 다가구주택이 포함된다.
③ 공동주택에는 「건축법 시행령」에 따른 아파트, 연립주택, 다세대주택이 포함된다. 따라서 기숙사는 포함되지 않는다.
④ 주택이란 세대의 구성원이 장기간 독립된 주거생활을 할 수 있는 구조로 된 건축물의 전부 또는 일부 및 그 부속토지를 말한다.
⑤ 주택단지에 딸린 어린이놀이터, 근린생활시설, 유치원, 주민운동시설은 복리시설에 해당하고, 지역난방공급시설은 부대시설에서 제외한다.

Answer
03 ② 04 ①

05 주택법령상 용어에 관한 설명으로 옳은 것을 모두 고른 것은?

제32회

㉠ 주택에 딸린 「건축법」에 따른 건축설비는 복리시설에 해당한다. ㉡ 300세대인 국민주택규모의 단지형 다세대주택은 도시형 생활주택에 해당한다. ㉢ 민영주택은 국민주택을 제외한 주택을 말한다.

① ㉠
② ㉢
③ ㉠, ㉡
④ ㉡, ㉢
⑤ ㉠, ㉡, ㉢

키워드 용어의 정의

해설 ㉠ 주택에 딸린 「건축법」에 따른 건축설비는 부대시설에 해당한다.
㉡ 도시형 생활주택은 300세대 미만으로 건설하여야 하기 때문에 300세대인 국민주택규모의 단지형 다세대주택은 도시형 생활주택에 해당하지 않는다.

06 주택법령상 용어에 관한 설명으로 틀린 것은?

제34회

① 「건축법시행령」에 따른 다세대주택은 공동주택에 해당한다.
② 「건축법시행령」에 따른 오피스텔은 준주택에 해당한다.
③ 주택단지에 해당하는 토지가 폭 8m 이상인 도시계획예정도로로 분리된 경우, 분리된 토지를 각각 별개의 주택단지로 본다.
④ 주택에 딸린 자전거보관소는 복리시설에 해당한다.
⑤ 도로 · 상하수도 · 전기시설 · 가스시설 · 통신시설 · 지역난방시설은 기간시설(基幹施設)에 해당한다.

키워드 용어의 정의

해설 주택에 딸린 자전거보관소는 부대시설에 해당한다.

Answer
05 ② 06 ④

07 주택법령상 "기간시설"에 해당하지 않는 것은? 제35회

① 전기시설 ② 통신시설 ③ 상하수도
④ 어린이놀이터 ⑤ 지역난방시설

키워드 용어의 정의

해설 어린이놀이터는 복리시설에 해당한다.

08 주택법령상 주택단지가 일정한 시설로 분리된 토지는 각각 별개의 주택단지로 본다. 그 시설에 해당하지 않는 것은? 제32회

① 철도 ② 폭 20m의 고속도로
③ 폭 10m의 일반도로 ④ 폭 20m의 자동차전용도로
⑤ 폭 10m의 도시계획예정도로

키워드 별개의 주택단지

해설 폭 20m 이상의 일반도로로 분리된 토지는 각각 별개의 주택단지로 본다. 따라서 폭 10m의 일반도로로 분리된 토지는 각각 별개의 주택단지로 보는 대상에 해당하지 않는다.

09 주택법령상 도시형 생활주택에 관한 설명으로 틀린 것은? 제23회

① 도시형 생활주택은 세대수가 300세대 미만이어야 한다.
② 「수도권정비계획법」에 따른 수도권의 경우 도시형 생활주택은 1호(戶) 또는 1세대당 주거전용면적이 85m^2 이하이어야 한다.
③ 「국토의 계획 및 이용에 관한 법률」에 따른 도시지역에 건설하는 세대별 주거전용면적이 85m^{2}인 아파트는 도시형 생활주택에 해당하지 아니한다.
④ 도시형 생활주택에는 분양가상한제가 적용되지 아니한다.
⑤ 준주거지역에서 도시형 생활주택인 소형 주택과 도시형 생활주택이 아닌 주택 1세대는 하나의 건축물에 함께 건축할 수 없다.

키워드 도시형 생활주택

해설 준주거지역에서 도시형 생활주택인 소형 주택과 도시형 생활주택이 아닌 주택 1세대는 하나의 건축물에 함께 건축할 수 있다.

Answer

07 ④ 08 ③ 09 ⑤

10 **주택법령상 주택의 건설에 관한 설명으로 옳은 것은?** (단, 조례는 고려하지 않음) 제35회

① 하나의 건축물에는 단지형 연립주택 또는 단지형 다세대주택과 소형 주택을 함께 건축할 수 없다.
② 국토교통부장관이 적정한 주택수급을 위하여 필요하다고 인정하는 경우, 고용자가 건설하는 주택에 대하여 국민주택규모로 건설하게 할 수 있는 비율은 주택의 75퍼센트 이하이다.
③ 「주택법」에 따라 건설사업자로 간주하는 등록사업자는 주택건설사업계획승인을 받은 주택의 건설공사를 시공할 수 없다.
④ 장수명 주택의 인증기준 · 인증절차 및 수수료 등은 「주택공급에 관한 규칙」으로 정한다.
⑤ 국토교통부장관은 바닥충격음 성능등급을 인정받은 제품이 인정받은 내용과 다르게 판매 · 시공한 경우에 해당하면 그 인정을 취소하여야 한다.

키워드 공동건축의 제한

해설 ② 국토교통부장관이 적정한 주택수급을 위하여 필요하다고 인정하는 경우, 고용자가 건설하는 주택에 대하여 국민주택규모로 건설하게 할 수 있는 비율은 주택의 100퍼센트 이하이다.
③ 「주택법」에 따라 건설사업자로 간주하는 등록사업자는 주택건설사업계획승인을 받은 주택의 건설공사를 시공할 수 있다.
④ 장수명 주택의 인증기준 · 인증절차 및 수수료 등은 국토교통부령으로 정한다.
⑤ 국토교통부장관은 바닥충격음 성능등급을 인정받은 제품이 인정받은 내용과 다르게 판매 · 시공한 경우에 해당하면 그 인정을 취소할 수 있다. 다만, 거짓이나 그 밖의 부정한 방법으로 인정받은 경우에는 그 인정을 취소하여야 한다.

05

Answer

10 ①

11 **주택법령상 수직증축형 리모델링의 허용 요건에 관한 규정의 일부이다. (   )에 들어갈 숫자로 옳은 것은?** 제35회

> 시행령 제13조 ① 법 제2조 제25호 다목 1)에서 "대통령령으로 정하는 범위"란 다음 각 호의 구분에 따른 범위를 말한다.
> 1. 수직으로 증축하는 행위(이하 "수직증축형 리모델링"이라 한다)의 대상이 되는 기존 건축물의 층수가 (㉠)층 이상인 경우: (㉡)개층
> 2. 수직증축형 리모델링의 대상이 되는 기존 건축물의 층수가 (㉢)층 이하인 경우: (㉣)개층

① ㉠: 10, ㉡: 3, ㉢: 9, ㉣: 2
② ㉠: 10, ㉡: 4, ㉢: 9, ㉣: 3
③ ㉠: 15, ㉡: 3, ㉢: 14, ㉣: 2
④ ㉠: 15, ㉡: 4, ㉢: 14, ㉣: 3
⑤ ㉠: 20, ㉡: 5, ㉢: 19, ㉣: 4

키워드 수직증축형 리모델링

해설 1. 수직으로 증축하는 행위(이하 "수직증축형 리모델링"이라 한다)의 대상이 되는 기존 건축물의 층수가 '15'층 이상인 경우: '3'개층
2. 수직증축형 리모델링의 대상이 되는 기존 건축물의 층수가 '14'층 이하인 경우: '2'개층

12 **주택법령상 용어에 관한 설명으로 옳은 것은?** 제28회

① 폭 10m인 일반도로로 분리된 토지는 각각 별개의 주택단지이다.
② 공구란 하나의 주택단지에서 둘 이상으로 구분되는 일단의 구역으로서 공구별 세대수는 200세대 이상으로 해야 한다.
③ 세대구분형 공동주택이란 공동주택의 주택내부 공간의 일부를 세대별로 구분하여 생활이 가능한 구조로 하되, 그 구분된 공간의 일부를 구분 소유할 수 있는 주택이다.
④ 500세대인 국민주택규모의 소형 주택은 도시형 생활주택에 해당한다.
⑤ 「산업입지 및 개발에 관한 법률」에 따른 산업단지개발사업에 의하여 개발·조성되는 공동주택이 건설되는 용지는 공공택지에 해당한다.

키워드 공공택지의 개념

해설 ① 폭 10m인 일반도로로 분리된 토지는 하나의 주택단지이다.
② 공구란 하나의 주택단지에서 둘 이상으로 구분되는 일단의 구역으로서 공구별 세대수는 300세대 이상으로 해야 한다.
③ 세대구분형 공동주택이란 공동주택의 주택내부 공간의 일부를 세대별로 구분하여 생활이 가능한 구조로 하되, 그 구분된 공간의 일부를 구분 소유할 수 없는 주택이다.
④ 도시형 생활주택은 세대수가 300세대 미만으로 구성되기 때문에 500세대인 국민주택규모의 소형 주택은 도시형 생활주택에 해당하지 않는다.

Answer
11 ③ 12 ⑤

Chapter 02

주택의 건설

제1절 사업주체

대표기출 1 상중하 2016년 제27회 A형 106번 문제 수정

주택법령상 주택조합에 관한 설명으로 옳은 것은?

① 국민주택을 공급받기 위하여 설립한 직장주택조합을 해산하려면 관할 시장 · 군수 · 구청장의 인가를 받아야 한다.

② 지역주택조합은 임대주택으로 건설 · 공급하여야 하는 세대수를 포함하여 주택건설 예정 세대수의 3분의 1 이상의 조합원으로 구성하여야 한다.

③ 리모델링주택조합의 경우 공동주택의 소유권이 여러 명의 공유에 속하는 경우에는 그 여럿 모두를 조합원으로 본다.

④ 지역주택조합의 설립인가 후 조합원이 사망하였더라도 조합원 수가 주택건설 예정 세대수의 50% 이상을 유지하고 있다면 조합원을 충원할 수 없다.

⑤ 지역주택조합이 설립인가를 받은 후에 조합원을 추가모집한 경우에는 주택조합의 변경인가를 받아야 한다.

키워드 주택조합

직장주택조합의 설립절차, 지역 · 직장주택조합원의 수, 지역 · 직장주택조합의 충원가능사유를 정확하게 정리하고 암기하여야 합니다. 25회, 26회, 27회, 28회, 29회, 30회, 31회, 32회, 34회

핵심포인트 변경인가신청

조합원 추가모집승인과 조합원 추가모집에 따른 주택조합의 변경인가 신청은 사업계획승인 신청일까지 하여야 한다.

정답 ⑤

01 주택법령상 주택건설사업 등의 등록과 관련하여 (   ) 안에 들어갈 내용으로 옳게 연결된 것은? (단, 사업등록이 필요한 경우를 전제로 함)

제26회

연간 (㉠)호 이상의 단독주택 건설사업을 시행하려는 자 또는 연간 (㉡)m^2 이상의 대지조성사업을 시행하려는 자는 국토교통부장관에게 등록하여야 한다.

① ㉠: 10, ㉡: 10만
② ㉠: 20, ㉡: 1만
③ ㉠: 20, ㉡: 10만
④ ㉠: 30, ㉡: 1만
⑤ ㉠: 30, ㉡: 10만

키워드 등록사업자의 등록대상

해설 연간 '20'호 이상의 단독주택 건설사업을 시행하려는 자 또는 연간 '1만'm^2 이상의 대지조성사업을 시행하려는 자는 국토교통부장관에게 등록하여야 한다.

02 주택법령상 주택건설사업자 등에 관한 설명으로 옳은 것을 모두 고른 것은?

제31회

㉠ 한국토지주택공사가 연간 10만m^2 이상의 대지조성사업을 시행하려는 경우에는 대지조성사업의 등록을 하여야 한다.
㉡ 세대수를 증가하는 리모델링주택조합이 그 구성원의 주택을 건설하는 경우에는 등록사업자와 공동으로 사업을 시행할 수 없다.
㉢ 주택건설공사를 시공할 수 있는 등록사업자가 최근 3년간 300세대 이상의 공동주택을 건설한 실적이 있는 경우에는 주택으로 쓰는 층수가 7개 층인 주택을 건설할 수 있다.

① ㉠
② ㉢
③ ㉠, ㉡
④ ㉡, ㉢
⑤ ㉠, ㉡, ㉢

키워드 등록대상 및 시공능력

해설 ㉠ 한국토지주택공사가 연간 10만m^2 이상의 대지조성사업을 시행하려는 경우에는 대지조성사업의 등록을 하지 않아도 된다.
㉡ 세대수를 증가하는 리모델링주택조합이 그 구성원의 주택을 건설하는 경우에는 등록사업자와 공동으로 사업을 시행할 수 있다.

Answer
01 ② 02 ②

03 **주택법령상 주택건설사업자 등에 관한 설명으로 옳은 것은?** 제34회

① 「공익법인의 설립·운영에 관한 법률」에 따라 주택건설사업을 목적으로 설립된 공익법인이 연간 20호 이상의 단독주택건설사업을 시행하려는 경우, 국토교통부장관에게 등록하여야 한다.

② 세대수를 증가하는 리모델링주택조합이 그 구성원의 주택을 건설하는 경우에는 국가와 공동으로 사업을 시행할 수 있다.

③ 고용자가 그 근로자의 주택을 건설하는 경우에는 대통령령으로 정하는 바에 따라 등록사업자와 공동으로 사업을 시행하여야 한다.

④ 국토교통부장관은 등록사업자가 타인에게 등록증을 대여한 경우에는 1년 이내의 기간을 정하여 영업의 정지를 명할 수 있다.

⑤ 영업정지 처분을 받은 등록사업자는 그 처분 전에 사업계획승인을 받은 사업을 계속 수행할 수 없다.

05

키워드 등록사업자

해설 ① 「공익법인의 설립·운영에 관한 법률」에 따라 주택건설사업을 목적으로 설립된 공익법인이 연간 20호 이상의 단독주택건설사업을 시행하려는 경우, 국토교통부장관에게 등록하지 않아도 된다.
② 세대수를 증가하는 리모델링주택조합이 그 구성원의 주택을 건설하는 경우에는 등록사업자(지방자치단체·한국토지주택공사 및 지방공사를 포함)와 공동으로 사업을 시행할 수 있다.
④ 국토교통부장관은 등록사업자가 타인에게 등록증을 대여한 경우에는 등록을 말소하여야 한다.
⑤ 영업정지 처분을 받은 등록사업자는 그 처분 전에 사업계획승인을 받은 사업을 계속 수행할 수 있다.

04 **주택법령상 지역주택조합이 설립인가를 받은 후 조합원을 신규로 가입하게 할 수 있는 경우와 결원의 범위에서 충원할 수 있는 경우 중 어느 하나에도 해당하지 않는 것은?** 제31회

① 조합원이 사망한 경우

② 조합원이 무자격자로 판명되어 자격을 상실하는 경우

③ 조합원 수가 주택건설 예정 세대수를 초과하지 아니하는 범위에서 조합원 추가모집의 승인을 받은 경우

④ 조합원의 탈퇴 등으로 조합원 수가 주택건설 예정 세대수의 60%가 된 경우

⑤ 사업계획승인의 과정에서 주택건설 예정 세대수가 변경되어 조합원 수가 변경된 세대수의 40%가 된 경우

키워드 지역주택조합의 조합원

해설 조합원의 탈퇴 등으로 조합원 수가 주택건설 예정 세대수의 50% 미만인 경우에 충원할 수 있다. 따라서 조합원의 탈퇴 등으로 조합원 수가 주택건설 예정 세대수의 60%가 된 경우에는 충원할 수 없다.

Answer

03 ③ 04 ④

05 주택법령상 지역주택조합에 관한 설명으로 옳은 것은? 제24회 수정

① 등록사업자와 공동으로 주택건설사업을 하는 조합은 국토교통부장관에게 주택건설사업 등록을 하여야 한다.

② 조합과 등록사업자가 공동으로 사업을 시행하면서 시공하는 경우 등록사업자는 자신의 귀책사유로 발생한 손해에 대해서도 조합원에게 배상책임을 지지 않는다.

③ 조합설립인가 신청일부터 해당 조합주택의 입주가능일까지 주거전용면적 $80m^2$의 주택 1채를 보유하고, 6개월 이상 동일 지역에 거주한 세대주인 자는 조합원의 자격이 없다.

④ 조합의 설립인가를 받은 후 승인을 받아 조합원을 추가모집하는 경우 추가모집되는 자의 조합원 자격요건의 충족 여부는 해당 조합의 설립인가 신청일을 기준으로 판단한다.

⑤ 조합원의 사망으로 인하여 조합원의 지위를 상속받은 자는 조합원이 될 수 없다.

키워드 지역주택조합

해설 ① 등록사업자와 공동으로 주택건설사업을 하는 조합은 국토교통부장관에게 주택건설사업 등록을 하지 않아도 된다.
② 주택조합과 등록사업자가 공동으로 사업을 시행하면서 시공하는 경우 등록사업자는 시공자로서의 책임뿐만 아니라 자신의 귀책사유로 사업 추진이 불가능하게 되거나 지연됨으로 인하여 조합원에게 입힌 손해를 배상할 책임이 있다.
③ 조합설립인가 신청일부터 해당 조합주택의 입주가능일까지 주거전용면적 $85m^2$ 이하의 주택 1채를 보유하고, 6개월 이상 동일 지역에 거주한 세대주인 자는 조합원의 자격이 있다.
⑤ 조합원의 사망으로 인하여 조합원의 지위를 상속받은 자는 조합원이 될 수 있다.

06 주택법령상 주택조합에 관한 설명으로 틀린 것은? 제25회 수정

① 등록사업자와 공동으로 주택건설사업을 하는 지역주택조합은 등록하지 않고 주택건설사업을 시행할 수 있다.

② 리모델링주택조합은 그 리모델링 결의에 찬성하지 아니하는 자의 토지에 대하여 매도청구를 할 수 없다.

③ 국민주택을 공급받기 위하여 직장주택조합을 설립하려는 자는 관할 시장·군수·구청장에게 신고하여야 한다.

④ 리모델링주택조합 설립에 동의한 자로부터 건축물을 취득한 자는 리모델링주택조합 설립에 동의한 것으로 본다.

⑤ 시공자와의 공사계약 체결은 조합총회의 의결을 거쳐야 한다.

키워드 주택조합

해설 리모델링의 허가를 신청하기 위한 동의율을 확보한 경우 리모델링 결의를 한 리모델링주택조합은 그 리모델링 결의에 찬성하지 아니하는 자의 토지에 대하여 매도청구를 할 수 있다.

Answer
05 ④ 06 ②

07 **주택법령상 인가 대상 행위가 아닌 것은?** 제25회

① 지역주택조합의 해산
② 리모델링주택조합의 설립
③ 국민주택을 공급받기 위하여 설립한 직장주택조합의 해산
④ 승인받은 조합원 추가모집에 따른 지역주택조합의 변경
⑤ 지역주택조합의 설립

키워드 주택조합의 인가 대상
해설 국민주택을 공급받기 위하여 설립한 직장주택조합을 해산하는 경우에는 신고하여야 한다.

08 **주택법령상 주택단지 전체를 대상으로 증축형 리모델링을 하기 위하여 리모델링주택조합을 설립하려는 경우 조합설립인가신청 시 제출해야 할 첨부서류가 아닌 것은?** (단, 조례는 고려하지 않음) 제26회 수정

① 창립총회의 회의록
② 조합원 전원이 자필로 연명한 조합규약
③ 해당 주택 건설대지의 80% 이상에 해당하는 토지의 사용권원을 확보하였음을 증명하는 서류
④ 해당 주택이 사용검사를 받은 후 15년 이상 경과하였음을 증명하는 서류
⑤ 조합원 명부

키워드 리모델링주택조합
해설 리모델링주택조합은 해당 주택 건설대지의 80% 이상에 해당하는 토지의 사용권원을 확보하였음을 증명하는 서류를 제출하지 않는다.

Answer
07 ③ 08 ③

09 **주택법령상 지역주택조합의 조합원에 관한 설명으로 틀린 것은?** 제28회

① 조합원의 사망으로 그 지위를 상속받는 자는 조합원이 될 수 있다.
② 조합원이 근무로 인하여 세대주 자격을 일시적으로 상실한 경우로서 시장·군수·구청장이 인정하는 경우에는 조합원 자격이 있는 것으로 본다.
③ 조합설립 인가 후에 조합원의 탈퇴로 조합원 수가 주택건설 예정 세대수의 50% 미만이 되는 경우에는 결원이 발생한 범위에서 조합원을 신규로 가입하게 할 수 있다.
④ 조합설립 인가 후에 조합원으로 추가모집되는 자가 조합원 자격 요건을 갖추었는지를 판단할 때에는 추가모집공고일을 기준으로 한다.
⑤ 조합원 추가모집에 따른 주택조합의 변경인가 신청은 사업계획승인신청일까지 하여야 한다.

키워드 지역주택조합의 조합원

해설 조합설립 인가 후에 조합원으로 추가모집되는 자가 조합원 자격 요건을 갖추었는지를 판단할 때에는 추가모집공고일이 아니라 조합설립인가신청일을 기준으로 한다.

10 **주택법령상 주택조합에 관한 설명으로 틀린 것은?** (단, 리모델링주택조합은 제외함) 제28회 수정

① 지역주택조합설립인가를 받으려는 자는 해당 주택건설대지의 80% 이상에 해당하는 토지의 사용권원과 해당 주택건설대지의 15% 이상에 해당하는 토지의 소유권을 확보하여야 한다.
② 탈퇴한 조합원은 조합규약으로 정하는 바에 따라 부담한 비용의 환급을 청구할 수 있다.
③ 주택조합은 주택건설 예정 세대수의 50% 이상의 조합원으로 구성하되, 조합원은 10명 이상이어야 한다.
④ 지역주택조합은 그 구성원을 위하여 건설하는 주택을 그 조합원에게 우선 공급할 수 있다.
⑤ 조합원의 공개모집 이후 조합원의 사망·자격상실·탈퇴 등으로 인한 결원을 충원하거나 미달된 조합원을 재모집하는 경우에는 신고하지 아니하고 선착순의 방법으로 조합원을 모집할 수 있다.

키워드 주택조합

해설 주택조합은 주택건설 예정 세대수의 50% 이상의 조합원으로 구성하되, 조합원은 20명 이상이어야 한다.

Answer
09 ④ 10 ③

11 **주택법령상 지역주택조합에 관한 설명으로 옳은 것은?** 제29회

① 조합설립에 동의한 조합원은 조합설립인가가 있은 이후에는 자신의 의사에 의해 조합을 탈퇴할 수 없다.

② 총회의 의결로 제명된 조합원은 조합에 자신이 부담한 비용의 환급을 청구할 수 없다.

③ 조합임원의 선임을 의결하는 총회의 경우에는 조합원의 100분의 20 이상이 직접 출석하여야 한다.

④ 조합원을 공개모집한 이후 조합원의 자격상실로 인한 결원을 충원하려면 시장 · 군수 · 구청장에게 신고하고 공개모집의 방법으로 조합원을 충원하여야 한다.

⑤ 조합의 임원이 금고 이상의 실형을 받아 당연퇴직을 하면 그가 퇴직 전에 관여한 행위는 그 효력을 상실한다.

키워드 지역주택조합

해설 ① 조합설립에 동의한 조합원은 조합설립인가가 있은 이후에도 자신의 의사에 의해 조합을 탈퇴할 수 있다.

② 탈퇴한 조합원과 총회의 의결로 제명된 조합원도 조합에 자신이 부담한 비용의 환급을 청구할 수 있다.

④ 조합원을 공개모집한 이후 조합원의 자격상실로 인한 결원을 충원하는 경우에는 시장 · 군수 · 구청장에게 신고하지 아니하고 선착순의 방법으로 조합원을 충원할 수 있다.

⑤ 조합의 임원이 금고 이상의 실형을 받아 당연퇴직을 하더라도 그가 퇴직 전에 관여한 행위는 그 효력을 상실하지 아니한다.

05

Answer

11 ③

제2절 주택건설자금

12 **주택법령상 주택상환사채에 관한 설명으로 틀린 것은?** 제31회

① 한국토지주택공사는 주택상환사채를 발행할 수 있다.
② 주택상환사채는 기명증권으로 한다.
③ 사채권자의 명의변경은 취득자의 성명과 주소를 사채원부에 기록하는 방법으로 한다.
④ 주택상환사채를 발행한 자는 발행조건에 따라 주택을 건설하여 사채권자에게 상환하여야 한다.
⑤ 등록사업자의 등록이 말소된 경우에는 등록사업자가 발행한 주택상환사채도 효력을 상실한다.

키워드 주택상환사채의 효력

해설 등록사업자의 등록이 말소된 경우에도 등록사업자가 발행한 주택상환사채의 효력에는 영향을 미치지 아니한다.

13 **주택법령상 주택상환사채에 관한 설명으로 옳은 것은?** 제33회

① 법인으로서 자본금이 3억원인 등록사업자는 주택상환사채를 발행할 수 있다.
② 발행조건은 주택상환사채권에 적어야 하는 사항에 포함된다.
③ 주택상환사채를 발행하려는 자는 주택상환사채 발행계획을 수립하여 시·도지사의 승인을 받아야 한다.
④ 주택상환사채는 액면으로 발행하고, 할인의 방법으로는 발행할 수 없다.
⑤ 주택상환사채는 무기명증권(無記名證券)으로 발행한다.

키워드 주택상환사채권의 내용

해설 ① 법인으로서 자본금이 5억원 이상인 등록사업자는 주택상환사채를 발행할 수 있다.
③ 주택상환사채를 발행하려는 자는 주택상환사채 발행계획을 수립하여 국토교통부장관의 승인을 받아야 한다.
④ 주택상환사채는 액면 또는 할인의 방법으로 발행한다.
⑤ 주택상환사채는 기명증권(無記名證券)으로 발행한다.

Answer
12 ⑤ 13 ②

14 주택법령상 주택상환사채에 관한 설명으로 틀린 것은?

제27회 수정

① 등록사업자가 주택상환사채를 발행하려면 금융기관 또는 주택도시보증공사의 보증을 받아야 한다.

② 주택상환사채는 취득자의 성명을 채권에 기록하지 아니하면 사채발행자 및 제3자에게 대항할 수 없다.

③ 등록사업자의 등록이 말소된 경우에는 등록사업자가 발행한 주택상환사채의 효력은 상실된다.

④ 주택상환사채의 발행자는 주택상환사채대장을 갖추어 두고, 주택상환사채권의 발행 및 상환에 관한 사항을 적어야 한다.

⑤ 주택상환사채를 발행하려는 자는 주택상환사채발행계획을 수립하여 국토교통부장관의 승인을 받아야 한다.

키워드 주택상환사채의 효력

해설 등록사업자의 등록이 말소된 경우에도 등록사업자가 발행한 주택상환사채의 효력에는 영향을 미치지 아니한다.

05

15 주택법령상 주택상환사채의 납입금이 사용될 수 있는 용도로 명시된 것을 모두 고른 것은?

제32회

㉠ 주택건설자재의 구입	㉡ 택지의 구입 및 조성
㉢ 주택조합 운영비에의 충당	㉣ 주택조합 가입 청약철회자의 가입비 반환

① ㉠, ㉡　　② ㉠, ㉣　　③ ㉢, ㉣

④ ㉠, ㉡, ㉢　　⑤ ㉡, ㉢, ㉣

키워드 주택상환사채의 납입금

해설 주택상환사채의 납입금이 사용될 수 있는 용도는 다음과 같다.

1. 주택건설자재의 구입(㉠)
2. 택지의 구입 및 조성(㉡)
3. 건설공사비에의 충당
4. 그 밖에 주택상환을 위하여 필요한 비용으로서 국토교통부장관의 승인을 받은 비용에의 충당

따라서 주택조합 운영비에의 충당(㉢)과 주택조합 가입 청약철회자의 가입비 반환(㉣)은 주택상환사채의 납입금이 사용될 수 있는 용도에 해당하지 않는다.

Answer

14 ③　　15 ①

제3절 주택건설사업의 시행

대표기출 2 상중하 2018년 제29회 A형 71번 문제

주택법령상 주택건설사업에 대한 사업계획의 승인에 관한 설명으로 틀린 것은?

① 지역주택조합은 설립인가를 받은 날부터 2년 이내에 사업계획승인을 신청하여야 한다.
② 사업주체가 승인받은 사업계획에 따라 공사를 시작하려는 경우 사업계획승인권자에게 신고하여야 한다.
③ 사업계획승인권자는 사업주체가 경매로 인하여 대지소유권을 상실한 경우에는 그 사업계획의 승인을 취소하여야 한다.
④ 사업주체가 주택건설대지를 사용할 수 있는 권원을 확보한 경우에는 그 대지의 소유권을 확보하지 못한 경우에도 사업계획의 승인을 받을 수 있다.
⑤ 주택조합이 승인받은 총사업비의 10%를 감액하는 변경을 하려면 변경승인을 받아야 한다.

키워드 사업계획승인의 변경

사업계획승인에 관한 내용을 정확하게 이해하고 숙지하여야 합니다.

26회, 28회, 29회, 30회, 31회, 32회, 33회, 35회

핵심포인트 사업계획승인의 취소사유

사업계획승인권자는 다음의 어느 하나에 해당하는 경우 그 사업계획의 승인을 취소(다음의 2.또는 3.에 해당하는 경우 주택도시기금법에 따라 주택분양보증이 된 사업은 제외)할 수 있다.

1. 사업주체가 착공의무(최초로 공사를 진행하는 공구 외의 공구일 때 해당 주택단지에 대한 최초 착공신고일로부터 2년 이내인 경우는 제외)를 위반하여 공사를 시작하지 아니하는 경우
2. 사업주체가 경매·공매 등으로 인하여 대지소유권을 상실한 경우
3. 사업주체의 부도·파산 등으로 공사의 완료가 불가능한 경우

Ⓐ 정답 ③

16 주택법령상 (   ) 안에 들어갈 내용으로 옳게 연결된 것은? (단, 주택 외의 시설과 주택이 동일 건축물로 건축되지 않음을 전제로 함) 제26회

> • 한국토지주택공사가 서울특별시 A구에서 대지면적 10만m^2에 50호의 한옥 건설사업을 시행하려는 경우 (㉠)으로부터 사업계획승인을 받아야 한다.
> • B광역시 C구에서 지역균형개발이 필요하여 국토교통부장관이 지정・고시하는 지역 안에 50호의 한옥 건설사업을 시행하는 경우 (㉡)으로부터 사업계획승인을 받아야 한다.

① ㉠: 국토교통부장관, ㉡: 국토교통부장관
② ㉠: 서울특별시장, ㉡: C구청장
③ ㉠: 서울특별시장, ㉡: 국토교통부장관
④ ㉠: A구청장, ㉡: C구청장
⑤ ㉠: 국토교통부장관, ㉡: B광역시장

키워드 사업계획승인권자

해설 • 한국토지주택공사인 사업주체는 '국토교통부장관'으로부터 사업계획승인을 받아야 한다.
• 지역균형발전을 위하여 국토교통부장관이 지정・고시하는 지역 안에 50호의 한옥 건설사업을 시행하는 경우에는 '국토교통부장관'으로부터 사업계획승인을 받아야 한다.

17 주택법령상 (   ) 안에 알맞은 것은? 제26회

> 도시지역에서 국민주택 건설 사업계획승인을 신청하려는 경우 공구별로 분할하여 주택을 건설・공급하려면 주택단지의 전체 세대수는 (   )세대 이상이어야 한다.

① 200 ② 300 ③ 400
④ 500 ⑤ 600

키워드 공구별 분할시행

해설 주택건설사업을 시행하려는 자가 공구별로 분할하여 주택을 건설・공급하려면 주택단지의 전체 세대수는 '600'세대 이상이어야 한다.

Answer
16 ① 17 ⑤

18 **사업주체 甲은 사업계획승인권자 乙로부터 주택건설사업을 분할하여 시행하는 것을 내용으로 사업계획승인을 받았다. 주택법령상 이에 관한 설명으로 <u>틀린</u> 것은?** 제26회

① 乙은 사업계획승인에 관한 사항을 고시하여야 한다.
② 甲은 최초로 공사를 진행하는 공구 외의 공구에서 해당 주택단지에 대한 최초 착공신고일부터 2년 이내에 공사를 시작하여야 한다.
③ 甲이 소송진행으로 인하여 공사착수가 지연되어 연장신청을 한 경우, 乙은 그 분쟁이 종료된 날부터 2년의 범위에서 공사 착수기간을 연장할 수 있다.
④ 주택분양보증을 받지 않은 甲이 파산하여 공사완료가 불가능한 경우, 乙은 사업계획승인을 취소할 수 있다.
⑤ 甲이 최초로 공사를 진행하는 공구 외의 공구에서 해당 주택단지에 대한 최초 착공신고일부터 2년이 지났음에도 사업주체가 공사를 시작하지 아니한 경우 乙은 사업계획승인을 취소할 수 없다.

키워드 착수기간의 연장기간

해설 甲이 소송진행으로 인하여 공사착수가 지연되어 연장신청을 하는 경우, 사업계획승인권자인 乙은 그 분쟁이 종료된 날부터 1년의 범위에서 공사 착수기간을 연장할 수 있다.

19 **주택법령상 주택건설사업계획의 승인 등에 관한 설명으로 <u>틀린</u> 것은?** (단, 다른 법률에 따른 사업은 제외함) 제28회

① 주거전용 단독주택인 건축법령상의 한옥 50호 이상의 건설사업을 시행하려는 자는 사업계획승인을 받아야 한다.
② 주택건설사업을 시행하려는 자는 전체 세대수가 600세대 이상의 주택단지를 공구별로 분할하여 주택을 건설·공급할 수 있다.
③ 사업주체는 공사의 착수기간이 연장되지 않는 한 주택건설사업계획의 승인을 받은 날부터 5년 이내에 공사를 시작하여야 한다.
④ 사업계획승인권자는 사업계획승인의 신청을 받았을 때에는 정당한 사유가 없으면 신청받은 날부터 60일 이내에 사업주체에게 승인 여부를 통보하여야 한다.
⑤ 사업계획승인의 조건으로 부과된 사항을 이행함에 따라 공사 착수가 지연되는 경우, 사업계획승인권자는 그 사유가 없어진 날부터 3년의 범위에서 공사의 착수기간을 연장할 수 있다.

키워드 착수기간의 연장기간

해설 사업계획승인의 조건으로 부과된 사항을 이행함에 따라 공사 착수가 지연되는 경우, 사업계획승인권자는 그 사유가 없어진 날부터 1년의 범위에서 공사의 착수기간을 연장할 수 있다.

Answer
18 ③ 19 ⑤

20 **주택법령상 사업계획승인권자가 사업주체의 신청을 받아 공사의 착수기간을 연장할 수 있는 경우가 아닌 것은?** (단, 공사에 착수하지 못할 다른 부득이한 사유는 고려하지 않음) 제30회

① 사업계획승인의 조건으로 부과된 사항을 이행함에 따라 공사 착수가 지연되는 경우
② 공공택지의 개발·조성을 위한 계획에 포함된 기반시설의 설치 지연으로 공사 착수가 지연되는 경우
③ 「매장유산 보호 및 조사에 관한 법률」에 따라 국가유산청장의 매장유산의 발굴허가를 받은 경우
④ 해당 사업시행지에 대한 소유권 분쟁을 사업주체가 소송 외의 방법으로 해결하는 과정에서 공사 착수가 지연되는 경우
⑤ 사업주체에게 책임이 없는 불가항력적인 사유로 인하여 공사 착수가 지연되는 경우

키워드 착수기간의 연장사유

해설 해당 사업시행지에 대한 소유권 분쟁을 사업주체가 소송 외의 방법으로 해결하는 과정에서 공사 착수가 지연되는 경우는 연장사유에 해당하지 않는다.

핵심포인트 착수기간의 연장사유

공사착수기간을 연장할 수 있는 사유는 다음과 같다.

1. 「매장유산 보호 및 조사에 관한 법률」에 따라 국가유산청장의 매장유산의 발굴허가를 받은 경우(③)
2. 해당 사업시행지에 대한 소유권 분쟁(소송절차가 진행 중인 경우만 해당)으로 인하여 공사 착수가 지연되는 경우
3. 사업계획승인의 조건으로 부과된 사항을 이행함에 따라 공사 착수가 지연되는 경우(①)
4. 천재지변 또는 사업주체에게 책임이 없는 불가항력적인 사유로 인하여 공사 착수가 지연되는 경우(⑤)
5. 공공택지의 개발·조성을 위한 계획에 포함된 기반시설의 설치 지연으로 공사 착수가 지연되는 경우(②)
6. 해당 지역의 미분양주택 증가 등으로 사업성이 악화될 우려가 있거나 주택건설경기가 침체되는 등 공사에 착수하지 못할 부득이한 사유가 있다고 사업계획승인권자가 인정하는 경우

05

Answer

20 ④

21 **주택법령상 주택건설사업계획승인에 관한 설명으로 틀린 것은?** 제30회

① 사업계획에는 부대시설 및 복리시설의 설치에 관한 계획 등이 포함되어야 한다.
② 주택단지의 전체 세대수가 500세대인 주택건설사업을 시행하려는 자는 주택단지를 공구별로 분할하여 주택을 건설·공급할 수 있다.
③ 「한국토지주택공사법」에 따른 한국토지주택공사는 동일한 규모의 주택을 대량으로 건설하려는 경우에는 국토교통부장관에게 주택의 형별(型別)로 표본설계도서를 작성·제출하여 승인을 받을 수 있다.
④ 사업계획승인권자는 사업계획을 승인할 때 사업주체가 제출하는 사업계획에 해당 주택건설사업과 직접적으로 관련이 없거나 과도한 기반시설의 기부채납을 요구하여서는 아니 된다.
⑤ 사업계획승인권자는 사업계획승인의 신청을 받았을 때에는 정당한 사유가 없으면 신청받은 날부터 60일 이내에 사업주체에게 승인 여부를 통보하여야 한다.

키워드 주택건설사업계획승인

해설 주택단지의 전체 세대수가 600세대 이상인 주택건설사업을 시행하려는 자는 주택단지를 공구별로 분할하여 주택을 건설·공급할 수 있다.

22 **주택법령상 사업계획의 승인 등에 관한 설명으로 옳은 것을 모두 고른 것은?** (단, 다른 법률에 따른 사업은 제외함) 제31회

> ㉠ 대지조성사업계획승인을 받으려는 자는 사업계획승인신청서에 조성한 대지의 공급계획서를 첨부하여 사업계획승인권자에게 제출하여야 한다.
> ㉡ 등록사업자는 동일한 규모의 주택을 대량으로 건설하려는 경우에는 시·도지사에게 주택의 형별로 표본설계도서를 작성·제출하여 승인을 받을 수 있다.
> ㉢ 지방공사가 사업주체인 경우 건축물의 설계와 용도별 위치를 변경하지 아니하는 범위에서의 건축물의 배치조정은 사업계획변경승인을 받지 않아도 된다.

① ㉠
② ㉠, ㉡
③ ㉠, ㉢
④ ㉡, ㉢
⑤ ㉠, ㉡, ㉢

키워드 사업계획승인 및 변경승인

해설 ㉡ 등록사업자는 동일한 규모의 주택을 대량으로 건설하려는 경우에는 국토교통부장관에게 주택의 형별로 표본설계도서를 작성·제출하여 승인을 받을 수 있다.

Answer
21 ② 22 ③

23 **주택법령상 사업계획승인 등에 관한 설명으로 틀린 것은?** (단, 다른 법률에 따른 사업은 제외함) 제32회

① 주택건설사업을 시행하려는 자는 전체 세대수가 600세대 이상의 주택단지를 공구별로 분할하여 주택을 건설·공급할 수 있다.
② 사업계획승인권자는 착공신고를 받은 날부터 20일 이내에 신고수리 여부를 신고인에게 통지하여야 한다.
③ 사업계획승인권자는 사업계획승인의 신청을 받았을 때에는 정당한 사유가 없으면 신청받은 날부터 60일 이내에 사업주체에게 승인 여부를 통보하여야 한다.
④ 사업주체는 사업계획승인을 받은 날부터 1년 이내에 공사를 착수하여야 한다.
⑤ 사업계획에는 부대시설 및 복리시설의 설치에 관한 계획 등이 포함되어야 한다.

키워드 공사착수기간
해설 사업주체는 사업계획승인을 받은 날부터 5년 이내에 공사를 착수하여야 한다.

05

24 **주택법령상 사업계획승인을 받은 사업주체에게 인정되는 매도청구권에 관한 설명으로 옳은 것은?** 제26회

① 주택건설대지에 사용권원을 확보하지 못한 건축물이 있는 경우 그 건축물은 매도청구의 대상이 되지 않는다.
② 사업주체는 매도청구일 전 60일부터 매도청구 대상이 되는 대지의 소유자와 협의를 진행하여야 한다.
③ 사업주체가 주택건설대지면적 중 90%에 대하여 사용권원을 확보한 경우, 사용권원을 확보하지 못한 대지의 모든 소유자에게 매도청구를 할 수 있다.
④ 사업주체가 주택건설대지면적 중 80%에 대하여 사용권원을 확보한 경우, 사용권원을 확보하지 못한 대지의 소유자 중 지구단위계획구역 결정고시일 10년 이전에 해당 대지의 소유권을 취득하여 계속 보유하고 있는 자에 대하여는 매도청구를 할 수 없다.
⑤ 사업주체가 리모델링주택조합인 경우 리모델링 결의에 찬성하지 아니하는 자의 주택에 대하여는 매도청구를 할 수 없다.

키워드 사업주체의 매도청구
해설 ① 주택건설대지에 사용권원을 확보하지 못한 건축물이 있는 경우 그 건축물도 매도청구의 대상에 포함된다.
② 사업주체는 매도청구를 하기 전에 3개월 이상 협의를 하여야 한다.
③ 사업주체가 주택건설대지면적 중 95% 이상에 대하여 사용권원을 확보한 경우, 사용권원을 확보하지 못한 대지의 모든 소유자에게 매도청구를 할 수 있다.
⑤ 사업주체가 리모델링주택조합인 경우 리모델링의 허가를 신청하기 위한 동의율을 확보한 때 리모델링 결의를 한 리모델링주택조합은 리모델링 결의에 찬성하지 아니한 주택에 대하여 매도청구를 할 수 있다.

Answer
23 ④ 24 ④

25 **주택건설사업이 완료되어 사용검사가 있은 후에 甲이 주택단지 일부의 토지에 대해 소유권이전등기 말소소송에 따라 해당 토지의 소유권을 회복하게 되었다. 주택법령상 이에 관한 설명으로 옳은 것은?** 제29회

① 주택의 소유자들은 甲에게 해당 토지를 공시지가로 매도할 것을 청구할 수 있다.

② 대표자를 선정하여 매도청구에 관한 소송을 하는 경우 대표자는 복리시설을 포함하여 주택의 소유자 전체의 4분의 3 이상의 동의를 받아 선정한다.

③ 대표자를 선정하여 매도청구에 관한 소송을 하는 경우 그 판결은 대표자 선정에 동의하지 않은 주택의 소유자에게는 효력이 미치지 않는다.

④ 甲이 소유권을 회복한 토지의 면적이 주택단지 전체 대지 면적의 5%를 넘는 경우에는 주택소유자 전원의 동의가 있어야 매도청구를 할 수 있다.

⑤ 甲이 해당 토지의 소유권을 회복한 날부터 1년이 경과한 이후에는 甲에게 매도청구를 할 수 없다.

키워드 사용검사 후 매도청구

해설 ① 주택의 소유자들은 甲에게 해당 토지를 시가로 매도할 것을 청구할 수 있다.
③ 대표자를 선정하여 매도청구에 관한 소송을 하는 경우 그 판결은 주택의 소유자 전체에 대하여 효력이 있다.
④ 甲이 소유권을 회복한 토지의 면적이 주택단지 전체 대지 면적의 5% 미만인 경우에는 매도청구를 할 수 있다.
⑤ 甲이 해당 토지의 소유권을 회복한 날부터 2년이 경과한 이후에는 甲에게 매도청구를 할 수 없다.

26 **주택법상 사용검사 후 매도청구 등에 관한 조문의 일부이다. (　　)에 들어갈 숫자를 바르게 나열한 것은?** 제30회

> 「주택법」 제62조(사용검사 후 매도청구 등)
> ① ~ ③ <생략>
> ④ 제1항에 따라 매도청구를 하려는 경우에는 해당 토지의 면적이 주택단지 전체 대지 면적의 (㉠)% 미만이어야 한다.
> ⑤ 제1항에 따른 매도청구의 의사표시는 실소유자가 해당 토지 소유권을 회복한 날부터 (㉡)년 이내에 해당 실소유자에게 송달되어야 한다.
> ⑥ <생략>

① ㉠: 5, ㉡: 1
② ㉠: 5, ㉡: 2
③ ㉠: 5, ㉡: 3
④ ㉠: 10, ㉡: 1
⑤ ㉠: 10, ㉡: 2

Answer
25 ②　26 ②

키워드 사용검사 후 매도청구

해설 「주택법」 제62조(사용검사 후 매도청구 등)

① ~ ③ 〈생략〉

④ 제1항에 따라 매도청구를 하려는 경우에는 해당 토지의 면적이 주택단지 전체 대지 면적의 '5'% 미만이어야 한다.

⑤ 제1항에 따른 매도청구의 의사표시는 실소유자가 해당 토지 소유권을 회복한 날부터 '2'년 이내에 해당 실소유자에게 송달되어야 한다.

⑥ 〈생략〉

27 **주택법령상 사업주체가 50세대의 주택과 주택 외의 시설을 동일 건축물로 건축하는 계획 및 임대주택의 건설 · 공급에 관한 사항을 포함한 사업계획승인신청서를 제출한 경우에 대한 설명으로 옳은 것은?** 제29회

① 사업계획승인권자는 「국토의 계획 및 이용에 관한 법률」에 따른 건폐율 및 용적률을 완화하여 적용할 수 있다.

② 사업계획승인권자가 임대주택의 건설을 이유로 용적률을 완화하는 경우 사업주체는 완화된 용적률의 70%에 해당하는 면적을 임대주택으로 공급하여야 한다.

③ 사업주체는 용적률의 완화로 건설되는 임대주택을 인수자에게 공급하여야 하며, 이 경우 시장 · 군수가 우선 인수할 수 있다.

④ 사업주체가 임대주택을 인수자에게 공급하는 경우 임대주택의 부속토지의 공급가격은 공시지가로 한다.

⑤ 인수자에게 공급하는 임대주택의 선정은 주택조합이 사업주체인 경우에는 조합원에게 공급하고 남은 주택을 대상으로 공개추첨의 방법에 의한다.

키워드 임대주택의 건설 및 용적률 완화

해설 ① 사업계획승인권자는 「국토의 계획 및 이용에 관한 법률」에 따른 용적률을 완화하여 적용할 수 있다.

② 사업계획승인권자가 임대주택의 건설을 이유로 용적률을 완화하는 경우 사업주체는 완화된 용적률의 60% 이내에서 대통령령으로 정하는 비율(30% 이상 60% 이하의 범위에서 시 · 도조례로 정하는 비율)에 해당하는 면적을 임대주택으로 공급하여야 한다.

③ 사업주체는 용적률의 완화로 건설되는 임대주택을 인수자에게 공급하여야 하며, 이 경우 시 · 도지사가 우선 인수할 수 있다.

④ 사업주체가 임대주택을 인수자에게 공급하는 경우 임대주택의 부속토지의 공급가격은 기부채납한 것으로 본다.

Answer

27 ⑤

28 **주택법령상 토지임대부 분양주택에 관한 설명으로 옳은 것은?** 제33회

① 토지임대부 분양주택의 토지에 대한 임대차기간은 50년 이내로 한다.

② 토지임대부 분양주택의 토지에 대한 임대차기간을 갱신하기 위해서는 토지임대부 분양주택의 소유자의 3분의 2 이상이 계약갱신을 청구하여야 한다.

③ 토지임대료를 보증금으로 전환하여 납부하는 경우, 그 보증금을 산정할 때 적용되는 이자율은 「은행법」에 따른 은행의 3년 만기 정기예금 평균이자율 이상이어야 한다.

④ 토지임대부 분양주택을 공급받은 자가 토지임대부 분양주택을 양도하려는 경우에는 시·도지사에게 해당 주택의 매입을 신청하여야 한다.

⑤ 토지임대료는 분기별 임대료를 원칙으로 한다.

키워드 토지임대부 분양주택

해설 ① 토지임대부 분양주택의 토지에 대한 임대차기간은 40년 이내로 한다.
② 토지임대부 분양주택의 토지에 대한 임대차기간을 갱신하기 위해서는 토지임대부 분양주택의 소유자의 75% 이상이 계약갱신을 청구하여야 한다.
④ 토지임대부 분양주택을 공급받은 자는 전매제한기간이 지나기 전에 한국토지주택공사에게 해당 주택의 매입을 신청할 수 있다.
⑤ 토지임대료는 월별 임대료를 원칙으로 한다.

29 **주택법령상 주택의 사용검사 등에 관한 설명으로 <u>틀린</u> 것은?** 제24회

① 주택건설 사업계획승인의 조건이 이행되지 않은 경우에는 공사가 완료된 주택에 대하여 동별로 사용검사를 받을 수 없다.

② 사업주체가 파산하여 주택건설사업을 계속할 수 없고 시공보증자도 없는 경우 입주예정자대표회의가 시공자를 정하여 잔여공사를 시공하고 사용검사를 받아야 한다.

③ 주택건설사업을 공구별로 분할하여 시행하는 내용으로 사업계획의 승인을 받은 경우 완공된 주택에 대하여 공구별로 사용검사를 받을 수 있다.

④ 사용검사는 그 신청일부터 15일 이내에 하여야 한다.

⑤ 공동주택이 동별로 공사가 완료되고 임시사용승인신청이 있는 경우 대상 주택이 사업계획의 내용에 적합하고 사용에 지장이 없는 때에는 세대별로 임시사용승인을 할 수 있다.

키워드 주택의 사용검사

해설 주택건설 사업계획승인의 조건이 이행되지 않은 경우에는 공사가 완료된 주택에 대하여 동별로 사용검사를 받을 수 있다.

Answer

28 ③ 29 ①

Chapter

03 주택의 공급

대표기출 상중하 2018년 제29회 A형 66번 문제 수정

주택법령상 투기과열지구 및 조정대상지역에 관한 설명으로 옳은 것은?

① 국토교통부장관은 해당 지역이 속하는 시·도의 주택보급률이 전국 평균을 초과하는 지역을 투기과열지구로 지정할 수 있다.

② 시·도지사는 주택의 분양·매매 등 거래가 위축될 우려가 있는 지역을 시·도 주거정책심의위원회의 심의를 거쳐 조정대상지역으로 지정할 수 있다.

③ 투기과열지구의 지정기간은 3년으로 하되, 해당 지역 시장·군수·구청장의 의견을 들어 연장할 수 있다.

④ 투기과열지구에서 건설·공급되는 주택은 전매하거나 알선할 수 있다.

⑤ 조정대상지역으로 지정된 지역의 시장·군수·구청장은 조정대상지역으로 유지할 필요가 없다고 판단되는 경우 국토교통부장관에게 그 지정의 해제를 요청할 수 있다.

키워드 투기과열지구 및 조정대상지역

투기과열지구의 지정대상지역, 지정절차, 전매제한대상, 조정대상지역의 지정권자 및 지정(해제)절차에 관한 내용을 정확하게 정리하고 암기하여야 합니다. 25회, 27회, 29회, 31회, 32회, 34회

핵심포인트 투기과열지구 지정 대상

투기과열지구 지정 대상은 다음과 같다.

1. 직전월부터 소급하여 주택공급이 있었던 2개월 동안 해당 지역에서 공급되는 주택의 월평균 청약경쟁률이 모두 5대 1을 초과하였거나 해당 지역에서 공급되는 국민주택규모주택의 월평균 청약경쟁률이 모두 10대 1을 초과한 지역
2. 직전월의 주택분양실적이 전달보다 30% 이상 감소한 곳
3. 해당 지역이 속하는 시·도의 주택보급률 또는 자가주택비율이 전국 평균 이하인 지역

Ⓐ 정답 ⑤

01 주택법령상 주택의 공급에 관한 설명으로 옳은 것은? 제26회

① 한국토지주택공사가 사업주체로서 복리시설의 입주자를 모집하려는 경우 시장·군수·구청장에게 신고하여야 한다.

② 지방공사가 사업주체로서 견본주택을 건설하는 경우에는 견본주택에 사용되는 마감자재 목록표와 견본주택의 각 실의 내부를 촬영한 영상물 등을 제작하여 시장·군수·구청장에게 제출하여야 한다.

③ 「관광진흥법」에 따라 지정된 관광특구에서 건설·공급하는 50층 이상의 공동주택은 분양가상한제의 적용을 받는다.

④ 공공택지 외의 택지로서 분양가상한제가 적용되는 지역에서 공급하는 도시형 생활주택은 분양가상한제의 적용을 받는다.

⑤ 시·도지사는 사업계획승인 신청이 있는 날부터 30일 이내에 분양가심사위원회를 설치·운영하여야 한다.

키워드 주택의 공급

해설 ① 한국토지주택공사는 복리시설의 입주자를 모집하려는 경우에는 신고하지 않아도 된다.
③ 「관광진흥법」에 따라 지정된 관광특구에서 건설·공급하는 50층 이상의 공동주택은 분양가상한제를 적용하지 아니한다.
④ 도시형 생활주택은 분양가상한제를 적용하지 아니한다.
⑤ 시장·군수·구청장은 사업계획승인 신청이 있는 날부터 20일 이내에 분양가심사위원회를 설치·운영하여야 한다.

02 주택법령상 분양가상한제 적용주택에 관한 설명으로 옳은 것을 모두 고른 것은? 제33회

> ㉠ 도시형 생활주택은 분양가상한제 적용주택에 해당하지 않는다.
> ㉡ 토지임대부 분양주택의 분양가격은 택지비와 건축비로 구성된다.
> ㉢ 사업주체는 분양가상한제 적용주택으로서 공공택지에서 공급하는 주택에 대하여 입주자모집공고에 분양가격을 공시해야 하는데, 간접비는 공시해야 하는 분양가격에 포함되지 않는다.

① ㉠ ② ㉠, ㉡ ③ ㉠, ㉢
④ ㉡, ㉢ ⑤ ㉠, ㉡, ㉢

키워드 분양가상한제 적용주택

해설 ㉡ 토지임대부 분양주택의 분양가격은 건축비로만 구성된다.
㉢ 사업주체는 분양가상한제 적용주택으로서 공공택지에서 공급하는 주택에 대하여 입주자모집공고에 분양가격을 공시해야 하는데, 간접비도 공시해야 하는 분양가격에 포함된다.

Answer
01 ② 02 ①

03 **주택법령상 주택의 공급에 관한 설명으로 옳은 것은?** 제27회 수정

① 한국토지주택공사가 총지분의 전부를 출자한 「부동산투자회사법」에 따른 부동산투자회사가 사업주체로서 입주자를 모집하려는 경우에는 시장·군수·구청장의 승인을 받아야 한다.

② 「관광진흥법」에 따라 지정된 관광특구에서 건설·공급하는 층수가 51층이고, 높이가 140m인 아파트는 분양가상한제의 적용대상이다.

③ 시·도지사는 주택가격상승률이 물가상승률보다 현저히 높은 지역으로서 주택가격의 급등이 우려되는 지역에 대해서 분양가상한제 적용지역으로 지정할 수 있다.

④ 주택의 사용검사 후 주택단지 내 일부의 토지의 소유권을 회복한 자에게 주택소유자들이 매도청구를 하려면 해당 토지의 면적이 주택단지 전체 대지면적의 5% 미만이어야 한다.

⑤ 사업주체가 투기과열지구에서 건설·공급하는 주택의 입주자로 선정된 지위는 매매하거나 상속할 수 없다.

키워드 주택의 공급

해설 ① 한국토지주택공사가 총지분의 전부를 출자한 「부동산투자회사법」에 따른 부동산투자회사가 사업주체로서 입주자를 모집하려는 경우에는 시장·군수·구청장의 승인을 받지 않아도 된다.
② 「관광진흥법」에 따라 지정된 관광특구에서 건설·공급하는 공동주택으로서 해당 건축물의 층수가 50층 이상이거나 높이가 150m 이상인 경우에는 분양가상한제를 적용하지 아니한다.
③ 분양가상한제 적용지역은 국토교통부장관이 지정한다.
⑤ 상속은 전매제한 대상에서 제외된다.

Answer
03 ④

04 주택법령상 투기과열지구에 관한 설명으로 옳은 것은? 제25회 수정

① 일정한 지역의 주택가격상승률이 물가상승률보다 현저히 높은 경우 관할 시장 · 군수 · 구청장은 해당 지역을 투기과열지구로 지정할 수 있다.

② 시 · 도지사가 투기과열지구를 지정할 경우에는 해당 지역의 시장 · 군수 · 구청장과 협의하여야 한다.

③ 국토교통부장관은 1년마다 주거정책심의위원회의 회의를 소집하여 투기과열지구로 지정된 지역별로 투기과열지구 지정의 유지 여부를 재검토하여야 한다.

④ 주택의 분양실적이 지난 달보다 30% 이상 증가한 곳은 투기과열지구로 지정하여야 한다.

⑤ 투기과열지구에서 건설 · 공급되는 주택의 입주자로 선정된 지위를 세대원 전원이 해외로 이주하게 되어 한국토지주택공사(사업주체가 공공주택사업자인 경우에는 공공주택사업자)의 동의를 받아 전매하는 경우에는 전매제한이 적용되지 않는다.

키워드 투기과열지구

해설 ① 일정한 지역의 주택가격상승률이 물가상승률보다 현저히 높은 경우 국토교통부장관 또는 시 · 도지사는 해당 지역을 투기과열지구로 지정할 수 있다.
② 시 · 도지사가 투기과열지구를 지정할 경우에는 국토교통부장관과 협의하여야 한다.
③ 국토교통부장관은 반기마다 주거정책심의위원회의 회의를 소집하여 투기과열지구로 지정된 지역별로 투기과열지구 지정의 유지 여부를 재검토하여야 한다.
④ 주택의 분양실적이 지난 달보다 30% 이상 감소한 곳은 투기과열지구로 지정할 수 있다.

05 주택법령상 투기과열지구의 지정 기준에 관한 설명이다. (   )에 들어갈 숫자와 내용을 바르게 나열한 것은? 제32회

- 투기과열지구로 지정하는 날이 속하는 달의 바로 전 달(이하 '직전월')부터 소급하여 주택공급이 있었던 (㉠)개월 동안 해당 지역에서 공급되는 주택의 월평균 청약경쟁률이 모두 5대 1을 초과하였거나 국민주택규모 주택의 월평균 청약경쟁률이 모두 (㉡)대 1을 초과한 곳
- 투기과열지구지정 직전월의 (㉢)이 전달보다 30% 이상 감소하여 주택공급이 위축될 우려가 있는 곳

① ㉠: 2, ㉡: 10, ㉢: 주택분양실적
② ㉠: 2, ㉡: 10, ㉢: 건축허가실적
③ ㉠: 2, ㉡: 20, ㉢: 건축허가실적
④ ㉠: 3, ㉡: 10, ㉢: 주택분양계획
⑤ ㉠: 3, ㉡: 20, ㉢: 건축허가실적

Answer
04 ⑤ 05 ①

키워드 투기과열지구의 지정 기준

해설 투기과열지구의 지정 기준은 다음과 같다.

- 투기과열지구로 지정하는 날이 속하는 달의 바로 전 달(이하 '직전월')부터 소급하여 주택공급이 있었던 '2'개월 동안 해당 지역에서 공급되는 주택의 월평균 청약경쟁률이 모두 5대 1을 초과하였거나 국민주택규모 주택의 월평균 청약경쟁률이 모두 '10'대 1을 초과한 곳
- 투기과열지구지정 직전월의 '주택분양실적'이 전달보다 30% 이상 감소하여 주택공급이 위축될 우려가 있는 곳

06 주택법령상 조정대상지역의 지정기준의 일부이다. (   )에 들어갈 숫자로 옳은 것은? 제34회

조정대상지역 지정직전월부터 소급하여 6개월간의 평균 주택가격상승률이 마이너스 (㉠)% 이하인 지역으로서 다음에 해당하는 지역

- 조정대상지역 지정직전월부터 소급하여 (㉡)개월 연속 주택매매거래량이 직전 연도의 같은 기간보다 (㉢)% 이상 감소한 지역
- 조정대상지역 지정직전월부터 소급하여 (㉡)개월간의 평균 미분양주택(「주택법」 제15조 제1항에 따른 사업계획승인을 받아 입주자를 모집했으나 입주자가 선정되지 않은 주택을 말한다)의 수가 직전 연도의 같은 기간보다 2배 이상인 지역

① ㉠: 1, ㉡: 3, ㉢: 20
② ㉠: 1, ㉡: 3, ㉢: 30
③ ㉠: 1, ㉡: 6, ㉢: 30
④ ㉠: 3, ㉡: 3, ㉢: 20
⑤ ㉠: 3, ㉡: 6, ㉢: 20

키워드 조정대상지역의 지정기준

해설

조정대상지역 지정직전월부터 소급하여 6개월간의 평균 주택가격상승률이 마이너스 (1)% 이하인 지역으로서 다음에 해당하는 지역

- 조정대상지역 지정직전월부터 소급하여 (3)개월 연속 주택매매거래량이 직전 연도의 같은 기간보다 (20)% 이상 감소한 지역
- 조정대상지역 지정직전월부터 소급하여 (3)개월간의 평균 미분양주택(「주택법」 제15조 제1항에 따른 사업계획승인을 받아 입주자를 모집했으나 입주자가 선정되지 않은 주택을 말한다)의 수가 직전 연도의 같은 기간보다 2배 이상인 지역

Answer

06 ①

07 **주택법령상 주택의 공급 및 분양가상한제에 관한 설명으로 틀린 것은?** 제22회 수정

① 지방공사가 사업주체가 되어 입주자를 모집하려는 경우 시장·군수·구청장의 승인을 받아야 한다.

② 사업주체가 주택을 공급하려는 경우에는 국토교통부령으로 정하는 바에 따라 벽지·바닥재·주방용구·조명기구 등을 제외한 부분의 가격을 따로 제시하여야 한다.

③ 도시형 생활주택은 분양가상한제의 적용을 받지 않는다.

④ 「관광진흥법」에 따라 지정된 관광특구에서 건설·공급하는 50층 이상의 공동주택은 분양가상한제의 적용을 받지 않는다.

⑤ 공공택지에서 주택을 공급하는 경우 분양가상한제 적용주택의 택지비는 해당 택지의 공급가격에 국토교통부령이 정하는 택지와 관련된 비용을 가산한 금액으로 한다.

키워드 입주자 모집공고 승인

해설 지방공사가 사업주체가 되어 입주자를 모집하려는 경우 시장·군수·구청장의 승인을 받지 아니한다.

08 **세대주인 甲이 취득한 주택은 주택법령에 의한 전매제한 기간 중에 있다. 다음 중 甲이 이 주택을 전매할 수 있는 경우는?** (단, 다른 요건은 충족됨) 제22회 수정

① 세대원인 甲의 아들의 결혼으로 甲의 세대원 전원이 인천광역시에서 서울특별시로 이전하는 경우

② 甲은 상속에 의하여 취득한 주택으로 이전하면서, 甲을 제외한 나머지 세대원은 다른 새로운 주택으로 이전하는 경우

③ 甲의 세대원 전원이 1년 6개월간 해외에 체류하고자 하는 경우

④ 세대원인 甲의 가족은 국내에 체류하고, 甲은 해외로 이주하고자 하는 경우

⑤ 甲이 이 주택의 일부를 배우자에게 증여하는 경우

키워드 전매제한의 특례

해설 ① 세대원인 甲의 아들의 결혼으로 甲의 세대원 전원이 인천광역시에서 서울특별시로 이전하는 경우는 수도권 안에서 이전하는 경우에 해당하므로 전매할 수 없다.
② 甲은 상속에 의하여 취득한 주택으로 이전하면서, 甲을 제외한 나머지 세대원은 다른 새로운 주택으로 이전하는 경우에는 전매할 수 없다.
③ 甲의 세대원 전원이 1년 6개월간 해외에 체류하고자 하는 경우에는 전매할 수 없다.
④ 세대원 일부가 해외로 이주하고자 하는 경우에는 전매할 수 없다.

Answer

07 ① 08 ⑤

09 **주택법령상 주택의 전매행위 제한을 받는 주택임에도 불구하고 전매가 허용되는 경우에 해당하는 것은?** (단, 전매를 위해 필요한 다른 요건은 충족한 것으로 함) 제24회 수정

① 세대주의 근무상 사정으로 인하여 세대원 일부가 수도권 안에서 이전하는 경우
② 세대원 전원이 1년간 해외에 체류하고자 하는 경우
③ 이혼으로 인하여 주택을 그 배우자에게 이전하는 경우
④ 세대원 일부가 해외로 이주하는 경우
⑤ 상속에 의하여 취득한 주택으로 세대원 일부가 이전하는 경우

키워드 전매제한의 특례

해설 ① 세대주의 근무상 사정으로 인하여 세대원 전원이 다른 광역시, 특별자치시, 특별자치도, 시 또는 군으로 이전하는 경우. 단, 수도권 안에서 이전하는 경우는 제외한다.
② 세대원 전원이 2년 이상 해외에 체류하고자 하는 경우
④ 세대원 전원이 해외로 이주하는 경우
⑤ 상속에 의하여 취득한 주택으로 세대원 전원이 이전하는 경우

10 **주택법령상 주택의 전매행위 제한에 관한 설명으로 틀린 것은?** (단, 수도권은 수도권정비계획법에 의한 것임) 제27회 수정

① 전매제한 기간은 주택의 수급상황 및 투기우려 등을 고려하여 지역별로 달리 정할 수 있다.
② 사업주체가 공공택지 외의 택지에서 건설·공급하는 주택을 공급하는 경우에는 그 주택의 소유권을 제3자에게 이전할 수 없음을 소유권에 관한 등기에 부기등기하여야 한다.
③ 세대원 전원이 2년 이상의 기간 동안 해외에 체류하고자 하는 경우로서 한국토지주택공사(사업주체가 공공주택사업자인 경우에는 공공주택사업자)의 동의를 받은 경우에는 전매제한 주택을 전매할 수 있다.
④ 상속에 의하여 취득한 주택으로 세대원 전원이 이전하는 경우로서 한국토지주택공사(사업주체가 공공주택사업자인 경우에는 공공주택사업자)의 동의를 받은 경우에는 전매제한 주택을 전매할 수 있다.
⑤ 공공택지 외의 택지에서 건설·공급되는 주택의 소유자가 국가에 대한 채무를 이행하지 못하여 공매가 시행되는 경우에는 한국토지주택공사(사업주체가 공공주택사업자인 경우에는 공공주택사업자)의 동의 없이도 전매를 할 수 있다.

키워드 전매행위의 제한

해설 공공택지 외의 택지에서 건설·공급되는 주택의 소유자가 국가에 대한 채무를 이행하지 못하여 경매 또는 공매가 시행되는 경우에는 한국토지주택공사(사업주체가 공공주택사업자인 경우에는 공공주택사업자)의 동의를 받아야 전매할 수 있다.

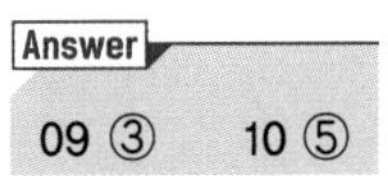
Answer
09 ③ 10 ⑤

11 주택법령상 주택의 공급 및 분양가격 등에 관한 설명으로 옳은 것은? 제23회

① 분양가상한제 적용주택의 분양가격은 택지비와 건축비로 구성된다.
② 한국토지주택공사가 사업주체로서 입주자를 모집하려는 경우에는 시장・군수・구청장의 승인을 받아야 한다.
③ 사업주체가 복리시설의 입주자를 모집하려는 경우 시장・군수・구청장의 승인을 받아야 한다.
④ 사업주체는 공공택지에서 공급하는 분양가상한제 적용주택에 대하여 입주자모집승인을 받았을 때에는 분양가격을 공시할 필요가 없다.
⑤ 「관광진흥법」에 따라 지정된 관광특구에서 건설・공급하는 높이 150m 이상의 공동주택은 분양가상한제의 적용을 받는다.

키워드 주택의 공급 및 분양가격

해설 ② 한국토지주택공사가 사업주체로서 입주자를 모집하려는 경우에는 시장・군수・구청장의 승인을 받지 않아도 된다.
③ 사업주체가 복리시설의 입주자를 모집하려는 경우 시장・군수・구청장에게 신고를 하여야 한다.
④ 사업주체는 공공택지에서 공급하는 분양가상한제 적용주택에 대하여 입주자모집승인을 받았을 때에는 분양가격을 공시하여야 한다.
⑤ 「관광진흥법」에 따라 지정된 관광특구에서 건설・공급하는 높이 150m 이상의 공동주택은 분양가상한제의 적용을 받지 않는다.

12 주택법령상 주택의 전매행위 제한 등에 관한 설명으로 옳은 것은? 제25회 수정

① 제한되는 전매에는 매매・증여・상속이나 그 밖에 권리의 변동을 수반하는 모든 행위가 포함된다.
② 투기과열지구에서 건설・공급되는 주택의 전매제한 기간은 3년이다.
③ 상속에 의하여 취득한 주택으로 세대원 일부가 이전하는 경우 전매제한의 대상이 되는 주택이라도 전매할 수 있다.
④ 사업주체가 전매행위가 제한되는 분양가상한제 적용주택을 공급하는 경우 그 주택의 소유권을 제3자에게 이전할 수 없음을 소유권에 관한 등기에 부기등기하여야 한다.
⑤ 전매행위 제한을 위반하여 주택의 입주자로 선정된 지위의 전매가 이루어진 경우 사업주체가 전매대금을 지급하고 해당 입주자로 선정된 지위를 매입하여야 한다.

Answer
11 ① 12 ④

키워드 주택의 전매제한

해설 ① 제한되는 전매에는 매매 · 증여나 그 밖에 권리의 변동을 수반하는 행위를 포함하되, 상속의 경우는 제외한다.
② 투기과열지구에서 건설 · 공급되는 주택의 전매제한 기간은 소유권이전등기일까지이다. 이 경우 그 기간이 5년을 초과하는 때에는 전매제한 기간은 5년으로 한다.
③ 상속에 의하여 취득한 주택으로 세대원 전원이 이전하는 경우 전매제한의 대상이 되는 주택이라도 전매할 수 있다.
⑤ 전매행위 제한을 위반하여 주택의 입주자로 선정된 지위의 전매가 이루어진 경우 사업주체가 매입비용을 그 매수인에게 지급한 경우에는 그 지급한 날에 사업주체가 해당 입주자로 선정된 지위를 취득한 것으로 본다.

13 **주택법령상 주택의 공급질서 교란행위에 해당하지 않는 것은?** 제23회

① 주택상환사채의 증여
② 입주자저축증서의 매매의 알선
③ 도시개발채권의 양도
④ 시장이 발행한 무허가건물확인서를 매매할 목적으로 하는 광고
⑤ 공공사업의 시행으로 인한 이주대책에 의하여 주택을 공급받을 수 있는 지위의 매매

키워드 공급질서 교란행위

해설 도시개발채권을 양도하는 행위는 공급질서 교란행위에 해당하지 않는다.

핵심포인트 공급질서 교란금지

누구든지 이 법에 따라 건설 · 공급되는 주택을 공급받거나 공급받게 하기 위하여 다음의 어느 하나에 해당하는 증서 또는 지위를 양도 · 양수(매매 · 증여나 그 밖에 권리변동을 수반하는 모든 행위를 포함하되, 상속 · 저당의 경우는 제외) 또는 이를 알선하거나 양도 · 양수 또는 이를 알선할 목적으로 하는 광고(각종 간행물 · 인쇄물 · 전화 · 인터넷, 그 밖의 매체를 통한 행위를 포함)를 하여서는 아니 된다.

1. 주택을 공급받을 수 있는 조합원의 지위
2. 주택상환사채
3. 입주자저축증서
4. 시장 · 군수 · 구청장이 발행한 무허가건물 확인서, 건물철거예정 증명서 또는 건물철거 확인서
5. 공공사업의 시행으로 인한 이주대책에 의하여 주택을 공급받을 수 있는 지위 또는 이주대책 대상자 확인서

Answer
13 ③

14 **주택법령상 주택공급과 관련하여 금지되는 공급질서 교란행위에 해당하지 않는 것은?** 제25회

① 주택을 공급받을 수 있는 조합원 지위의 증여
② 주택상환사채의 저당
③ 주택을 공급받을 수 있는 조합원 지위의 매매를 위한 인터넷 광고
④ 주택상환사채의 매입을 목적으로 하는 전화 광고
⑤ 입주자저축증서의 증여

키워드 공급질서 교란행위
해설 주택상환사채의 저당은 공급질서 교란행위에 해당하지 않는다.

15 **주택법령상 주택공급과 관련하여 금지되는 공급질서 교란행위에 해당하는 것을 모두 고른 것은?** 제32회

㉠ 주택을 공급받을 수 있는 조합원 지위의 상속 ㉡ 입주자저축 증서의 저당 ㉢ 공공사업의 시행으로 인한 이주대책에 따라 주택을 공급받을 수 있는 지위의 매매 ㉣ 주택을 공급받을 수 있는 증서로서 시장·군수·구청장이 발행한 무허가건물 확인서의 증여

① ㉠, ㉡ ② ㉠, ㉣ ③ ㉢, ㉣
④ ㉠, ㉡, ㉢ ⑤ ㉡, ㉢, ㉣

키워드 공급질서 교란행위
해설 ㉠, ㉡ 상속과 저당은 금지되는 공급질서 교란행위에 해당하지 않는다.

Answer
14 ② 15 ③

Chapter

04 주택의 리모델링

01 **주택법령상 공동주택의 리모델링에 관한 설명으로 틀린 것은?** (단, 조례는 고려하지 않음) 제31회

① 입주자대표회의가 리모델링하려는 경우에는 리모델링 설계개요, 공사비, 소유자의 비용분담 명세가 적혀 있는 결의서에 주택단지 소유자 전원의 동의를 받아야 한다.

② 공동주택의 입주자가 공동주택을 리모델링하려고 하는 경우에는 시장·군수·구청장의 허가를 받아야 한다.

③ 사업비에 관한 사항은 세대수가 증가되는 리모델링을 하는 경우 수립하여야 하는 권리변동계획에 포함되지 않는다.

④ 증축형 리모델링을 하려는 자는 시장·군수·구청장에게 안전진단을 요청하여야 한다.

⑤ 수직증축형 리모델링의 대상이 되는 기존 건축물의 층수가 12층인 경우에는 2개 층까지 증축할 수 있다.

키워드 공동주택의 리모델링

해설 사업비에 관한 사항은 세대수가 증가되는 리모델링을 하는 경우 수립하여야 하는 권리변동계획에 포함된다.

02 **주택법령상 리모델링 기본계획 수립절차에 관한 조문의 일부이다. (　　)에 들어갈 숫자를 옳게 연결한 것은?** 제27회

> 리모델링 기본계획을 수립하거나 변경하려면 (㉠)일 이상 주민에게 공람하고, 지방의회의 의견을 들어야 한다. 이 경우 지방의회는 의견제시를 요청받은 날부터 (㉡)일 이내에 의견을 제시하여야 한다.

① ㉠: 7, ㉡: 14　② ㉠: 10, ㉡: 15　③ ㉠: 14, ㉡: 15
④ ㉠: 14, ㉡: 30　⑤ ㉠: 15, ㉡: 30

키워드 리모델링 기본계획

해설 리모델링 기본계획을 수립하거나 변경하려면 '14'일 이상 주민에게 공람하고, 지방의회의 의견을 들어야 한다. 이 경우 지방의회는 의견제시를 요청받은 날부터 '30'일 이내에 의견을 제시하여야 하며, 30일 이내에 의견을 제시하지 아니하는 경우에는 이의가 없는 것으로 본다.

Answer
01 ③　02 ④

03 **주택법령상 리모델링에 관한 설명으로 옳은 것은?** (단, 조례는 고려하지 않음) 제25회 수정

① 기존 14층 건축물에 수직증축형 리모델링이 허용되는 경우 2개 층까지 증축할 수 있다.
② 리모델링주택조합의 설립인가를 받으려는 자는 인가신청서에 해당 주택건설대지의 80% 이상에 해당하는 토지의 사용권원을 확보하였음을 증명하는 서류를 첨부하여 관할 시장·군수 또는 구청장에게 제출하여야 한다.
③ 소유자 전원의 동의를 받은 입주자대표회의는 시장·군수·구청장에게 신고하고 리모델링을 할 수 있다.
④ 수직증축형 리모델링의 경우 리모델링주택조합의 설립인가신청서에 해당 주택이 사용검사를 받은 후 10년 이상의 기간이 경과하였음을 증명하는 서류를 첨부하여야 한다.
⑤ 리모델링주택조합이 시공자를 선정하는 경우 수의계약의 방법으로 하여야 한다.

키워드 주택의 리모델링

해설 ② 리모델링주택조합을 제외한 주택조합(지역·직장주택조합)의 설립인가를 받으려는 자는 인가신청서에 해당 주택건설대지의 80% 이상에 해당하는 토지의 사용권원을 확보하였음을 증명하는 서류를 첨부하여 관할 시장·군수 또는 구청장에게 제출하여야 한다.
③ 소유자 전원의 동의를 받은 입주자대표회의는 시장·군수·구청장에게 허가를 받아 리모델링을 할 수 있다.
④ 수직증축형 리모델링의 경우 리모델링주택조합의 설립인가신청서에 해당 주택이 사용검사를 받은 후 15년 이상의 기간이 경과하였음을 증명하는 서류를 첨부하여야 한다.
⑤ 리모델링주택조합이 시공자를 선정하는 경우 경쟁입찰의 방법으로 하여야 한다.

04 **주택법령상 리모델링에 관한 설명으로 옳은 것은?** (단, 조례는 고려하지 않음) 제33회

① 대수선은 리모델링에 포함되지 않는다.
② 공동주택의 리모델링은 동별로 할 수 있다.
③ 주택단지 전체를 리모델링하고자 주택조합을 설립하기 위해서는 주택단지 전체의 구분소유자와 의결권의 각 과반수의 결의가 필요하다.
④ 공동주택 리모델링의 허가는 시·도지사가 한다.
⑤ 리모델링주택조합 설립에 동의한 자로부터 건축물을 취득하였더라도 리모델링주택조합 설립에 동의한 것으로 보지 않는다.

키워드 주택의 리모델링

해설 ① 대수선은 리모델링에 포함된다.
③ 주택단지 전체를 리모델링하고자 주택조합을 설립하기 위해서는 주택단지 전체의 구분소유자와 의결권의 각 3분의 2 이상의 결의 및 각 동의 구분소유자와 의결권의 각 과반수의 결의가 필요하다.
④ 공동주택 리모델링의 허가는 시장·군수·구청장이 한다.
⑤ 리모델링주택조합 설립에 동의한 자로부터 건축물을 취득한 자는 리모델링주택조합 설립에 동의한 것으로 본다.

Answer

03 ① 04 ②

05 **주택법령상 리모델링에 관한 설명으로 <u>틀린</u> 것은?** (단, 조례는 고려하지 않음) 제34회

① 세대수증가형 리모델링으로 인한 도시과밀, 이주수요집중 등을 체계적으로 관리하기 위하여 수립하는 계획을 리모델링 기본계획이라 한다.

② 리모델링에 동의한 소유자는 리모델링 결의를 한 리모델링주택조합이나 소유자 전원의 동의를 받은 입주자대표회의가 시장 · 군수 · 구청장에게 리모델링 허가신청서를 제출하기 전까지 서면으로 동의를 철회할 수 있다.

③ 특별시장 · 광역시장 및 대도시의 시장은 리모델링 기본계획을 수립하거나 변경한 때에는 이를 지체 없이 해당 지방자치단체의 공보에 고시하여야 한다.

④ 수직증축형 리모델링의 설계자는 국토교통부장관이 정하여 고시하는 구조기준에 맞게 구조설계도서를 작성하여야 한다.

⑤ 대수선인 리모델링을 하려는 자는 시장 · 군수 · 구청장에게 안전진단을 요청하여야 한다.

키워드 주택의 리모델링

해설 증축형 리모델링을 하려는 자는 시장 · 군수 · 구청장에게 안전진단을 요청하여야 한다.

05

Answer

05 ⑤

박문각 공인중개사

PART

06

농지법

Chapter

01 총 칙

대표기출 상중하 2016년 제27회 A형 119번 문제

농지법령상 용어에 관한 설명으로 틀린 것은?

① 실제로 농작물 경작지로 이용되는 토지이더라도 법적지목이 과수원인 경우는 '농지'에 해당하지 않는다.

② 소가축 80두를 사육하면서 1년 중 150일을 축산업에 종사하는 개인은 '농업인'에 해당한다.

③ 3,000m^2의 농지에서 농작물을 경작하면서 1년 중 80일을 농업에 종사하는 개인은 '농업인'에 해당한다.

④ 인삼의 재배지로 계속하여 이용되는 기간이 4년인 지목이 전(田)인 토지는 '농지'에 해당한다.

⑤ 농지소유자가 타인에게 일정한 보수를 지급하기로 약정하고 농작업의 일부만을 위탁하여 행하는 농업경영도 '위탁경영'에 해당한다.

키워드 농지의 개념

농지의 범위에 관한 개념과 농업인의 정의를 정확하게 정리하고 숙지하여야 합니다. 27회, 28회, 30회

핵심포인트 농지에서 제외되는 경우

1. 「공간정보의 구축 및 관리 등에 관한 법률」에 따른 지목이 전 · 답, 과수원이 아닌 토지(지목이 임야인 토지는 제외)로서 농작물 경작지 또는 다년생식물 재배지로 계속하여 이용되는 기간이 3년 미만인 토지
2. 「공간정보의 구축 및 관리 등에 관한 법률」에 따른 지목이 임야인 토지로서 「산지관리법」에 따른 산지전용허가(다른 법률에 따라 산지전용허가가 의제되는 인가 · 허가 · 승인 등을 포함)를 거치지 아니하고 농작물의 경작 또는 다년생식물의 재배에 이용되는 토지
3. 「초지법」에 따라 조성된 초지

A 정답 ①

01 농지법령상 농지에 해당하는 것만을 모두 고른 것은?

제30회

> ㉠ 대통령령으로 정하는 다년생식물 재배지로 실제로 이용되는 토지(초지법에 따라 조성된 초지 등 대통령령으로 정하는 토지는 제외)
> ㉡ 관상용 수목의 묘목을 조경목적으로 식재한 재배지로 실제로 이용되는 토지
> ㉢ 「공간정보의 구축 및 관리 등에 관한 법률」에 따른 지목이 답(畓)이고 농작물 경작지로 실제로 이용되는 토지의 개량시설에 해당하는 양·배수시설의 부지

① ㉠ ② ㉠, ㉡ ③ ㉠, ㉢
④ ㉡, ㉢ ⑤ ㉠, ㉡, ㉢

키워드 농지의 적용범위

해설 관상용 수목의 묘목을 조경목적으로 식재한 재배지로 실제로 이용되는 토지는 농지에 해당하지 않는다.

핵심포인트 농지의 개념

농지에 해당하는 토지는 다음과 같다.

1. 대통령령으로 정하는 다년생식물 재배지로 실제로 이용되는 토지(초지법에 따라 조성된 초지 등 대통령령으로 정하는 토지는 제외)
2. 조경 또는 관상용 수목과 그 묘목(조경목적으로 식재한 것은 제외)
3. 「공간정보의 구축 및 관리 등에 관한 법률」에 따른 지목이 답(畓)이고 농작물 경작지로 실제로 이용되는 토지의 개량시설에 해당하는 양·배수시설의 부지

02 농지법령상 ( ) 안에 알맞은 것을 나열한 것은?

제23회

> • 유휴농지를 대리경작하는 경우 대리경작자는 수확량의 (㉠)을 그 농지의 소유권자나 임차권자에게 토지사용료로 지급하여야 한다.
> • 농업법인이란 「농어업경영체 육성 및 지원에 관한 법률」에 따라 설립된 영농조합법인과 같은 법에 따라 설립되고 업무집행권을 가진 자 중 (㉡) 이상이 농업인인 농업회사법인을 말한다.

① ㉠: 100분의 10, ㉡: 4분의 1 ② ㉠: 100분의 10, ㉡: 3분의 1
③ ㉠: 100분의 20, ㉡: 4분의 1 ④ ㉠: 100분의 20, ㉡: 3분의 1
⑤ ㉠: 100분의 30, ㉡: 2분의 1

Answer
01 ③ 02 ②

키워드 대리경작 및 농업법인

해설 • 유휴농지를 대리경작하는 경우 대리경작자는 수확량의 '100분의 10'을 그 농지의 소유권자나 임차권자에게 토지사용료로 지급하여야 한다.
• 농업법인이란 「농어업경영체 육성 및 지원에 관한 법률」에 따라 설립된 영농조합법인과 같은 법에 따라 설립되고 업무집행권을 가진 자 중 '3분의 1' 이상이 농업인인 농업회사법인을 말한다.

03 농지법령상 농업에 종사하는 개인으로서 농업인에 해당하는 자는? 제28회

① 꿀벌 10군을 사육하는 자
② 가금 500수를 사육하는 자
③ 1년 중 100일을 축산업에 종사하는 자
④ 농산물의 연간 판매액이 100만원인 자
⑤ 농지에 300m^{2}의 비닐하우스를 설치하여 다년생식물을 재배하는 자

키워드 농업인의 개념

해설 ② 가금 1천수 이상을 사육하는 자는 농업인에 해당한다.
③ 1년 중 120일 이상 축산업에 종사하는 자는 농업인에 해당한다.
④ 농산물의 연간 판매액이 120만원 이상인 자는 농업인에 해당한다.
⑤ 농지에 330m^2 이상의 비닐하우스를 설치하여 다년생식물을 재배하는 자는 농업인에 해당한다.

핵심포인트 농업인의 범위

농업에 종사하는 개인으로서 다음에 해당하는 자는 농업인에 해당한다.

1. 1,000m^2 이상의 농지에서 농작물 또는 다년생식물을 경작 또는 재배하거나 1년 중 90일 이상 농업에 종사하는 자
2. 농지에 330m^2 이상의 고정식온실 · 버섯재배사 · 비닐하우스, 그 밖의 농림축산식품부령으로 정하는 농업생산에 필요한 시설을 설치하여 농작물 또는 다년생식물을 경작 또는 재배하는 자
3. 대가축 2두, 중가축 10두, 소가축 100두, 가금 1천수 또는 꿀벌 10군 이상을 사육하거나 1년 중 120일 이상 축산업에 종사하는 자
4. 농업경영을 통한 농산물의 연간 판매액이 120만원 이상인 자

Answer
03 ①

Chapter 02

농지의 소유

대표기출 상중하 2021년 제32회 A형 79번 문제

농지법령상 농지취득자격증명을 발급받지 아니하고 농지를 취득할 수 있는 경우가 아닌 것은?

① 시효의 완성으로 농지를 취득하는 경우
② 공유 농지의 분할로 농지를 취득하는 경우
③ 농업법인의 합병으로 농지를 취득하는 경우
④ 국가나 지방자치단체가 농지를 소유하는 경우
⑤ 주말·체험영농을 하려고 농업진흥지역 외의 농지를 소유하는 경우

키워드 농지취득자격증명
농지취득자격증명 발급대상에 포함되는 경우와 제외되는 경우를 구별하여 숙지하여야 합니다.
26회, 32회

핵심포인트 농지취득자격증명 발급대상의 예외

1. 국가나 지방자치단체가 농지를 소유하는 경우
2. 상속[상속인에게 한 유증(遺贈)을 포함]으로 농지를 취득하여 소유하는 경우
3. 담보농지를 취득하여 소유하는 경우
4. 농지전용협의를 마친 농지를 소유하는 경우
5. 다음의 어느 하나에 해당하는 경우
   ㉠ 「한국농어촌공사 및 농지관리기금법」에 따라 한국농어촌공사가 농지를 취득하여 소유하는 경우
   ㉡ 「농어촌정비법」에 따라 농지를 취득하여 소유하는 경우
   ㉢ 「공유수면 관리 및 매립에 관한 법률」에 따라 매립농지를 취득하여 소유하는 경우
   ㉣ 토지수용으로 농지를 취득하여 소유하는 경우
   ㉤ 농림축산식품부장관과 협의를 마치고 「공익사업을 위한 토지 등의 취득 및 보상에 관한 법률」에 따라 농지를 취득하여 소유하는 경우
6. 농업법인의 합병으로 농지를 취득하는 경우
7. 공유농지의 분할이나 시효의 완성으로 농지를 취득하는 경우

Ⓐ 정답 ⑤

01 **농지법령상 농지는 자기의 농업경영에 이용하거나 이용할 자가 아니면 소유하지 못함이 원칙이다. 그 예외에 해당하지 않는 것은?** 제33회

① 8년 이상 농업경영을 하던 사람이 이농한 후에도 이농 당시 소유농지 중 1만m^2를 계속 소유하면서 농업경영에 이용되도록 하는 경우
② 농림축산식품부장관과 협의를 마치고 「공익사업을 위한 토지 등의 취득 및 보상에 관한 법률」에 따라 농지를 취득하여 소유하면서 농업경영에 이용되도록 하는 경우
③ 「공유수면 관리 및 매립에 관한 법률」에 따라 매립농지를 취득하여 소유하면서 농업경영에 이용되도록 하는 경우
④ 주말·체험영농을 하려고 농업진흥지역 내의 농지를 소유하는 경우
⑤ 「초·중등교육법」 및 「고등교육법」에 따른 학교가 그 목적사업을 수행하기 위하여 필요한 연구지·실습지로 쓰기 위하여 농림축산식품부령으로 정하는 바에 따라 농지를 취득하여 소유하는 경우

키워드 경자유전의 예외규정
해설 주말·체험영농을 하려고 농업진흥지역 외의 농지를 소유하는 경우에 경자유전의 예외 규정에 해당한다.

02 **농지법령상 농지취득자격증명을 발급받지 아니하고 농지를 취득할 수 있는 경우에 해당하지 않는 것은?** 제26회

① 농업법인의 합병으로 농지를 취득하는 경우
② 농지를 농업인 주택의 부지로 전용하려고 농지전용신고를 한 자가 그 농지를 취득하는 경우
③ 공유농지의 분할로 농지를 취득하는 경우
④ 상속으로 농지를 취득하는 경우
⑤ 시효의 완성으로 농지를 취득하는 경우

키워드 농지취득자격증명
해설 농지를 농업인 주택의 부지로 전용하려고 농지전용신고를 한 자가 그 농지를 취득하는 경우에는 시장·구청장·읍장·면장으로부터 농지취득자격증명을 발급받아야 한다.

Answer
01 ④ 02 ②

03 농지법령상 농지소유자가 소유농지를 위탁경영할 수 있는 경우는?

제25회

① 1년간 국내여행 중인 경우
② 농업법인이 소송 중인 경우
③ 농작업 중의 부상으로 2개월간 치료가 필요한 경우
④ 구치소에 수용 중이어서 자경할 수 없는 경우
⑤ 2개월간 국외여행 중인 경우

키워드 농지의 위탁경영

해설 ①⑤ 3개월 이상 국외여행 중인 경우에 위탁경영할 수 있다.
② 농업법인이 청산 중인 경우에 위탁경영할 수 있다.
③ 부상으로 3개월 이상의 치료가 필요한 경우에 위탁경영할 수 있다.

핵심포인트 위탁경영사유

농지의 위탁경영사유는 다음과 같다.

1. 「병역법」에 따라 징집 또는 소집된 경우
2. 3개월 이상 국외여행 중인 경우
3. 농업법인이 청산 중인 경우
4. 질병, 취학, 선거에 따른 공직 취임, 부상으로 3개월 이상의 치료가 필요한 경우, 교도소·구치소 또는 보호감호시설에 수용 중인 경우, 임신 중이거나 분만 후 6개월 미만인 경우로 자경할 수 없는 경우
5. 농지이용증진사업 시행계획에 따라 위탁경영하는 경우
6. 농업인이 자기 노동력이 부족하여 농작업의 일부를 위탁하는 경우

04 농지법령상 농지소유자가 소유농지를 위탁경영할 수 없는 경우는?

제29회

① 「병역법」에 따라 현역으로 징집된 경우
② 6개월간 미국을 여행 중인 경우
③ 선거에 따른 지방의회의원 취임으로 자경할 수 없는 경우
④ 농업법인이 청산 중인 경우
⑤ 교통사고로 2개월간 치료가 필요한 경우

키워드 농지의 위탁경영

해설 교통사고로 3개월 이상 치료가 필요한 경우에 위탁경영할 수 있다.

Answer
03 ④ 04 ⑤

06

05 **농지법령상 농지의 소유자가 소유농지를 위탁경영할 수 <u>없는</u> 경우만을 모두 고른 것은?** 제30회

> ㉠ 과수를 가지치기 또는 열매솎기, 재배관리 및 수확하는 농작업에 1년 중 4주간을 직접 종사하는 경우
> ㉡ 6개월간 대한민국 전역을 일주하는 여행 중인 경우
> ㉢ 선거에 따른 공직취임으로 자경할 수 없는 경우

① ㉠
② ㉡
③ ㉠, ㉡
④ ㉡, ㉢
⑤ ㉠, ㉡, ㉢

키워드 농지의 위탁경영

해설 ㉠ 과수를 가지치기 또는 열매솎기, 재배관리 및 수확하는 농작업에 1년 중 30일 이상 직접 종사하는 경우는 농업인이 자기 노동력이 부족하여 농작업의 일부를 위탁경영할 수 있다.
㉡ 3개월 이상 국외여행 중인 경우에는 위탁경영할 수 있다.
㉢ 선거에 따른 공직취임으로 자경할 수 없는 경우에는 위탁경영할 수 있다.

06 **농지법령상 농지소유자가 소유농지를 위탁경영할 수 있는 경우가 <u>아닌</u> 것은?** 제34회

① 선거에 따른 공직 취임으로 자경할 수 없는 경우
② 「병역법」에 따라 징집 또는 소집된 경우
③ 농업법인이 청산 중인 경우
④ 농지이용증진사업 시행계획에 따라 위탁경영하는 경우
⑤ 농업인이 자기 노동력이 부족하여 농작업의 전부를 위탁하는 경우

키워드 농지의 위탁경영

해설 농업인이 자기 노동력이 부족하여 농작업의 일부를 위탁하는 경우에 소유농지를 위탁경영할 수 있다.

Answer

05 ③ 06 ⑤

07 농지법령상 농업경영에 이용하지 아니하는 농지의 처분의무에 관한 설명으로 옳은 것은?

제25회

① 농지소유자가 선거에 따른 공직취임으로 휴경하는 경우에는 소유농지를 자기의 농업경영에 이용하지 아니하더라도 농지처분의무가 면제된다.

② 농지소유상한을 초과하여 농지를 소유한 것이 판명된 경우에는 소유농지 전부를 처분하여야 한다.

③ 농지처분의무기간은 처분사유가 발생한 날부터 6개월이다.

④ 농지전용신고를 하고 그 농지를 취득한 자가 질병으로 인하여 취득한 날부터 2년이 초과하도록 그 목적사업에 착수하지 아니한 경우에는 농지처분의무가 면제된다.

⑤ 농지소유자가 시장·군수 또는 구청장으로부터 농지처분명령을 받은 경우 한국토지주택공사에 그 농지의 매수를 청구할 수 있다.

키워드 농지의 처분의무

해설 ② 농지소유상한을 초과하여 농지를 소유한 것이 판명된 경우에는 소유상한을 초과하는 면적에 해당하는 농지를 그 사유가 발생한 날 당시 세대를 같이 하는 세대원이 아닌 자에게 처분하여야 한다.
③ 농지처분의무기간은 처분사유가 발생한 날부터 1년이다.
④ 농지전용신고를 하고 그 농지를 취득한 자가 질병으로 인하여 취득한 날부터 2년이 초과하도록 그 목적사업에 착수하지 아니한 경우에는 해당 농지를 처분하여야 한다.
⑤ 농지소유자가 시장·군수 또는 구청장으로부터 농지처분명령을 받은 경우 한국농어촌공사에 그 농지의 매수를 청구할 수 있다.

08 농지법령상 주말·체험영농을 하려고 농지를 소유하는 경우에 관한 설명으로 틀린 것은? 제26회

① 농업인이 아닌 개인도 농지를 소유할 수 있다.

② 세대원 전부가 소유한 면적을 합하여 총 1,000m^2 미만의 농지를 소유할 수 있다.

③ 농지를 취득하려면 농지취득자격증명을 발급받아야 한다.

④ 소유농지를 농수산물 유통·가공시설의 부지로 전용하려면 농지전용신고를 하여야 한다.

⑤ 농지를 취득한 자가 징집으로 인하여 그 농지를 주말·체험영농에 이용하지 못하게 되면 1년 이내에 그 농지를 그 사유가 발생한 날 당시 세대를 같이 하는 세대원이 아닌 자에게 처분하여야 한다.

키워드 주말·체험영농

해설 농지를 취득한 자가 징집으로 인하여 그 농지를 주말·체험영농에 이용하지 못하게 되면 농지의 처분의무가 면제된다.

Answer
07 ① 08 ⑤

Chapter 03

농지의 이용

대표기출 상중하 2023년 제34회 A형 79번 문제

농지법령상 농지를 임대하거나 무상사용하게 할 수 있는 요건 중 일부이다. ( )에 들어갈 숫자로 옳은 것은?

> • (㉠)세 이상인 농업인이 거주하는 시·군에 있는 소유농지 중에서 자기의 농업 경영에 이용한 기간이 (㉡)년이 넘은 농지
> • (㉢)월 이상의 국외여행으로 인하여 일시적으로 농업경영에 종사하지 아니하게 된 자가 소유하고 있는 농지

① ㉠: 55, ㉡: 3, ㉢: 3
② ㉠: 60, ㉡: 3, ㉢: 5
③ ㉠: 60, ㉡: 5, ㉢: 3
④ ㉠: 65, ㉡: 4, ㉢: 5
⑤ ㉠: 65, ㉡: 5, ㉢: 1

키워드 농지의 임대차

농지의 임대차 사유, 임대차 계약방법, 임대차 기간 및 임대차 특례를 정확하게 정리하여야 합니다.

26회, 27회, 31회

핵심포인트 농지의 대리경작

> 대리경작(유휴농지) ⇨ 시장·군수·구청장이 지정 ⇨ 대리경작자: 농업인·농업법인

1. 지정예고: 농지의 소유권자 또는 임차권자
2. 이의신청: 지정예고를 받은 날부터 10일 이내에 신청
3. 기간: 따로 정하지 아니하면 3년
4. 토지사용료: 수확량 100분의 10을 지급(수확일로부터 2개월 이내)

Ⓐ 정답 ③

01 **농지법령상 농지의 임대차에 관한 설명으로 틀린 것은?** (단, 농업경영을 하려는 자에게 임대하는 경우를 전제로 함) 제31회

① 60세 이상 농업인은 자신이 거주하는 시·군에 있는 소유 농지 중에서 자기의 농업경영에 이용한 기간이 5년이 넘은 농지를 임대할 수 있다.

② 농지를 임차한 임차인이 그 농지를 정당한 사유 없이 농업경영에 사용하지 아니할 때에는 시장·군수·구청장은 임대차의 종료를 명할 수 있다.

③ 임대차계약은 그 등기가 없는 경우에도 임차인이 농지소재지를 관할하는 시·구·읍·면의 장의 확인을 받고, 해당 농지를 인도받은 경우에는 그 다음 날부터 제3자에 대하여 효력이 생긴다.

④ 농지의 임차인이 농작물의 재배시설로서 비닐하우스를 설치한 농지의 임대차 기간은 10년 이상으로 하여야 한다.

⑤ 농지임대차조정위원회에서 작성한 조정안을 임대차계약 당사자가 수락한 때에는 이를 당사자 간에 체결된 계약의 내용으로 본다.

키워드 농지의 임대차

해설 농지의 임차인이 농작물의 재배시설로서 비닐하우스를 설치한 농지의 임대차 기간은 5년 이상으로 하여야 한다.

06

02 **농지법령상 국·공유재산이 아닌 A농지와 국유재산인 B농지를 농업경영을 하려는 자에게 임대차하는 경우에 관한 설명으로 옳은 것은?** 제27회 수정

① A농지의 임대차계약은 등기가 있어야만 제3자에게 효력이 생긴다.

② 임대인이 취학을 이유로 A농지를 임대하는 경우 임대차기간은 3년 이상으로 하여야 한다.

③ 임대인이 질병을 이유로 A농지를 임대하였다가 같은 이유로 임대차계약을 갱신하는 경우 임대차기간은 3년 이상으로 하여야 한다.

④ A농지의 임차인이 그 농지를 정당한 사유 없이 농업경영에 사용하지 아니할 경우 농지 소재지 읍·면장은 임대차의 종료를 명할 수 있다.

⑤ B농지의 임대차기간은 3년 또는 5년 미만으로 할 수 있다.

Answer

01 ④ 02 ⑤

키워드 농지의 임대차

해설 ① A농지의 임대차계약은 그 등기가 없는 경우에도 임차인이 농지소재지를 관할하는 시·구·읍·면의 장의 확인을 받고, 해당 농지를 인도(引渡)받은 경우에는 그 다음 날부터 제3자에 대하여 효력이 생긴다.
② 임대인은 취학을 이유로 A농지를 임대하는 경우 임대차기간을 3년 또는 5년 미만으로 정할 수 있다.
③ 임대인은 질병을 이유로 A농지를 임대하였다가 갱신하는 경우에도 임대차기간을 3년 또는 5년 미만으로 정할 수 있다.
④ A농지의 임차인이 그 농지를 정당한 사유 없이 농업경영에 사용하지 아니할 때에는 시장·군수·구청장이 임대차의 종료를 명할 수 있다.

03 농지법령상 유휴농지에 대한 대리경작자의 지정에 관한 설명으로 옳은 것은? 제32회

① 지력의 증진이나 토양의 개량·보전을 위하여 필요한 기간 동안 휴경하는 농지에 대하여도 대리경작자를 지정할 수 있다.
② 대리경작자 지정은 유휴농지를 경작하려는 농업인 또는 농업법인의 신청이 있을 때에만 할 수 있고, 직권으로는 할 수 없다.
③ 대리경작자가 경작을 게을리하는 경우에는 대리경작 기간이 끝나기 전이라도 대리경작자 지정을 해지할 수 있다.
④ 대리경작 기간은 3년이고, 이와 다른 기간을 따로 정할 수 없다.
⑤ 농지 소유권자를 대신할 대리경작자만 지정할 수 있고, 농지 임차권자를 대신할 대리경작자를 지정할 수는 없다.

키워드 대리경작자

해설 ① 지력의 증진이나 토양의 개량·보전을 위하여 필요한 기간 동안 휴경하는 농지에 대하여도 대리경작자를 지정할 수 없다.
② 대리경작자 지정은 시장·군수 또는 구청장이 직권으로 지정하거나 유휴농지를 경작하려는 농업인 또는 농업법인의 신청을 받아 지정할 수 있다.
④ 대리경작 기간은 3년으로 하되, 그 기간을 따로 정할 수 있다.
⑤ 농지 소유권자나 임차권자를 대신하여 대리경작자를 지정할 수 있다.

Answer
03 ③

Chapter

04 농지의 보전

제1절 농업진흥지역

01 **농지법령상 농업진흥지역에 관한 설명으로 옳은 것은?** 제22회 수정

① 농업보호구역의 용수원 확보, 수질보전 등 농업환경을 보호하기 위하여 필요한 지역을 농업진흥구역으로 지정할 수 있다.

② 광역시의 녹지지역은 농업진흥지역의 지정대상이 아니다.

③ 농업보호구역에서는 매장유산의 발굴행위를 할 수 없다.

④ 육종연구를 위한 농수산업에 관한 시험・연구시설로서 그 부지의 총면적이 3,000㎡ 미만인 시설은 농업진흥구역 내에 설치할 수 있다.

⑤ 녹지지역을 포함하는 농업진흥지역을 지정하는 경우 국토교통부장관의 승인을 받아야 한다.

키워드 농업진흥지역

해설 ① 농업진흥구역의 용수원 확보, 수질보전 등 농업환경을 보호하기 위하여 필요한 지역을 농업보호구역으로 지정할 수 있다.
② 광역시의 녹지지역은 농업진흥지역의 지정대상이다.
③ 농업보호구역에서는 매장유산의 발굴행위를 할 수 있다.
⑤ 녹지지역을 포함하는 농업진흥지역을 지정하는 경우 농림축산식품부장관의 승인을 받아야 한다.

02 **농지법령상 농업진흥지역을 지정할 수 없는 지역은?** 제31회

① 특별시의 녹지지역
② 특별시의 관리지역
③ 광역시의 관리지역
④ 광역시의 농림지역
⑤ 군의 자연환경보전지역

키워드 농업진흥지역 지정대상

해설 특별시의 녹지지역은 농업진흥지역으로 지정할 수 없는 지역이다.

Answer
01 ④ 02 ①

제2절 농지의 전용

대표기출 상중하 2018년 제29회 A형 80번 문제

농지법령상 농지의 전용에 관한 설명으로 옳은 것은?

① 과수원인 토지를 재해로 인한 농작물의 피해를 방지하기 위한 방풍림 부지로 사용하는 것은 농지의 전용에 해당하지 않는다.

② 전용허가를 받은 농지의 위치를 동일 필지 안에서 변경하는 경우에는 농지전용신고를 하여야 한다.

③ 산지전용허가를 받지 아니하고 불법으로 개간한 농지라도 이를 다시 산림으로 복구하려면 농지전용허가를 받아야 한다.

④ 농지를 농업인 주택의 부지로 전용하려는 경우에는 농림축산식품부장관에게 농지전용신고를 하여야 한다.

⑤ 농지전용신고를 하고 농지를 전용하는 경우에는 농지를 전·답·과수원 외의 지목으로 변경하지 못한다.

키워드 농지의 전용

농지의 전용에 대한 개념을 정확하게 숙지하여야 합니다. 29회

핵심포인트 농지전용허가의 예외

1. 「국토의 계획 및 이용에 관한 법률」에 따른 도시지역 또는 계획관리지역에 있는 농지로서 협의를 거친 농지나 협의 대상에서 제외되는 농지를 전용하는 경우
2. 농지전용신고를 하고 농지를 전용하는 경우
3. 「산지관리법」에 따른 산지전용허가를 받지 아니하거나 산지전용신고를 하지 아니하고 불법으로 개간한 농지를 산림으로 복구하는 경우
4. 「하천법」에 따라 하천관리청의 허가를 받고 농지의 형질을 변경하거나 공작물을 설치하기 위하여 농지를 전용하는 경우

Ⓐ 정답 ①

03 **농지법령상 농지의 타용도 일시사용신고를 할 수 있는 용도에 해당하지 않는 것은?** (단, 일시사용기간은 6개월 이내이며, 신고의 다른 요건은 충족한 것으로 봄) 제35회

① 썰매장으로 사용하는 경우
② 지역축제장으로 사용하는 경우
③ 해당 농지에서 허용되는 주목적사업을 위하여 물건을 매설하는 경우
④ 해당 농지에서 허용되는 주목적사업을 위하여 현장 사무소를 설치하는 경우
⑤ 「전기사업법」상 전기사업을 영위하기 위한 목적으로 「신에너지 및 재생에너지 개발ㆍ이용ㆍ보급 촉진법」에 따른 태양에너지 발전설비를 설치하는 경우

키워드 농지의 타용도 일시사용신고

해설 「전기사업법」상 전기사업을 영위하기 위한 목적으로 「신에너지 및 재생에너지 개발ㆍ이용ㆍ보급 촉진법」에 따른 태양에너지 발전설비를 설치하는 경우에는 타용도 일시사용 허가를 받아야 한다.

04 **농지법령상 농지의 전용에 관한 설명으로 옳은 것은?** 제24회 수정

① 농업진흥지역 밖의 농지를 마을회관 부지로 전용하려는 자는 농지전용허가를 받아야 한다.
② 농지전용허가를 받은 자가 조업의 정지명령을 위반한 경우에는 그 허가를 취소하여야 한다.
③ 농지의 타용도 일시사용허가를 받는 자는 농지보전부담금을 납입하여야 한다.
④ 농지전용허가권자는 농지보전부담금의 전부 또는 일부를 미리 납부하게 하여서는 아니 된다.
⑤ 해당 농지에서 허용되는 주목적사업을 위하여 현장사무소를 설치하는 용도로 농지를 일시 사용하려는 자는 시장ㆍ군수 또는 자치구 구청장에게 신고하여야 한다.

키워드 농지의 전용

해설 ① 농업진흥지역 밖의 농지를 마을회관 부지로 전용하려는 자는 농지전용신고를 하여야 한다.
③ 농지의 타용도 일시사용허가를 받는 자는 농지보전부담금의 납입대상에서 제외한다.
④ 농지전용허가권자는 농지보전부담금의 전부 또는 일부를 미리 납부하게 하여야 한다.
⑤ 해당 농지에서 허용되는 주목적사업을 위하여 현장사무소를 설치하는 용도로 농지를 일시 사용하려는 자는 시장ㆍ군수 또는 자치구 구청장에게 허가를 받아야 한다.

06

Answer
03 ⑤ 04 ②

MEMO

제36회 공인중개사 시험대비 **전면개정판**

2025 박문각 공인중개사
김희상 기출문제 2차 부동산공법

초판인쇄 | 2025. 1. 5. **초판발행** | 2025. 1. 10. **편저** | 김희상 편저
발행인 | 박 용 **발행처** | (주)박문각출판 **등록** | 2015년 4월 29일 제2019-000137호
주소 | 06654 서울시 서초구 효령로 283 서경빌딩 4층 **팩스** | (02)584-2927
전화 | 교재 주문 (02)6466-7202, 동영상문의 (02)6466-7201

저자와의 협의하에 인지생략

정가 25,000원
ISBN 979-11-7262-519-1